Gaby Reuß

Zehn Monate durch Afrika

Gaby Reuß

Zehn Monate durch Afrika

Eine Reise von Deutschland nach Kapstadt und zurück

Zehn Monate durch Afrika
Eine Reise von Deutschland nach Kapstadt und zurück

Herstellung und Verlag: BoD – Books on Demand, Norderstedt
ISBN: 9783746029863

I never knew of a Morning in Africa
when I woke up and was not happy.

Ernest Hemingway

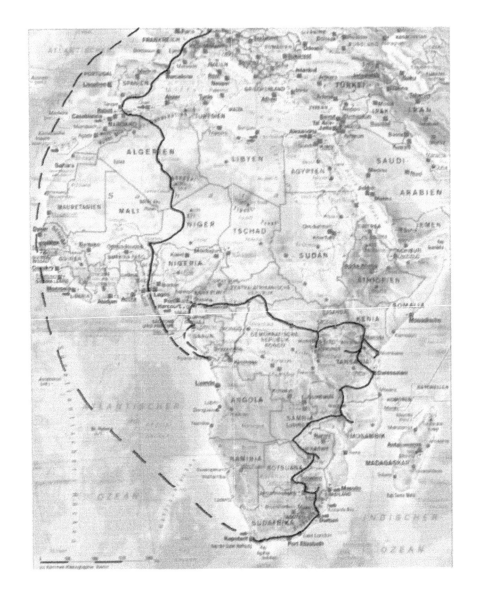

Inhalt

„Afrika? Nä, Afrika interessiert mich überhaupt nicht…"

Das war die etwas spöttische Antwort, als mich meine Freunde Hermi und Christine fragten: „Wie wär's, willsd Du nid mit uns nach Afrika fahr[1]?". Ihre schon länger geplante Reise mit einem ausgebauten Mercedes Campingbus sollte von Marokko bis Südafrika führen. Doch nachdem ich mal einen Blick in die Reiseführer geworfen hatte, sah ich mich gefesselt von den Beschreibungen der Landschaften und der Tierwelt Afrikas. Meine Neugier war geweckt, und Hermi tat sein Bestes, mir die Reise durch Erzählungen von einer früheren Tour nach Kamerun schmackhaft zu machen. Ich stellte also fest, dass Afrika doch nicht soo uninteressant war.

Da ein Freund Hermis kurzfristig abgesagt hatte, suchten wir noch einen weiteren Mitreisenden und fanden ihn in Joll (oder korrekterweise: Josef), den ich seit meiner Teenagerzeit kannte und mit dem wir schon lustige Abende auf Weinfesten verbracht hatten.

Als Reisezeit waren etwa sechs Monate vorgesehen. Bei der Routenplanung war vor allem zu berücksichtigen, dass wir rechtzeitig vor der Regenzeit im April die voraussichtlich schwierigste Phase, die Urwalddurchquerung in Zaire (heute: Demokratische Republik Kongo) bewältigen mussten. Daher wollten wir in Nord- und Westafrika zügig vorankommen und uns ab Ostafrika mehr Zeit lassen.

Dass es mit der zeitlichen Planung in Afrika manchmal schwierig werden würde, sahen wir bald ein… doch im Laufe der Monate passten wir uns dem gemächlicheren Tempo auf dem Kontinent an. Und je länger wir unterwegs waren, desto mehr wurde uns bewusst, wie wertvoll die Erfahrungen und die Freiheit des Reisens waren, genossen (neben wenigen negativen Erlebnissen) viele wunderbare Momente: die Freundlichkeit der Menschen, die uns trotz ihrer Armut beschenkten oder anderweitig halfen, die Weite und Stille der Wüste, die abenteuerlichen Pisten, die faszinierende Tierwelt, unglaublich schöne Landschaften.

Die Eindrücke dieser Reise, sie haben geprägt für das weitere Leben und sind heute noch präsent. Jeder von uns bekommt in der Erinnerung daran ein Leuchten in den Augen: „Ach, Afrika…!"

---

[1] Merkmale der fränkischen Sprache: t = d, p = b, s = sch, etc. …

Pläne und Vorbereitungen

Vier Unterfranken in ihren Zwanzigern auf dem Weg nach Kapstadt... Wir hatten nur schemenhafte Vorstellungen, wie die Fahrt verlaufen würde. Die Route planten wir nach Empfehlungen aus Reiseberichten, wir suchten keine Abenteuer jenseits aller Zivilisation sondern gestalteten sie so, dass die beschriebenen Straßen- bzw. Pistenverhältnisse mit unserem Fahrzeug voraussichtlich machbar wären.

Informationen über die aktuellen politischen Verhältnisse in den Zielländern hatten wir kaum, verließen uns auf Tipps, die Reisende in den letzten ein, zwei Jahren veröffentlicht hatten. Bekannt war, dass Nigeria seine Landesgrenzen seit einem Militärputsch 1983 geschlossen hatte, und natürlich wussten wir vom Apartheidsregime in Südafrika.

Ansonsten sahen die Angaben über das eine oder andere Zielland in etwa so aus:

Zentralafrikanische Republik

Politische und Zollprobleme: Die politische Situation in diesem Land ist noch nicht geklärt, doch bestehen keine Probleme für die Ein- oder Ausreise, abgesehen davon, dass der Grenzübertritt manchmal bis zu einem Tag dauern kann.

Strassennetz: Obwohl schlecht unterhalten, sind die Pisten allen Fahrzeugen zugänglich. Einige Strassen werden gegenwärtig asphaltiert.

Treibstoff: Grosser Mangel im ganzen Land.

Verschiedenes: Übernachtet man in einer Baptistenmission, sind einige Verhaltensregeln zu beachten, um bei den Missionaren keinen Anstoss zu erregen:
1. Alkoholkonsum absolut unterlassen. Wasser steht zur Verfügung.
2. Die Missionen nehmen nicht gerne unverheiratete Paare auf, dagegen werden verheiratete Paare mit grosser Liebenswürdigkeit behandelt.
3. Sehr gut englisch sprechende Reisende werden den langen Bibelleseabenden nicht entgehen. Nur wer an den Lesungen teilnimmt, darf im Gebäude der Mission übernachten. Die anderen erhalten nur Erlaubnis, im Garten zu kampieren (sofern sie Punkt 1 und 2 respektieren).
In Bangui und anderen wichtigen Städten nötigt die Polizei oft die Reisenden, im Hotel zu übernachten.
Diebstahlgefahr in Bangui.
Achtgeben auf Schranken oder Ketten, die manchmal die Strassen grösserer Ortschaften absperren. Sie sind nicht immer von weitem erkennbar.

Aus: Touring Club der Schweiz (TCS): Durch Afrika. 6. Auflage 1983, S. 49

Das verfügbare Kartenmaterial war ebenfalls nicht besonders genau, so dass wir auch hier auf Streckenbeschreibungen und Hinweise anderer Afrika-Reisender angewiesen waren:

H 1 Tamanrasset (Algerien) - Assamaka (Niger)　　　446 km

Asphalt auf 60 km, dann A/C/G/I (Asphaltierung im Gange auf ca. 200 km). Vor Abreise in Tamanrasset bei der Polizei abmelden. (1982, Land-Rover, Lada Niva, VW-Bus, Citroën 2 CV, Peugeot 403 usw.).

Km 105: Abzweigung links einer verbotenen Piste nach In Azaoua (Strecke H 55). Sie ist leicht mit der Hauptpiste zu verwechseln (besonders wenn man die Spuren links verfolgt), weil der Wegweiser umgestürzt ist.

Etwa Km 316 (100 km vor In Guezzam): Ausgedehnte Sandfelder (Laouni-Dünen), schwierig für Fahrzeuge mit Normalantrieb.

In Guezzam: 411 m. Militärposten. Treibstoff (bisweilen rationiert). Wasser. Algerische Ausreiseformalitäten (Zoll und Polizei); die Posten sind geöffnet von 8-12 und 15.30-18 Uhr; Reisende aus dem Niger werden häufig systematisch durchsucht, vor allem nach Waffen; Geduld und Höflichkeit gegenüber den Beamten zeigen. Fotografieren verboten.

Die ersten 15 Km Richtung Assamaka sind sehr sandig. Man kann sie vermeiden, indem man die alte Piste benützt, die weniger als 1 km nach dem Zollposten nach rechts abzweigt.

Km 15: Nach rechts fahren (Wegweiser nach Assamaka) auf guter, breiter Piste. Der Zollposten von Assamaka (zwei weisse Baracken unter einem Baum) ist schon ab Km 25 sichtbar.

Assamaka: Fort mit nigerischer Garnison. Wasser (artesischer Brunnen). Schwimmbecken. Die Einreiseformalitäten sind lang, aber höflich (gründliche Durchsuchung, siehe Bemerkung bei In Guezzam). Der Posten schliesst um 18 Uhr. Wenn möglich früh morgens am Zoll erscheinen. Die am Morgen eingezogenen Pässe werden erst nach der Siesta (ab 15.30 Uhr) wieder zurückgegeben.

Beginn der Strecken H 2 und H 53.

H 2 Assamaka - Arlit (Niger)　　　173 km

A/C/G/I. Markierung im Abstand von 1 km durch Fässer mit aufgesteckter Eisenstange; Distanzangaben ab Assamaka. (1982, Land-Rover, Lada Niva, VW-Bus, Citroën 2 CV, Peugeot 403 usw.).

Km 30-78: Steinige Piste, Wellblech und sandige Passagen.

Km 78-83: Sandebene mit Wanderdünen. Die Düne bei Km 80 ist rechts zu umfahren, wobei man Gefahr läuft, die Piste aus den Augen zu verlieren.

Km 83-91: Steinige Piste.

Km 91-92: Steinige Oued-Durchquerung (etwa 200 m), dann viel Sand.

Zwischen Km 92 und 93 eine scharfe Wendung nach rechts. Nicht geradeaus fahren.

Km 96: Schwierige Oued-Traversierung. Neben den Spuren fahren.

Arlit: 417 m. Neue Stadt. Wasser. Treibstoff (zeitweise rationiert). Für den Notfall: Schweissanlage bei der SOMAIR. Bank (ungünstige Wechselkurse). Mehrere Schwimmbäder. Zoll- und Polizeiformalitäten. Bezahlung einer Strassengebühr (Betrag variabel...). Uran-Bergwerke.

Aus: Touring Club der Schweiz (TCS): Durch Afrika. 6. Auflage 1983, S. 146-147[2]

---

[2] Abkürzungen für Pisten: A: Piste, oft schlecht, C: fahren im Geleit empfohlen G: Geländefahrzeug empfohlen, I: Reserven (Wasser, Lebensmittel, Treibstoff) obligatorisch

Monate vor der Abreise begann die umfangreiche Organisation: Zweiten Pass beantragen, Empfehlungsschreiben einholen, Bankbestätigung über Vermögen und Carnet de passages[3] ausstellen lassen. Da die schriftliche Bearbeitung von Visaanträgen Monate dauern konnte, fuhr Christine mit allen vier Pässen und je 30 Passbildern pro Person nach Bonn, um möglichst viele der notwendigen Visa innerhalb kurzer Zeit zu erhalten.

Viele Impfungen waren vorgeschrieben, zusätzlich haben wir Medikamente gegen alles und jedes gesammelt, sortiert und tropensicher verpackt.

Etwa drei Monate vor der Abfahrt begannen die „Jungs", den Mercedes 508D, der mit seinen braunen und ockerfarbigen Querstreifen richtig wüstenmäßig aussah, reisetüchtig zu machen: zwei 100-Liter-Sprittanks sowie ein Wassertank wurden eingebaut, Josef als Hausschreiner verfertigte eine stabile Kiste, die auf dem Aludachständer thronte und als Lager für diverse Ersatzteile, Werkzeug, Gartenmöbel, Gummistiefel und sonstige Gegenstände gedacht war.

Über die vordere Hälfte des Busses wurde auf dem Dach eine Plattform montiert, die als luftiger Schlafplatz im heißen Afrika dienen sollte. Es wurde geschweißt, geschraubt, geflucht... Als kurz vor Weihnachten die Arbeiten erleichtert abgeschlossen waren, erbrachte eine Probefahrt ein katastrophales Ergebnis: der Motor brauchte auf 1000 km 8 Liter Öl! Das Risiko, so durch Afrika zu fahren, war zu groß: entweder der Motor wurde generalüberholt oder wir konnten das ganze Vorhaben gleich vergessen. Generalüberholung, ja – nur, wie finanzieren? Schließlich wurde noch ein Sparbuch geplündert, unser Unternehmen war – zumindest vorläufig – gerettet. Kaum waren die technischen Probleme gelöst, kam der Weihnachtstrubel, danach musste alles bisher Aufgeschobene in Windeseile erledigt werden, denn Anfang Januar sollte es losgehen.

Christine und mir wurde die ehrenvolle Aufgabe übertragen, Essensvorräte einzukaufen. Beim Discounter packten wir vom ersten bis zum letzten Regal alles Brauchbare in unsere Einkaufswagen: 10 kg Reis, 30 Camembert, 150 Dosen Leberwurst, jeweils 80 Dosen Gulasch und Rouladen, je 30 Packungen Müsli, Milchpulver, Kartoffelbrei und Kaffee, 5 Flaschen Spülmittel, 8 Flaschen Shampoo, 150 Rollen Toilettenpapier und vieles mehr. Ich war so verwirrt, dass ich schon „geschälte Erdbeeren" mitnehmen wollte. Zu guter

---

[3] In Afrika vorgeschriebenes Zolldokument zur zollfreien Einfuhr von Fahrzeugen

Letzt standen wir mit vier vollbepackten Wagen an der Kasse, die Kassiererin meinte dazu gelassen, ob wir denn eine Feier veranstalten...

Der Abreisetag rückte schnell näher, es hieß Abschied nehmen von Eltern und Freunden, kaum vorstellbar, dass wir sie jetzt so lange nicht sehen würden. Die Fahrtrichtung – Süden – war mir nur recht, denn die erste Woche des neuen Jahres bescherte uns einen Bilderbuchwinter mit Frost und meterhohem Schnee. Bei -25° C konnte ich es kaum erwarten, von Deutschland wegzukommen. Und dann war es soweit: Christine und Hermi kamen mit dem Bus angetuckert, wir holten Joll ab, ein letztes Winken und Hupen, so long!

Gleich geht's los…

Europa

Endlich! Am 7. Januar 1985 gegen 15.45 Uhr fahren wir los. Bei -10° C im Bus sind Christine und ich gezwungen, uns in Schlafsack respektive Decke einzumummen, während die Jungs die schwächlich beheizten vorderen Plätze einnehmen. Hermi thront auf dem Fahrersitz und chauffiert unser laut brummendes Diesel-Vehikel gefühlvoll über die schneebedeckte Fahrbahn. Joll erweist sich als aufmerksamer Beifahrer, der immer gute Ratschläge zu verteilen weiß... Bereits nach 15 km steht ein erster Ersatzteilkauf an: der Wasserhahn unserer Spüle ist nämlich schon vor der ersten Benutzung defekt.

Eine problemlose Fahrt ist uns nicht beschieden, denn bereits auf den ersten Kilometern macht sich ein Stottern des Motors bemerkbar, dem wir zunächst durch Abschrauben des Tankdeckels beikommen wollen (lt. Hermi ist sonst nicht genug Luft im Tank). Als es sich dadurch nicht bessert, wird uns an der Tankstelle empfohlen, Benzin in den Tank zu füllen. Die vielen Lkws an der Zapfsäule scheinen die Richtigkeit dieses Rates zu bestätigen. Also probieren wir's und haben in den nächsten zwei, drei Stunden auch keine Probleme mehr. Trotz der Kälte ist unsere Stimmung super, wissen wir doch, dass wir diese europäische Gefriertruhe in spätestens einem Tag hinter uns haben werden! Dumme Sprüche fliegen hin und her, die unsere Lachmuskeln strapazieren – bis die ausgelassene Stimmung von einem lauten Knall jäh unterbrochen wird. Wir rätseln, was das wohl gewesen sein mag: vielleicht sind uns wegen der Kälte Konserven aufgeplatzt? Doch unsere Gulaschdosen sind unversehrt; und wie Josef bei einem Rundgang um den Bus feststellt, sind auch alle auf dem Dach befindlichen Gegenstände noch auf ihrem Platz. Also fahren wir weiter, Christine und ich widmen uns einer Tafel Schokolade, Joll vertieft sich in seine Lektüre. Doch ein plötzliches heftiges Rütteln und Schlenkern des Busses lässt ihn panisch seine Zeitung zerknüllen, Christine und ich blicken uns entsetzt an, als wir so dahin schlittern... durch Hermis blitzschnelle Reaktion landen wir nicht im Graben, sondern kommen zum Stehen. Unsere vorhin nur flüchtig ins Auge gefasste Vermutung erweist sich als wahr: zwei Hinterreifen geplatzt. Das fängt ja gut an! Während sich die Jungs in der Eiseskälte an den Reifenwechsel machen, kochen wir Pfefferminztee, das einzige, was uns in dieser Situation zu tun bleibt. In dem Moment bin ich doch dankbar, dass sich die Emanzipation der Frau noch nicht so ganz durchgesetzt hat, es ist entschieden angenehmer, im Bus Tee zu kochen, als sich bei -20° C die Finger abzufrieren.

Im weiteren Verlauf des Abends gibt's zum Glück keine technischen Probleme mehr und auch der Grenzübertritt nach Frankreich geht locker vonstatten: „Allez!"

Während wir so über winterliche Straßen fahren, es draußen von den kilometerweiten Schneedecken weiß leuchtet, führen Hermi und Joll interessante Gespräche:

Joll:	Fahr langsam, die Schdrassn sin nid geräumd!
Hermi:	Wo stehd'n des?
Joll (aufgeregt):	Des siehd mer doch!!

In Belfort stellen wir den Bus auf einem Parkplatz ab und bereiten uns auf die Nacht vor. Nun gilt es, sich erst mal an die eingeschränkte Bewegungsfreiheit zu gewöhnen: der Bus sieht von außen zwar groß aus, aber bei vier Leuten geht's drinnen doch recht eng zu und es kommt nicht selten zu Rempeleien und gegenseitigem Auf-die-Füße-steigen. Doch die Ausstattung ist geradezu luxuriös: der grüne Teppichboden trägt zwar nicht sehr viel zum Erwärmen der Füße bei, verbreitet dafür aber eine wohnliche Atmosphäre, dazu passt die in dunkelbraunem Holz gehaltene Inneneinrichtung. Wir haben sozusagen ein komplettes Haus: Wohnzimmer, zwei Schlafzimmer, Küche und Bad. Gleich links von der Beifahrertür befindet sich die „Küche", sprich Spüle und Herd mit zwei gasbetriebenen Kochstellen. Den Raum unter der Spüle nehmen drei Wasserkanister mit jeweils 12 Liter Fassungsvermögen ein. Einer elektrischen Pumpe verdanken wir den Luxus fließenden Wassers aus dem neu erstandenen Wasserhahn. Einen Haken hat die Sache heute jedoch: das Wasser in den Kanistern ist gefroren.

In den Schubladen unterhalb des Herdes ist unser wertvolles Geschirr untergebracht. Da wir nicht monatelang von Plastiktellern essen und aus Pappbechern trinken wollen, haben wir Porzellanteller und Gläser dabei. Die Schubladen sind mit dickem Schaumstoff ausgelegt, der passend zur Größe von Tellern und Gläsern ausgeschnitten wurde, so dass unser kostbares „Meißner" (eigentlich war es ja für einen Polterabend gedacht...) bruchsicher im Schaumstoff ruht. Gleich neben dem Herd: unser Kühlschrank. Eine Gasflasche, im „Schuhfach" unter dem Kühlschrank deponiert, wird uns (hoffentlich!) in wärmeren Gefilden dazu verhelfen, unser Bier zu kühlen. Gegenüber der „Küche" befindet sich der Küchentisch, zu beiden Seiten Bänke mit losen Sitz- und Rückenpolstern aus dickem Schaumstoff. Der grün-braune Bezug ist zwar nicht besonders geschmackvoll, dafür aber unempfindlich gegen Schmutz und Staub. Bei Bedarf wird der Küchentisch heruntergeklappt und bildet zusammen mit den Sitzflächen der Bänke ein geräumiges Bett. Neben dieser Schlafgelegenheit befindet sich das „Bad" – da staunt man, was?! Ja, wir haben ein richtiges Badezimmer, ein Raum für sich, mit ca. einem halben qm Stehfläche. Der restliche halbe qm wird vom chemischen Klo und einem Waschbecken mit darunter befindlichem Stauraum eingenommen. In diesem Stauraum stapeln sich hinter einer hochschiebbaren Sperrholzplatte Seifen, Zahnpasta, Sonnenmilch und was man halt noch so alles braucht. Über der Toilette hat Joll verschieden große Fächer eingebaut, die nun Handtücher, Wasch- und Putzutensilien und unsere umfangreiche Apotheke beherbergen.

Gegenüber der Badtür befindet sich ein Schrank mit fünf schmalen, ca. 40 cm hohen und ebenso tiefen Fächern, in denen sich unsere Klamotten übereinander drängen (was das Mitschleppen eines Bügeleisens erspart).

Im hinteren Bereich des Busses ist das „Wohnzimmer" untergebracht, mit einem großen Tisch, der auf drei Seiten von Sitzbänken eingerahmt wird, die, wie sich später herausstellen wird, acht Leuten Platz bieten. Nach demselben Prinzip wie vorn am Küchentisch entsteht hier eine Liegewiese für drei Personen. Wie es sich gehört, bietet das Wohnzimmer freien Blick auf die Außenwelt: durch zwei Seiten- und ein großes Fenster, das hinten über die ganze Breite des Busses reicht. Blickfang sind unsere (noch) blütenweißen Vorhänge, an deren unterem Ende zahlreiche Enten im Gänsemarsch eingewebt sind. Hier hinten ist es so richtig gemütlich, Christines rosa Wachstuchdecke vermittelt einen Hauch Heimat und die Erinnerung an ihre alte Wohnung. Sowohl hinten als auch über Esstisch und Küchenzeile befinden sich geräumige Staukästen, in denen die für den tagtäglichen Gebrauch wichtigen Dinge untergebracht sind: Frühstücks- und Gewürzfach, über dem Kühlschrank die Töpfe und Pfannen. In die Staruräume über der Wohnecke haben wir Spiele, Bücher, Geschenke, Schreibutensilien und die Schlafsäcke gepackt. In den Ecken sind Lautsprecher eingebaut, Musikgenuss im Wohnzimmer ist somit gewährleistet. Unsere bei Aldi erstandenen Konserven haben wir größtenteils in den Sitzkästen verstaut, sowohl hinten als auch in einer der vorderen Bänke. Unter der Sitzgelegenheit neben dem Bad befinden sich Wasserkanister, die zur Versorgung des Bads dienen.

Mit Lichtquellen ist unser Haus geradezu verschwenderisch ausgestattet: jeweils eine Lampe über Herd und Küchentisch, eine im Bad, gleich drei Stück im Wohnzimmer. Die Lampen werden von einer zweiten Batterie gespeist, die automatisch durchs Fahren wieder aufgeladen wird. Etwas ganz Besonderes ist unsere „Hutschachtel": Joll hat an den Staufächern über dem Küchentisch ein Holzkästchen festgeschraubt, das beim Kochen als Ablage für Gewürze u. ä. dienen soll. Da aber Hermis Vater bei der ersten Fahrt mit dem Bus spontan seinen Hut darin deponierte, hatte die Vorrichtung ihren Namen weg. Während der Reise erwies sich die Hutschachtel als äußerst nützlich: wenn man zu faul war, etwas aufzuräumen, wanderte der Gegenstand in die Hutschachtel. Und so kam es, dass sich mit fast 100%iger Sicherheit sämtliche als vermisst gemeldeten Utensilien, angefangen von der Sonnenbrille über Zigaretten, Geld, Schraubenzieher, Löffel bis hin zu Tampons, darin wiederfand.

Oft jedoch, v. a. in den ersten Tagen, war die Hutschachtel der Grund schmerzvoller „Autsch"-Rufe und gemurmelter Flüche, da sie sich genau in Stirnhöhe befand. Beulen am Kopf heimste zu Anfang jeder von uns ein, wobei ich wegen meiner geringen Größe noch am besten wegkam. Doch auch die anderen drei lernten schnell, den Kopf einzuziehen.

Da wir am Abend keine Lust zu großer Kocherei haben, gibt es zum Nachtmahl (im wahrsten Sinn des Wortes) italienische Minestrone und eine Brotzeit. Dann wird Wasser erhitzt und wir Mädels versehen Spüldienst, allerdings im Kochtopf, da der Spülenabfluss zugefroren ist, während Joll und Hermi Rollos herunterziehen und Vorhänge an Türen und Windschutzscheibe anbringen. Unter viel Gekicher hüllen wir uns in die Schlafsäcke, trotz der ungewohnten Betten verbringen wir – nicht zuletzt dank der wunderbaren Gasheizung – eine angenehme erste Nacht im Bus, nur Joll widerspricht dem einhelligen Urteil: er hat schlecht geschlafen, weil er nämlich nicht müde genug war...

Am nächsten Tag geht es weiter Richtung Besançon, während der Fahrt durch winterliche Landschaft fällt uns unangenehm auf, dass der Bus weniger einem Fahrzeug mit guter Straßenlage denn einem Schiff auf hoher See ähnelt, er schwankt ziemlich hin und her. Mittlerweile haben wir knallblauen Himmel, die Sonne scheint – eine Wohltat! So langsam wird es auch „wärmer", zumindest der Spülenablauf und das Wasser in den Kanistern tauen auf. Aber ohne Schlafsack, Decke und dicke Klamotten kommen wir auch jetzt nicht aus. Da der Bus nun gut läuft, hoffen wir, bald die Schneewüste mit dem sandigen Original vertauschen zu können. Von Lyon aus düsen wir auf einem Stück Autobahn bis St. Etienne – aber dann! Wegen der stetigen Steigung und der schneebedeckten Fahrbahn brauchen wir eine halbe Stunde für zehn Kilometer… Kurz vor Le Puy fängt der Bus an zu zuckeln und rütteln, anscheinend stimmt das Gemisch von Diesel und Benzin nicht, das wir am Nachmittag getankt haben. Da es inzwischen 23 Uhr ist, stellen wir unser Vehikel im Industriegelände außerhalb des Ortes ab.

Morgens werden wir mit „'allo, 'allo"-Rufen geweckt. Die Einladung zum Kaffee von Angestellten der benachbarten Firma nehmen wir dankbar an, sie fragen nach unseren Schwierigkeiten und mit so aussagekräftigen Worten wie „Gelee", „Essence" und „Diesel" machen wir unser Problem deutlich. Daraufhin servieren die lieben Leute einen Cognac, geben uns einen Kanister Petroleum, der, mit Diesel gemischt, die Weiterfahrt ermöglichen soll. Nach einer herzlichen Verabschiedung geht's los, allerdings nur ca. 300 m weit. Rüttel, rüttel – aus ist's! Wir tuckern mit Mühe und Not in einen verschneiten Seitenweg, brauchen unbedingt Benzin, um den Diesel zu verdünnen.

Christine und ich trampen in Begleitung eines Benzinkanisters zur nächsten Tankstelle, zum Glück findet sich auch schnell jemand, der uns zum Bus zurück bringt. Die Jungs füllen das Benzin in den Tank und wir nehmen erneut Anlauf – vergebens. Kaum sind wir auf der Straße, würgt der Motor schon wieder, also zurückrollen auf den Feldweg, mehr Benzin in den Tank. Als auch das nichts nutzt, untersuchen die Jungs den Spritfilter, der sich als völlig versulzt herausstellt. Bleibt nichts anderes übrig, als das Teil auszuwechseln. Dann können wir losfahren, doch nach 20 km ist bereits wieder eine Reinigung des Filters vonnöten, was aber auch nicht viel nützt, denn nun kommen wir ins Hochgebirge. Durch das ständige Bergauffahren wird das Gezuckel immer schlimmer, jedes Mal, wenn wir eine Anhöhe erklommen haben, hoffen wir inständig, dass es doch nun bergab gehen möge – um dann verzweifelt festzustellen, dass es weiterhin bergauf geht. Überall verschneite

Wälder und rundum nichts als Berge, Berge... immer wieder müssen wir anhalten, um den Filter zu säubern. Wir sind schon ganz mutlos, da wir nur noch im Schneckentempo vorankommen. Die Stimmung sinkt fast so tief wie unser Thermometer, wir befürchten schon, womöglich hier überwintern zu müssen. Doch schließlich erreichen wir den Gipfel, von nun an geht's – dem Himmel sei Dank! – abwärts, und zwar in Serpentinen.

Und siehe da: es wird Frühling! Die Sonne scheint und innerhalb einer halben Stunde steigt die Temperatur von -15° auf -5° C! Neben schwindelnden Abgründen geht's talwärts, wir fahren die Ardeche entlang und je weiter wir hinunter kommen, umso mediterraner wird die Landschaft: Bäume, Wiesen, Palmen! Gleichzeitig mit den Celsiusgraden steigt auch das Stimmungsbarometer im Bus, das im Laufe des Tages rapide gefallen war. Es bewahrheitet sich der Spruch: „Kommt Zeit, kommt Grad!". In der wiedergefundenen guten Laune fliegen bald wieder dumme Sprüche hin und her: „Die Sonne scheint auf die Christine, da wacht sie auf, die flotte Biene" oder "Die Sonne scheint auf unsern Hermann, damit er weiterfahren kann". Auf schmalen Straßen geht es durch kleine Dörfer bis Narbonne.

Nach einem feudalen Abendessen, bestehend aus Rindsrouladen, Kartoffeln und Blaukraut, schreiten wir einer nach dem anderen zur großen Säuberungsaktion. Im engen Bad ist das nicht so einfach, beim Füße waschen darf man sich wie eine Ballerina fühlen... Am nächsten Mittag erreichen wir die Grenze Frankreich/Spanien und auf der Fahrt nach Barcelona wird's Sommer: +13° C. Schadenfroh denken wir an die Daheimgeliebenen... Wir fahren direkt am Meer entlang und nehmen die erstbeste Gelegenheit wahr, um am Strand herumzulaufen und die Wellen um die Füße fließen zu lassen.

Entlang der Straße sind große Felder mit Orangenbäumen, bei deren Anblick einem das Wasser im Munde zusammenläuft. Joll ist andauernd auf Motivjagd, er überquert dabei sogar (fast) unter Lebensgefahr die Straße, denn: „Die Oraschebäum da drübe sin schöna!".

Nach dem langen Fahren ist das abendliche Kochen und Essen immer der Höhepunkt des Tages: Gemüsetopf mit frischen Auberginen, Paprika und Tomaten... der skeptische Ausdruck in den Gesichtern von Hermi und Joll lässt jedoch vermuten, dass Fleisch ihren Geschmack eher trifft.

Morgens lassen wir uns schön Zeit zum Frühstücken, und jeder für sich macht seinen „Morgenspaziergang"[4] in Richtung Bäume/Gebüsch. Meist ist es wunderbar ruhig, nur manchmal wird man/frau bei einem wichtigen Geschäft von Spaziergängern gestört…

Durch Spanien fahren wir stundenlang ohne Pause, Hermi ist unermüdlich. Josef schießt ständig Bilder, hat schon einen ganzen Film verknipst, vom (Werbe)-Michelin-Männchen, Osborne-Stier bis hin zu plastikplanenbehangenen Bergen. 100 km vor Malaga, auf einer wunderschönen Serpentinenstrecke mit Ausblick aufs Meer, stellt sich beim 39. Bild leider heraus, dass überhaupt kein Film eingelegt war. Der arme Josef ist dem Weinen nahe, hat er doch „lauder schönne Bilder" gemacht! Nun aber rasch einen Film eingelegt und – knips, spann, knips, spann – das Versäumte nachgeholt! Als sich Hermi angesichts von Josefs Fotografierwut besorgt darüber äußert, ob er auch genügend Filme dabei habe und ihm vorschlägt, vorsichtshalber noch welche zu kaufen, meint Josef grinsend: „Nä, die lange scho, ich lass hald ab und zu mal en hauße!".

In Algeciras am Hafen erstehen wir für 280 DM unser Ticket nach Ceuta und suchen einen Übernachtungsplatz außerhalb der Stadt, mit Blick auf Gibraltar (links) und Marokko (rechts).

Als die Jungs abspülen, genießen wir Mädels noch unsere Nachspeise: „Ein Löffel für Josef, einen für den Fotoapparat von Josef. Ein Löffel für Hermi, einer für Hermis rote Ampeln. Einen Löffel für Marokko, einen für Algerien..." so geht das weiter bis: „einen Löffel für Südafrika und einen für das Schiff, mit dem wir heimfahren".

Die letzte Nacht auf europäischem Boden… um 10.30 Uhr legt die Fähre ab und wir verabschieden uns (nicht gerade unter Tränen) für einige Monate von Europa.

---

[4] Da die Reinigung unseres Chemie-Klos keine besonders angenehme Tätigkeit darstellt, sind wir übereingekommen, natürliche Vorgänge möglichst in der Natur zu erledigen.

Marokko

Horrido! Fast um Punkt 12 Uhr an diesem historischen 15. Januar 1985 betreten respektive befahren wir den afrikanischen Kontinent. Christine meint: „Hier ist der Himmel schon viel blauer!". Nachdem wir in Ceuta am Hafen unsere Dieseltanks gefüllt haben, geht's in Richtung marokkanische Grenze. Hermi ist bereits seit dem frühen Morgen total nervös, er befürchtet, wir würden wegen unseres algerischen Visums im Pass nicht nach Marokko reinkommen.

In die Einreiseformulare sind Name, Geburtstag, Geburtsort, Nationalität, Passnummer, Zielort, Autonummer einzutragen, alsdann begeben sich Hermi und Christine (sie mit den Worten: „Ich geh' mit, ich bin so schön blond!") zum Immigration-Office. Die Pässe nimmt der Beamte mit in sein Zimmer. Nun heißt es warten, Christine ist ganz cool, während Hermi von einem Bein aufs andere trippelt. Nach einer Weile ertönt das Hämmern der Stempel, das wäre geschafft! Wir fahren Richtung Schlagbaum, dort müssen wir nochmals Pässe und grüne Versicherungskarte vorzeigen. Ein beleibter Zollbeamter wuchtet sich in den Bus, öffnet alle Fächer und zeigt sich sehr beeindruckt von unserem „maison". Wir befürchten schon, dass er uns den ganzen Bus ausräumen lässt, doch dem ist nicht so, er verabschiedet sich – wir sind glücklich in Marokko gelandet!

Der erste Eindruck: Kinder am Straßenrand, die uns durch deutliche Gesten zeigen, dass sie Geld tauschen oder Haschisch verkaufen wollen. Wir fahren eine Weile am Meer entlang, landeinwärts grasen auf den grünen Wiesen und Berghängen Kühe, von in Tüchern verhüllten Frauen oder Kindern bewacht, die unser Auto neugierig anstarren. Am Straßenrand sind viele Leute zu Fuß oder auf Mauleseln unterwegs, die, wenn wir vorbeifahren, die unterschiedlichsten Reaktionen zeigen: manche winken freundlich, manche wollen mitgenommen werden, viele wollen etwas verkaufen. Auf der Fahrt ins Landesinnere nach Tetouan wird die Asphaltstraße schmaler und hat schon einige Schlaglöcher aufzuweisen, denen Hermi (meist) geschickt ausweicht. Die Straße schlängelt sich bergaufwärts, rechts und links erheben sich von Gras und Sträuchern bewachsene Berge. Immer wieder kommen wir an kleinen Ansiedlungen vorbei, meist nur ein paar Baracken mit flachem Dach, vor denen die Männer in der Sonne sitzen oder in Gruppen zusammenstehen und palavern, während die Frauen Wäsche waschen oder Wasser schleppen.

In Fés begeben wir uns auf die Suche nach einem Gasabfüllwerk – sie wird zu einer Odyssee. Die um Auskunft befragten Polizisten schicken uns von einem Stadtende zum anderen, nach zwei Stunden Hin- und Herfahren, fragen, dem Überwinden von Schlaglöchern und überschwemmten Straßen, kommen wir endlich zum Ziel – genau rechtzeitig zur beginnenden Mittagspause, die bis 14 Uhr dauern wird. Nun heißt es warten… aber das macht uns nichts aus, denn wir haben ja (im Gegensatz zu den Leuten daheim) Zeit...

Als sich die Arbeiter wieder so langsam einfinden, erfahren wir, dass man hier gar kein Propangas hat, wir ziehen also nach drei Stunden Warten und langem Palaver unverrichteter Dinge ab.

Die Strecke nach Oujda ist von kahlen, sich über Hügel erstreckenden Feldern umgeben. Sie ähneln geschwungenen Sanddünen, dieser Eindruck wird noch durch das Licht- und Schattenspiel der Sonne verstärkt. Immer wieder bewundern wir die schönen Baumalleen an der Straße, in der Ferne (zum Glück) sind die schneebedeckten Gipfel des Atlasgebirges zu erkennen. Als wir einmal zum Fotografieren anhalten, kommt auf der anderen Straßenseite eine Kinderschar mit einem Maulesel heran, als sie sehen, dass Joll und Christine die Fotoapparate zücken, fangen sie an zu winken und zu johlen. Begeistert stellen sie sich in Pose, brüllen um die Wette. Als die Fotositzung zu Ende ist, drängen sie sich noch näher heran und verlangen: „Donnez-moi de l'argent!". Wir nicken freundlich, verziehen uns in den Bus, die Kinder klopfen an die Tür, schreien, einige bücken sich, um nach Wurfgegenständen zu suchen. Wir machen, dass wir weg kommen.

Gegen Abend suchen wir uns ca. 20 km vor Taza einen ruhigen Stellplatz und machen uns ans Zubereiten des Abendessens. Das bei einem Straßenhändler erstandene, für Gulasch bestimmte Fleisch muss erst mal präpariert, d. h. von Sehnen befreit werden. Der deutsche Gesundheitsminister hätte beim Anblick dieser „Metzgerei" wahrscheinlich die Hände über dem Kopf zusammengeschlagen: unter einem löchrigen Strohdach stehen ein paar wacklige Tische, blutbeschmiert, auf denen das vorher von Fliegen umschwärmte Fleisch zerteilt wird. Trotzdem schmeckt das Gulasch nicht mal schlecht, allerdings merken wir, dass beim hiesigen Fleisch andere Garzeiten angebracht sind als in Deutschland... es ist recht kaufreudig.

Am nächsten Tag erspäht „Adlerauge" Hermi am Ortsrand von Oujda einen riesigen Gastank – vielleicht gelingt uns hier, was wir in Fés vergeblich versuchten, das Nachfüllen der Gasflasche? Ein Arbeiter erklärt uns, hier würde eigentlich nur für Großverbraucher abgefüllt, da fallen unsere 12 kg gar nicht auf, mit Bargeld könne man hier nichts anfangen, das Auffüllen ist daher umsonst. Da unsere Füllvorrichtung nicht den hier üblichen entspricht, dauert das Auffüllen eine Weile, die wir im Büro beim Chef verbringen und uns, so gut es mit den minimalen Französischkenntnissen geht, mit ihm unterhalten. Schließlich erhalten wir mit einem freundlichen Lächeln die Gasflasche zurück, bekommen sogar noch einen in Marokko üblichen Einfüllstutzen geschenkt. Verblüfft über so viel Entgegenkommen (man stelle sich das mal in Deutschland vor!), wissen wir gar nicht, wie wir uns bedanken sollen, kramen schließlich eine Handvoll Geschenke heraus: Kulis, Feuerzeuge und Bonbons, die wir an die Leute verteilen. Sie zeigen sich darüber sehr erfreut, mit herzlichem Händeschütteln und Winken verabschieden wir uns.

Gutgelaunt fahren wir weiter Richtung Figuig, in einem etwas größeren Dorf namens Guenfouda, wo wir unsere Wasservorräte auffüllen wollen, halten wir am ersten Wasserhahn, den wir erblicken. Doch dessen Kapazität ist bereits erschöpft, und wir werden von einem alten Mann, der bei unserer Ankunft herbeigeeilt kam, durch Handzeichen darauf hingewiesen, dass etwas weiter im Dorf Wasser zu erhalten sei. Man schickt uns auf einen Feldweg zu einem allein stehenden, flachen Lehmhaus, vor dem zwei verschleierte Frauen und einige Kinder am Boden sitzen. Joll übernimmt die Verhandlungen, steigt mit einem Wasserkanister in der Hand aus und fragt die Frauen nach Wasser. Eine der beiden springt auf und erzählt, heftig gestikulierend, etwas in einer uns unverständlichen Sprache, sie deutet auf den Mund, auf die Füße, bohrt mit den Füßen in den Boden. Joll guckt ratlos und macht immer wieder die Geste des Trinkens. Hermi gesellt sich dazu, um die Sache in die Hand zu nehmen, und während er mit dem von der Frau schreiend angewiesenen kleinen Bub in Richtung Wasserquelle trottet, steigt Josef erst mal aufs Dach, um seine nagelneuen Gummistiefel zu holen. Er schließt nämlich aus den Gesten der Frau, dass es an der Wasserstelle morastig sei... Bis er endlich die Stiefel aus der Kiste heraus gekramt hat, war Hermi schon mehrere Male mit Kanistern unterwegs - ohne nasse Füße bekommen zu haben.

Während wir Micropur (zur Entkeimung und Haltbarmachung des Wassers) in die Kanister verteilen und sie wieder verstauen, hat sich das halbe Dorf versammelt, die Leute lächeln uns freundlich an. Zum Dank für die Hilfe verteilt Hermi Bonbons an die Kinder, als wir weiterfahren wollen, hält eine Frau Hermi auf, rennt ins Haus und holt einen Brotfladen, den sie ihm in die Hände drückt. Als Hermi das Brot bezahlen will, schüttelt die Frau energisch den Kopf, deutet zum Himmel, was wohl heißen soll, dies sei ein Geschenk Allahs, für das man nichts zu bezahlen brauche. Wie schon in Oujda, sind wir gerührt über die Freundlichkeit, die man uns entgegenbringt, Christine kommt auf die Idee, zum Dank ein paar Luftballons zu verteilen. Joll übernimmt diese ehrenvolle Aufgabe, zeigt den Kindern, wie man die Ballons aufblasen muss, lässt die Luft rauszischen, bläst wieder auf.

Marokko – Luftballons für die Kinder

Die Kinder sind völlig begeistert, ebenso eine runzlige Oma, der Joll einen knallrosa wurstförmigen Luftballon in die Hände drückt. Als sie jedoch loslässt, entweicht die Luft, die Oma macht vor Schreck einen Satz zur Seite. Dann kichert sie und palavert lautstark mit den anderen Dorfbewohnern, die das Geschehen aufmerksam verfolgt haben.

Unter Gelächter und fröhlichem Winken fahren wir schließlich ab und amüsieren uns noch eine Weile, welche Verblüffung die aus den Ballons zischende Luft hervorgerufen hat. Wie anders hier doch die Menschen sind im Vergleich zu Deutschland oder dem westlichen Marokko. Es ist rührend, wie sie sich über Kleinigkeiten wie einen Luftballon freuen, hilfsbereit sind und uns trotz ihrer offensichtlichen Armut auch noch ein Geschenk machen.

Noch ganz beschäftigt mit diesen neuen Erlebnissen, düsen wir weiter und geraten bald in die zweite Polizeikontrolle dieses Tages. Während die Beamten sich unsere Pässe ansehen, murmeln sie Unverständliches vor sich hin. Die von Hermi angebotenen Zigaretten nehmen sie erfreut an, dann können wir weiterfahren. Nach kurzer Zeit die nächste Kontrolle, diesmal sind die Typen hartnäckiger. Nachdem sie die Pässe kontrolliert haben, stellen sie allerlei Fragen nach unserem Woher und Wohin, wollen sich den Bus von innen ansehen. Hermis Alukoffer wecken die Neugier des Beamten, er will wissen, was darin sei, und als ich ihm die Filmkamera zeige, fragt er, geringschätzig lächelnd, ob wir denn die Wüste fotografieren wollten. Auf unser Nicken hin stutzt der Polizist, lächelt mitleidig, wahrscheinlich denkt er „Allah, sind diese Touristen dumm, wollen das Nichts fotografieren!". Schließlich wünscht er uns „bon voyage", wir sind entlassen.

Warum er so gegrinst hat, als wir sagten, wir wollen das Land fotografieren, wird uns klar, da wir jetzt in eine absolute Einöde kommen. Unendliche Weite, kilometerweit nur brachliegende, steinige, braune Felder, die sich in der Ferne mit dem Horizont treffen. Entlang der schnurgeradeaus führenden Straße stehen in regelmäßigem Abstand Strommasten, ab und zu sieht man eine kleine Schafherde oder Menschen, die auf einem Maulesel unterwegs sind. Ansonsten aber ist die Gegend kahl und leer, kaum einmal ein verdorrter Strauch. Als wir anhalten, um unser Nachtlager aufzuschlagen, geht gerade die Sonne unter, taucht hinter fernen Wolken ein, erscheint nochmals knapp über dem braunen Boden und versinkt dann ganz, lässt nur einen wunderschön farbigen, regenbogenartigen Streifen zurück, der in der hereinbrechenden Dunkelheit leuchtet.

Am nächsten Tag fahren wir weiter durch diese kahle Gegend, die Straße ein endlos langes Asphaltband. Gegen 14 Uhr erreichen wir Figuig, die marokkanische Grenzstation. Da wir pünktlich zur Mittagspause angekommen sind, heißt es zwei Stunden warten. Also wird erst mal „ä Tee'le" gekocht und Brotzeit gemacht. Nach zwei Stunden taucht endlich der Polizeichef auf, mit Schalke-04-Wollmütze auf dem Kopf. Wieder ist ein Formular auszufüllen, das ein Beamter samt Pässen in sein Büro mitnimmt. Während der sich daran anschließenden Wartezeit zählt der hinter dem Tresen sitzende Polizist sämtliche ihm bekannten deutschen Fußballvereine und -spieler auf.

In der Zwischenzeit wird der Bus inspiziert, man lugt in jedes Fach und bemüht sich sogar aufs Dach. Endlich erhalten wir unsere Pässe zurück, beim Zoll geht die Abfertigung ungewöhnlich schnell, wir können in Richtung Grenze weiterfahren. Bevor wir den Schlagbaum erreichen, führt die Straße durch einen wunderschönen Palmenwald. An der Grenze stehen Militärzelte, wir müssen unsere Personalien in ein Buch eintragen, man sammelt unsere Pässe ein und es heißt es wieder warten – wir wissen nur nicht, auf was.

Nebenan schraubt ein Schweizer sein Motorrad auseinander, Hermi meint, uns stünde das Ausräumen des Busses wohl auch noch bevor. Doch zunächst tut sich nichts, wir stehen nur herum, unterhalten uns mit Schweizern und Deutschen, die im Niemandsland festsitzen. Eine vertrackte Situation: nach Marokko dürfen sie wegen einer fehlenden Versicherung nicht einreisen, nach Algerien wollen sie wegen des hohen Zwangsumtauschs nicht zurück. Die beiden sehen das Ganze aber recht locker, sie meinen, in Afrika müsse man sich eben Zeit nehmen, was sei schon eine Woche Warten im Niemandsland.

Wir müssen uns auch in Geduld üben: die Beamten machen überhaupt keine Anstalten, uns die Pässe zurückzugeben. Auf Nachfragen zucken sie mit den Achseln, sagen abwechselnd „oui" oder „non", also werden wir wohl hier übernachten müssen. Am Abend sitzen wir mit den anderen Travellern zusammen, lassen uns von deren Reisen, den dabei geholten Krankheiten wie Ruhr und Gelbsucht erzählen. Die Leute sind gut drauf, fahren jedes Jahr für einige Monate nach Afrika, nehmen ihre 12jährige Tochter mit, die während dieser Zeit von ihrer Mutter unterrichtet wird. Sie sind der Meinung, dass das Mädchen in Afrika mehr fürs Leben lernt als in der Schule.

Wie besorgt die Grenzbeamten um unsere Sicherheit sind, zeigt sich, als Christine und ich uns wegen eines dringenden Bedürfnisses ins Gebüsch verziehen. Von der Straße sind plötzlich Stimmen zu hören und der Schein einer Taschenlampe zu sehen. „Christine, da kommt jemand!". Christine rafft in Windeseile ihre zu enge Jeans halbwegs nach oben, ich bedecke meine Hinterlassenschaft noch schnell mit einem Stein, und schon sind zwei Grenzbeamte da, die uns erstaunt fragen, was wir denn hier machen und dabei die ganze Umgebung ableuchten. Mein mangelhaftes Französisch lässt mich nur „faire une promenade" stammeln – eine fadenscheinige Ausrede, die vom herumliegenden Toilettenpapier klar widerlegt wird... Unter militärischem Schutz werden wir zum Bus zurückgebracht und man warnt uns eindringlich vor weiteren Ausflügen dieser Art, da es hier wilde Tiere gebe.

Als wir morgens aufstehen, wölbt sich herrlich blauer Himmel über den umstehenden Palmen. Nachdem wir gemütlich gefrühstückt haben, taucht ein Beamter auf und will den Bus inspizieren, sämtliche Schubladen und Fächer müssen geöffnet werden – mein Gott, sind die Leute neugierig! Die Prozedur wiederholt sich noch zweimal, dann bekommen wir endlich die Pässe zurück. Wir verabschieden uns von den anderen Travellern, dann öffnet sich der Schlagbaum für uns.

Algerien

Auf dem Weg zur algerischen Grenzstation legen wir die fingierten Volks-
hochschul-Ausweise bereit, die wir als Studentenausweise nutzen wollen, um
vom Zwangsumtausch befreit zu werden. Was sollte man mit 2.400 DM bzw.
4.000 Dinar anfangen in einem sozialistischen Land, wo es außer (billigem)
Sprit eh nichts zu kaufen gibt. Falls der Trick gelingt, wäre es gut, Geld beiseite zu legen, um auf dem Schwarzmarkt zu tauschen. Wir beraten, ob und
wo wir Geld verstecken sollen, da die algerische Grenzstation unerwartet
schnell in Sicht kommt bleibt jedoch keine Zeit dazu, und es wird beschlossen, sämtliche Schecks und Bargeld anzugeben.

Wieder ein Schlagbaum, vor dem eine ganze Gruppe von Grenzern rumsteht,
wir stellen den Bus ab und werden in einen blau gestrichenen, mit Sesseln
und Schreibtischen ausgestatteten zugigen Raum geführt, wo Kärtchen mit
allen persönlichen Daten auszufüllen sind. Die Beamten beanstanden das „ß"
in meinem Namen, das von ihnen für ein „B" gehalten wird, da ich es ihrer
Meinung nach nicht schön genug geschrieben habe, muss ich ein neues
Kärtchen beschriften. Unter den strengen und misstrauischen Blicken der
Beamten wird einem ganz mulmig zumute (wie an der DDR-Grenze!), man
kriegt ein schlechtes Gewissen und hat eigentlich keinen Grund dazu.

Nachdem wir die Kärtchen abgegeben haben, geht's zum Zollbüro nebenan.
Mit den zwei Beamten streiten wir uns über die Studentenausweise, sie wollen
die Dinger einfach nicht akzeptieren. So müssen wir wohl den Zwangsumtausch von 1.000 Dinar pro Person in Kauf nehmen. Nun wird die Devisenerklärung ausgefüllt, alle Schecks und das Bargeld gezählt und eingetragen.
Dies nimmt einige Zeit in Anspruch, der Beamte prüft unsere Angaben und
stellt sich dabei recht dumm an, kann 50-DM-Schecks nicht von 200-DM-
Schecks unterscheiden. Schließlich sind wir fertig, nun wird das Auto untersucht. Sieben Beamte sind damit beschäftigt, alles durchzuwühlen und das
Unterste zuoberst zu kehren. Die Kleidersäcke auf dem Dach erregen An-
stoß, da der Import von Kleidungsstücken, die nicht offensichtlich für den
eigenen Gebrauch bestimmt sind, verboten ist, wir werden die Klamotten
wohl hier lassen müssen. Die Busdurchsuchung scheint nun abgeschlossen zu
sein, dennoch werde ich noch mal ins Zollbüro zitiert und höflich gebeten,
Platz zu nehmen. Der Beamte weist auf einen in mehreren Sprachen auslie-
genden Zettel, worauf steht, dass nicht deklariertes Geld zu großen Schwie-

rigkeiten führen kann. Ich nicke zustimmend und versichere den Beamten, dass wir wirklich alle Devisen angegeben haben. Trotzdem fragt er mich immer wieder, in immer drohenderem Ton, ob ich auch sicher sei, ich solle doch noch mal nachsehen. Ratlos berichte ich den anderen, die draußen warten, plötzlich beginnt Josef fieberhaft im Handschuhfach rumzukramen und zu stammeln „Mei Geld is weg!"

„Was, wieso, welches Geld, hast Du was versteckt?!". „Ja", gibt Josef kleinlaut zu und wir erfahren endlich, dass er 1.600 DM in ein Brillenetui gesteckt und im Handschuhfach liegengelassen hat. Das haben die schnüffelnden Grenzer gefunden, deshalb die Ausfragerei - und ich habe ihnen immer wieder versichert, wir hätten nicht mehr Geld als angegeben! Sie sind natürlich stinkesauer, und meine Beteuerungen, wir hätten einfach vergessen, diesen Betrag zu deklarieren, nutzen nichts mehr. Jetzt wird's ernst: mit eisiger Miene werden wir aufgefordert, mit einem Beamten zur Zollhauptstelle ins Dorf Beni-Ounif zu fahren. Im Bus herrscht bedrückte Stille – es ist ja auch kaum zu fassen, welche Dummheit sich Josef da geleistet hat: entgegen unserer ausdrücklichen Abmachung Geld zu verstecken, noch dazu so viel und an einem Platz, wo jedermann zuerst sucht!

Wir werden ins düstere Büro des Zollchefs geführt, der sich die Angelegenheit vom uns begleitenden Beamten berichten lässt, die 1.600 DM in eine Schublade seines Schreibtisches steckt und dann, zu uns gewandt meint, die Sache würde nach der Mittagspause weiterverfolgt. Wir lassen uns draußen im Schatten des Busses nieder und überlegen hin und her, was Josefs Schnapsidee wohl für Konsequenzen haben wird. Die 1.600 DM kann er eh abschreiben, vielleicht müssen wir Strafe zahlen (was noch das geringste Übel wäre). Womöglich dürfen wir gar nicht nach Algerien einreisen - das stellt unsere ganze Fahrt in Frage! Oder vielleicht steckt man uns in den Knast... ach du liebe Zeit!

Als wir nach zweistündiger Wartezeit, in der wir düsteren Gedanken an die Zukunft nachhängen, wieder barsch ins Büro gerufen werden, haben wir die Hoffnung, jemals bis Kapstadt zu kommen, schon fast aufgegeben. Irgendwie scheint unsere Reise unter einem schlechten Stern zu stehen: erst die vielen Probleme beim Herrichten des Autos, die Pannen in den ersten Tagen, und nun dies...

Der Zollchef eröffnet uns mit unbeteiligter Miene „Vouz avez commis une infraction!" und kündigt eine Geldstrafe an. Ich versuche noch verzweifelt, das Ganze als Irrtum hinzustellen, doch der Beamte ist unerbittlich und teilt uns in ruhigem Ton mit, dass die 1.600 DM konfisziert seien und wir den zweifachen Betrag des geschmuggelten Geldes als Strafe zahlen müssten. Das sind 3.200 DM... oh nein! Doch alles Bitten um Gnade nutzt nichts, der Beamte fordert uns auf, zur Bank zu fahren und den Betrag von 5.180 Dinar zu tauschen.

Zähneknirschend zahlen wir die Strafe, müssen noch eine Schulderklärung unterschreiben und eine Autoversicherung abschließen. Wie man sich vorstellen kann, ist die Stimmung trotz 23° C unter dem Nullpunkt angelangt. Für nichts und wieder nichts hat jeder von uns 800 DM geblecht... Wir sind übereingekommen, dass jeder ein Viertel der Geldstrafe zahlt, obwohl es ja allein Josefs Schuld war. Müsste er alles allein berappen, wäre für ihn die Reise schon hier zu Ende, das ist weder für ihn noch für uns wünschenswert. Dieser Hammer trifft unsere Reisekasse empfindlich, doch auf der Fahrt nach Bechar überlege ich mir folgendes:

Vorteil:
- wir durften nach Algerien einreisen
- wir sind nicht im Knast gelandet
- wir haben noch Geld, d. h. verhungern / verdursten müssen wir nicht
- wir frieren nicht (wie die Leute daheim)
- die Klamotten auf dem Dach sind erhalten geblieben
- Josef hat eine gehörige Lektion erteilt bekommen

Nachteil:
- wir sind um 4.800 DM ärmer

Summa summarum: wir haben noch mal Glück gehabt und können trotz der großen Einbuße vorläufig noch weiterurlauben.

In Bechar, wo wir Geld tauschen und tanken wollen, zeigen sich die Algerier auch nicht gerade von ihrer besten Seite: als wir ein paar Leute ansprechen, um zu fragen, wo es Butter zu kaufen gibt, wenden sie sich demonstrativ ab und ignorieren uns völlig. Wir reihen uns an einer Tankstelle in die Warteschlange ein – und obwohl wir an der Reihe sind, beachtet uns der Tankwart gar nicht, sondern bedient seelenruhig die einheimischen Lkws. Dann müssen wir auf eine Nachlieferung warten, diese muss erst abgerechnet werden... schließlich und endlich kommen wir dran und wenigstens ein Tank und zwei Kanister werden gefüllt. Jetzt aber nichts wie weg aus diesem unfreundlichen Ort, am liebsten gleich raus aus diesem Land...

Auf der Weiterfahrt nach Beni-Abbés biegen wir nach ein paar Kilometern nach Taghit ab, als wir von einer Anhöhe ins Tal hinunterschauen, bietet sich ein atemberaubender Anblick: am Fuße riesiger roter Sanddünen liegt ein Palmenwald, dazwischen weiße Häuschen, darüber wölbt sich herrlich blauer Himmel... ein unheimlich schöner Anblick nach dem vielen Geröll auf der bisherigen Strecke! Eine Oase wie aus dem Bilderbuch, vor den Häusern sitzen die Leute auf dem Gehsteig und blinzeln in die Sonne.

In einem kleinen Laden erstehen wir Ansichtskarten, der Verkäufer gibt uns zu verstehen, dass er gern Klamotten kaufen würde. Kann er haben! Die Sachen konnten wir ja zum Glück vor den algerischen Zollgeiern retten. Unter Aufbietung aller Vorsichtsmaßnahmen (da andauernd Polizisten herumschnüffeln) wird ein Kleidersack vom Dach geholt und in die Wohnung des Algeriers geschafft. Man führt uns in einen düsteren Raum, der nur mit zwei auf dem Boden liegenden Matratzen ausgestattet ist. Der Mann sucht sich Pullover, Hosen und Jacken aus. Seine Frau, von der man vor lauter Vermummung nichts als die Augen sicht, scheucht er mit barschen Worten hinaus auf den Hinterhof, wo einige Ziegen in Abfallhaufen nach etwas Fressbarem suchen.

Schließlich verkaufen wir für 300 Dinar und eine alte Cassette ein paar Klamotten. Mit solchen Geschäften können wir wenigstens einen kleinen Teil des verlorenen Geldes wieder beschaffen.

Auf dem Weg nach Süden kommen wir durch eine Gegend, die teils von bis an die Straße heranreichenden Sanddünen, teils von Geröll und glatten, schwarz glänzenden Felsen beherrscht wird. Einmal verlassen wir die Teerstraße und fahren bis hin zu einer mächtigen, ca. 40 m hohen Sanddüne. Wie der Bus da so steht, könnte man meinen, wir seien dabei, diese Düne zu erklimmen. Der rötliche Sand ist ganz fein, wie zu Kindergartenzeiten lasse ich ihn durch die Finger rieseln. Diese Feinheit hat aber auch Nachteile, als wir weiterfahren wollen, röhrt der Bus nur, bewegt sich nicht, hinten fliegt der Sand auf. Nun heißt's zum ersten Mal: schieben! Zunächst kommen wir nur einen Meter voran, doch dann legt Hermi den ersten Gang ein und ohne Probleme erreichen wir wieder festen Boden.

Unser Ziel für heute ist die Oase Timimoun, zu der eine schlaglochübersäte schmale Straße führt. Kommt uns ein Fahrzeug entgegen, ist es immer Nervensache, wer nun ausweicht. Timimoun besteht aus roten Lehmhäusern, die von dicken Mauern umgeben sind. Wieder werden wir wegen Klamotten angesprochen, sobald das Polizeiauto außer Sicht ist, wechselt ein ganzer Kleidersack seinen Besitzer, diesmal zum Preis von 230 DM. Der Algerier zahlt, ohne überhaupt nachzusehen, was in dem Sack ist. Kurz vor dem Dunkelwerden finden wir außerhalb der Oase einen Übernachtungsplatz. Hermi beweist große Geschicklichkeit beim Pfannkuchen wenden, zwar landet des Öfteren einer im Sand vor der „Haustür", aber bald hat er den Dreh raus.

Die Gegend in Richtung In Salah ist öde, nur Steine und manchmal Tafelberge. Die ersten Kilometer sind recht gut zu fahren, dann aber hat die Straße oft riesige Schlaglöcher. Einmal müssen wir eine Umleitung über Steine und durch Sand fahren, was Hermi und der Bus ohne Schwierigkeiten meistern. „So wird's in der Sahara!" meint Hermi – nach dem ersten Anschieben gestern war dies also der Vorgeschmack auf die Wüste.

Auf der weiteren Strecke verschlechtern sich die Straßenverhältnisse zusehends, ein Schlagloch folgt aufs andere. Da es Hermi mit der Zeit zu mühsam ist, diese zu umfahren, weichen wir auf die Sand- und Steinpiste aus und kommen besser voran als auf der sogenannten Straße.

Am späten Nachmittag erreichen wir In Salah, eine ganz von Sand umgebene Stadt mit roten Lehmhäusern. In Salah ist eine sterbende Stadt, da die Dünen jedes Jahr näher kommen, eines Tages wird einmal die ganze Ansiedlung unter Sand begraben sein. Bei Temperaturen von 34° C lechzen alle nach Tee, den wir uns noch vor der Erkundung der „Innenstadt" zu Gemüte führen.

Wie üblich in einem Land mit „real existierendem Sozialismus" gibt's außer Brot nichts zu kaufen, so dass wir fürs Abendessen auf unsere Konserven zurückgreifen müssen. Wir verlassen In Salah in Richtung Tamanrasset (658 km!). Die stadtauswärts führende Straße ist eine Wohltat gegen die Schlaglochpiste vom Nachmittag, und beiderseits der Straße sieht's richtig wüstenmäßig aus: Sanddünen bis fast zur Straße. Etwa 10 km nach In Salah sieht der Boden relativ fest aus, wir biegen ab, um in der Pampa das Nachtquartier aufzuschlagen.

Zunächst wird jedoch das Wohnzimmer geputzt, am Morgen haben wir leichtsinnigerweise das hintere Fenster offengelassen, durch das kiloweise Sand eindrang. Alles ist verstaubt: Fenster, Vorhänge, Polster, Schlafsäcke, Tisch, überall Sand, Sand, Sand... Nicht nur im Bus steht eine Säuberungsaktion an, heute wird zu ersten Mal unsere „Waschmaschine", die Tonne auf dem Dach, mit Klamotten, Wasser, Waschpulver gefüllt. Auf der uns erwartenden Hoppelpiste haben wir sicher genügend Waschgänge.

Diesmal übernachten wir im absoluten Nichts – nur Sand und Himmel um uns herum, unendliche Weite. Bei untergehender Sonne bauen wir Tische und Stühle draußen auf, genießen vorzügliche Rouladen, Klöße und Blaukraut, betrachten die Sterne und den Mond, der „auf dem Rücken" liegt, es herrscht eine unglaubliche Stille, kein Vogel, keine Grille ist zu hören. Das einzig störende an dieser Idylle ist unser Josef, der diverse Weisheiten von sich gibt, Sandstürme und Regen voraussagt...

Tatsächlich schaut es morgens fast nach Regen aus, der Himmel ist mit grauen, düsteren Wolken bedeckt. Nach dem Frühstück verlassen wir die Einöde und kehren auf die Asphaltstraße zurück, um in Richtung Arak weiterzufahren. Zunächst ist die Straße unerwartet gut, aber wir brauchen nicht lang auf Schlaglöcher zu warten. Sandwüste wechselt sich mit Geröll und steinigen Abschnitten ab, manchmal haben diese Felsen auch schon Bekanntschaft mit der „Zivilisation" gemacht, in Form von gesprayten Sprüchen, Namen und Daten. Während wir mit einer Durchschnittsgeschwindigkeit von 30 km/h hin zuckeln, brausen die einheimischen Laster ohne Rücksicht auf Verluste mit 80 km/h durch die Schlaglöcher. Ab und zu weichen wir auf die Piste aus, Hermi fährt ein paarmal probeweise durch kleinere Sandfelder und meint, der Bus bewähre sich ganz gut. Er versteigt sich sogar zu der Behauptung, wir müssten wohl selten die Sandbleche zu Hilfe nehmen.

Unterwegs treffen wir vier Germeringer Jungs, die nach Togo unterwegs sind. Wir fahren eine Weile zusammen und erreichen gegen Abend Arak. Die „Stadt" besteht allerdings nur aus einer Tankstelle (die nicht mal Diesel hat) sowie drei verfallen aussehenden Strohhütten, die als „Restaurant-Café" angepriesen werden. Bei Arak beginnt eine neugebaute Teerstraße, die noch

60 km weiterführt, allerdings darf sie nur vom Militär befahren werden. Eine „Straßensperre" (bestehend aus auf der Straße liegenden Steinen) weist uns auf dieses Verbot hin. Der Anblick des schönen, dunkelblauen, von noch keinem Schlagloch verunzierten Asphalts lässt die Augen leuchten... da haben die Algerier eine einzige anständige Straße, und die darf keiner befahren! Seufzend zuckeln wir über die Piste.

Etwa 1 km nach Arak treffen wir auf Franzosen, die in ein Sandfeld gerauscht sind und deren Motor darunter erheblich gelitten hat. Sie empfehlen uns, die kritische Fläche erst links und dann ganz rechts zu umfahren, zeigen uns die Stellen, wo der Sand einigermaßen trägt. Dank dieser Ratschläge kommen wir zunächst gut durch, doch plötzlich wird der Bus abgebremst, wir sind in ganz mehligem Sand gelandet, ein letztes Röhren – dann sitzen wir fest. Und das kurz vor Feierabend! Ringsum, auf der ganzen Ebene, sind einige Fahrzeuge im Sand steckengeblieben, sogar einheimische Lkws.

Nun steht die Premiere des Schaufelns und Sandbleche-Legens bevor, Joll und Hermi werden gleich ganz hektisch. Während Hermi schon mal den Sand vor den Reifen wegschaufelt, holt Josef die Sandbleche vom Dach. Christine filmt uns beim „Ernstfall": nachdem der Sand vor den Reifen weg ist, wird auf beiden Seiten ein Sandblech dicht an, wenn möglich, ein Stück unter die Reifen gelegt. Hermi fährt ca. 1½ Meter, Blech wieder holen, anlegen, ein Stück fahren, das Ganze ca. 20 m weit. Es klappt ganz gut – wenn man von dem verbogenen hinteren Trittbrett sowie Josefs Tranduselei absieht, er kann bei meinem Tempo des Sandblech-Legens einfach nicht mithalten, so dass auf seiner Seite immer wieder Leerzeiten zu verzeichnen sind. Trotzdem kommen wir gut voran, nachdem noch ein im Sand verwurzelter Strauch beseitigt wurde, fährt Hermi mit aufheulendem Motor davon – geschafft, wir haben wieder festen Boden unter den Rädern.

Ein Stück weiter vorn scheint's nochmal recht sandig zu werden, da es relativ spät ist, beschließen wir, die Nacht hier zu verbringen und ein mögliches Steckenbleiben auf morgen zu verschieben. Aus der Ecke, in der wir festsaßen, sehen wir die Germeringer kommen, der VW-Bus schafft das Sandloch, der Peugeot aber bleibt hängen. Jetzt sind die Jungs am Schaufeln, doch das allein nützt nichts. Da beim Abschrauben ihrer Sandbleche wahrscheinlich der Dachständer mit herunter käme, holen sie sich die unsrigen und schaffen es schließlich, auf festen Boden zu kommen. Sie gesellen sich zu uns, zum

Abendessen machen wir es uns draußen gemütlich. Voller Neid beobachten wir, unseren obligatorischen Pfefferminztee schlürfend, wie die Jungs ein Bier nach dem anderen aus ihrem VW-Bus holen und stolz erzählen, wie viel hundert Dosen Bier und Dutzende von Flaschen Whisky sie dabei haben... Auf die Idee, uns was anzubieten, kommen sie allerdings nicht. Erst als Christine Rudis Bemerkung „Der Whisky is a ganz billiger, den kannst net saufa!" mit einem leise gemurmelten „Ach, mir scho!" kommentiert – kling – da fällt der Groschen. Eine Flasche Whisky wird auf den Tisch gestellt, dazu ein paar Dosen Cola, wir mischen recht großzügig. Der Abend vergeht mit Plaudern, begierig lauschen die Jungs Hermis Erzählungen von der letzten Afrikafahrt.

Am nächsten Morgen probieren wir, einen mit Sand und Steinen übersäten Hügel zu erklimmen, der uns das Durchfahren der Sandfelder ersparen soll. Joll und Christine übernehmen die Rollen der Wegweiser, Christine etwas weniger geschickt als Joll, der mit ausgebreiteten Armen in der Einöde steht, manchmal in der Luft herumrudert und genau in die Richtung zeigt, in die Hermi NICHT fährt. Und es glückt, wir bleiben nicht mehr stecken, sondern fahren weiter durch die Arak-Schlucht, jetzt auf ausgeprägter Wellblechpiste. 23 km/h beträgt unsere Höchstgeschwindigkeit, und uns kommt das Lied „Chanson d'amour, ratatatatat" in den Sinn, wobei vor allem das „Ratatatatat" auf uns passt. So geht das ca. 30 km, dann wird die Strecke etwas besser. Auch auf der weiteren Fahrt hört das Rattern und Klappern nicht auf – zu denken, dass ein paar Meter weiter eine niegel-nagel-neue Asphaltstraße ist! Ein paarmal ist es uns gestattet, die Straße zu überqueren, das Befahren jedoch wird uns mittels herumliegender Autoreifen und Plakate mit der Aufschrift „Route barré" verwehrt.

Wir bleiben brav auf der Piste, begegnen unterwegs alten Leuten, die sich ihren Blechnapf mit Wasser füllen lassen und zu Fuß weiterziehen. Man fragt sich, wo sie in dieser Einöde herkommen. Am Nachmittag kreuzen wir wieder die Straße und trauen unseren Augen kaum, denn auf ihr kommen, fröhlich hupend, die Germeringer angefahren! Die haben mehr Glück als Verstand, fahren seit 35 km unbehelligt auf der Teerstraße. Angesichts dessen werfen wir alle guten Vorsätze über Bord, schließen uns den Jungs an – und geraten ein paar hundert Meter weiter prompt in eine Kontrolle. Unser Konvoi wird angehalten, wir sehen schon gröbere Schwierigkeiten auf uns zukommen, doch Rudi steigt unbekümmert aus dem Auto, ein paar Aufkleber in der Hand, die er mit freundlichem Lächeln und einer Rede auf bayerisch dem Posten überreicht, ihm kräftig die Hände schüttelt und auf die Schultern klopft, daraufhin können wir weiterfahren. Auf eine solche Idee sind wir natürlich nicht gekommen! Im Verlauf des weiteren Tages bleiben wir zum Glück von Militärkontrollen verschont.

Am Abend kampieren wir zusammen mit den Germeringern, mit einem sehnsüchtigen Blick auf den VW-Bus meint Christine „Mensch, heut' steht mir der Sinn nach em kalten Bier!" Doch diese zarte Andeutung kapieren die vollauf mit dem Essen beschäftigten Bayern leider nicht. Hermi findet den richtigen Ton: „Eij, ihr könnt fei euer Bier bei uns in'n Kühlschrank stell!". Darauf die Germeringer „Habt's ihr Platz für vier Bier?" „Na klar, sogar für acht!" meldet sich Christine. Na endlich…

Nach dem Essen veranstalten die Jungs ein Fußballmatch, wobei sie den schon im gesetzteren Alter befindlichen Josef fast zum Herzinfarkt treiben, jeder feuert ihn mit lautstarken „Josef, Josef"-Rufen an und Josef rennt und rennt und rennt… Die Biere kühlen derweilen in unserem Eisfach vor sich hin… seit Wochen das erste Bier… andächtig schlürfen wir aus den mit Staub bedeckten Dosen – Aahh!

Am nächsten Tag müssen wir wieder auf die Piste ausweichen, wozu uns die nur allzu bekannten Absperrungen zwingen. Die Germeringer sind frecher, umfahren die Absperrungen, nachdem das eine Weile gut geht, schließen wir uns ihnen an. Doch dann überholt uns ein Militärfahrzeug, wir biegen schnurstracks auf die Piste ab, während der Jeep den Germeringern nachsetzt. Auweia, noch mal Glück gehabt! Wir hoppeln weiter, doch als wir wieder in die Nähe der Straße kommen, begrüßen uns die Militärs: mitkommen! Wir werden zu dem Jeep, neben dem die Germeringer Jungs stehen, gelotst, die vier sehen betreten drein, da man ihnen die Pässe abgenommen hat. Ein Soldat höheren Ranges labert uns auf Arabisch voll, endlich lässt sich einer der anderen Offiziere dazu herab, das Ganze zu übersetzen. „Vous avez commis une infraction!" – schon wieder! Ich sehe erneut eine Geldstrafe winken, doch diesmal hat man sich etwas Originelleres einfallen lassen: wir werden dazu verurteilt, zehn Tage hierzubleiben. Das kommt mir doch etwas seltsam vor, langsam glaube ich, dass sich diese Algerier bloß über uns lustig machen.

Am besten, man probiert mit freundschaftlichem Plaudern, die Leute zu besänftigen. Das kommt an, wir werden zum Tee eingeladen, lassen uns alle im Schatten eines Lkw nieder und dürfen uns die Meinung des Alten über Hitler und die Deutschen anhören. Mittlerweile ist klar, dass er sich nur einen Scherz mit uns erlaubt hat, nun heißt es mitspielen und sich seine Sprüche anzuhören. An Josef scheint er besonderen Gefallen zu finden, den will er dabehalten, was dieser erschrocken ablehnt. Der Alte prophezeit uns den Hungertod im Niger, da es dort absolut nichts zu essen gebe, wir sollten lieber in Algerien bleiben. Nach einer Stunde werden wir schließlich mit Händeschütteln verabschiedet – jetzt aber nichts wie weg und immer schön auf der Piste bleiben.

Am folgenden Tag geht es weiter nach Tamanrasset, dem Tor zur „richtigen" Wüste, was heißt, dass es anschließend gar keine Straße, sondern nur noch Pisten und ab und zu Wegweiser gibt.

Auf dem Campingplatz werden wir Mädels aktiv, beginnen mit der großen Wäsche. Neben den Toiletten befinden sich vier Betonwaschbecken, die wir mit Waschwanne und -mittel besetzen. Unsere „Waschmaschine" hat gute Vorarbeit geleistet, was an der darin befindlichen braunen Brühe zu erkennen ist; trotzdem müssen die Klamotten noch per Hand geschrubbt und ausgewrungen werden. Nieder mit den weißen Unterhosen, es leben die dunkelblauen T-Shirts! Nach zwei Stunden intensiver Arbeit ist es geschafft – Clementines[5] Ansicht von „reiner" Wäsche entspricht der Sauberkeitsgrad zwar nicht unbedingt, dafür aber brauchen wir den Vergleich mit der Weiße-Riese-Wäscheleine nicht zu scheuen, die sich von einem Baum zum anderen schlingt.

Gegen 16 Uhr werden die Duschräume geöffnet – und wir verspüren einen Hauch von Zivilisation in Form eines kalten dünnen Wasserrinnsals, das aus den ziemlich versifften Duschköpfen kommt. Die erste Dusche nach drei Wochen! So gut es geht, spülen wir Sand und Dreck von Körper und Haaren, werfen uns in die Ausgehklamotten: Christine im Sahara-Look, ich als „rote Gefahr", so dass den Jungs fast die Augen rausfallen.

Auf dem Spaziergang zur Stadt kommen wir mit Schweizern ins Gespräch, die zu unserem Erstaunen ein nigerianisches Visum haben, eigentlich sind die Landesgrenzen seit dem Militärputsch vor 1½ Jahren geschlossen. Das macht

---

[5] Clementine: Werbefigur aus den 70er Jahren für Waschpulver

uns Hoffnung: vielleicht bekommen wir ja auch ein Visum und sparen uns die Fahrt um den Tschadsee?

Beim Ausflug in die „City" Tamanrassets sind die Straßen von Menschen unterschiedlichster Art bevölkert, vor den Cafés sitzen an kleinen Tischen die Leute (natürlich nur Männer) und trinken Tee. An diesem Abend machen wir die erste gute Erfahrung mit einem algerischen Polizisten: wir erkundigen uns bei diesem „Freund und Helfer", wo es Brot gibt, daraufhin meint er „Venez!" und führt uns zu einem Restaurant, wo man Baguettes kaufen kann. Wir schließen uns dem Vorbild der Einheimischen an, genießen, auf kleinen Hockern auf dem Gehsteig, die Wärme, heißen Tee und beobachten das Getümmel in den sandig-staubigen Straßen. Der Hunger treibt uns zurück zum Campingplatz, wo die Germeringer ungeduldig darauf warten, mit Josef und Hermi Schafkopf zu spielen. Christine und ich sehen uns fragend an, wenn sie sich Ausdrücke wie „Spielst du mit der Alten?" oder „Ich spiel mit der Sau" zuwerfen.

Aus unserem Vorhaben, zum Assekrem raufzufahren, wird leider nichts: zunächst ist die Piste noch gut, aber bald geht sie über in Wellblech, so dass wir für 10 km eine Dreiviertelstunde brauchen. Dieses Gerüttel noch drei oder vier Stunden – da verzichten wir lieber auf die schöne Aussicht. An einem Wadi treffen wir weitere Traveller: ein lila VW-Bus mit Freiburger Nummer parkt in der Nähe, und eine blonde junge Frau, die sich als Helga vorstellt, erkundigt sich nach unserer Route. Nach einiger Zeit stößt auch Helgas Freund Michael dazu, es wird „ä Tee'le" gekocht und Erfahrungen ausgetauscht.

Helga hat Musik und Ballett studiert und da Hermi und Joll immer über Bewegungsmangel klagen, schlagen wir vor, demnächst in der Wüste eine Ballettstunde zu nehmen… Die Freiburger sind mit einem Schweizer Paar unterwegs und wollen nach Ghana fahren. Da unsere Route bis Niamey, der Hauptstadt des Niger, die gleiche ist, liegt es nahe, uns für diese Zeit zusammenzutun, wir hatten sowieso gehofft, noch Traveller zu finden, mit denen wir das vor uns liegende Stück der Sahara gemeinsam fahren können.

Für diese Strecke müssen wir noch tanken, was ziemlich zeitraubend sein kann: gestern haben wir gehört, dass manche Leute sogar an der Tankstelle übernachten mussten, ehe sie Diesel bekamen. Wir reihen uns hinter den schon wartenden Lkws ein, Joll und ich begeben uns in die Stadt zum Einkaufen. Die einzige Bäckerei Tamanrassets liegt in einer versteckten Gasse, vor einer verbogenen Blechtür stehen schon eine Stunde vor dem Öffnen eine Menge Leute an. Irgendwann wird die Tür aufgerissen, es erscheint der Bäcker mit langen duftenden Baguettes in der Hand, die Leute drängen und schieben, grabschen nach den Broten, es ist ein einziges Durcheinander. Auf dem Markt gibt es außer Zwiebeln, Kartoffeln und Datteln nichts, was für uns von Interesse wäre. An den Gewürzständen riecht es zwar phantastisch, aber leider kenne ich weder die verschiedenen Gewürze, noch weiß ich, zu was sie passen könnten.

Schließlich erstehe ich noch „Hoggar"-Zigaretten, aus dem breiten Grinsen der beiden jugendlichen Verkäufer ist zu schließen, dass sie sich freuen, eine dumme Touristin gefunden zu haben, die sie übers Ohr hauen konnten. Als wir nach drei Stunden Einkaufsbummel zur Tankstelle zurückkommen heißt es noch eine weitere Stunde warten, bis wir endlich mickrige 80 Liter Diesel bekommen.

An unserem Übernachtungsplatz haben sich inzwischen auch die Schweizer mit ihrem Toyota eingefunden haben. Rolf und Dorothee haben einen Hund namens Mali dabei, der sich als fürsorglicher Beschützer erweist: verzieht sich jemand zu einem Geschäft in die Büsche, begleitet er ihn – die Klopapierrolle muss man jedoch gut festhalten, sonst rollt Mali sie davon.

In Tamanrasset ist die Ausreise aus Algerien vorzubereiten: wir müssen bei der Polizei die Personalien angeben, zum Zoll und umgehend abreisen. Falls wir innerhalb von 48 Stunden nicht an der Grenzstation In Guezzam sind, wird angeblich eine Suchaktion gestartet. Im Polizeibüro nimmt uns ein freundlich grinsender Beamter die Pässe ab und sucht in einer Mappe, die mit Telexen vollgestopft ist, nach Hermis Namen. Wir schieben Muffe: hoffentlich ist die Nachricht von unserer „Schmuggelaffäre" nicht schon bis hierher gedrungen? Doch der Polizist händigt uns die Pässe wieder aus und schickt uns zum Zoll. Dort kommen wir gerade rechtzeitig zur Mittagspause, das heißt 2½ Stunden warten. Die Freiburger und Schweizer sind inzwischen auch eingetroffen, wir alle werden in den kalten Büroraum geholt, die Beamten hinter den Schreibtischen prüfen Pässe, Devisenerklärungen und Bankbelege äußerst gründlich.Nervös suchen wir nach den barsch verlangten Bankbelegen... bloß keine Schwierigkeiten machen! Sogar lautes Reden und speziell Lachen ist in diesen geheiligten Räumen verboten, dafür kriege ich gleich einen Anschiss. Nach einer guten Stunde sind die Formalitäten endlich erledigt und wir verlassen Tamanrasset auf einer (noch) guten Asphaltstraße in Richtung Süden.

Morgens ist Frühaufstehen angesagt, um in den kühlen Morgenstunden, wenn der Sand noch relativ fest ist, ein gutes Stück voran zu kommen. Zunächst geht's über Wellblech in südöstliche Richtung, die alle paar Kilometer stehenden Eisenpfähle bestätigen, dass wir auf dem richtigen Weg sind. Von einer „Piste" kann man gar nicht mehr sprechen, man sieht nur weite Sand- und Geröllfelder, die kilometerweit von Spuren durchzogen sind.

Hermi urteilt fachmännisch über die Beschaffenheit des Bodens: die hellen Flächen, die sich deutlich vom umliegenden dunkleren Boden abheben, sind nach seiner Aussage Sandfelder von weicher Beschaffenheit, die die Gefahr des Steckenbleibens in sich bergen.

Diese Löcher umgehen wir einige Male oder preschen mitten hindurch. Es kommt immer Spannung auf, wenn Hermi mit entschlossenem Blick und Bleifuß auf so ein Sandfeld losschießt, der Bus wird durch den weichen Sand abgebremst, bleibt fast stehen, Hermi schaltet, der Bus schiebt sich weiter, erreicht schließlich festen Boden. Nach solchermaßen gut überstandenen Hindernissen strahlt Hermi voller Stolz über die Power seines Busses. Gegen Mittag, als der Sand weicher wird, gibt's ab und zu mal Schwierigkeiten, das Auto der Schweizer wird mit vereinten Kräften geschoben oder mittels Abschleppseil aus einem Sandloch gezogen.

Auf den endlosen Sandflächen zeugen verrostete Autowracks von gescheiterten Wüstendurchquerungen, vom Mercedes über Fiat bis hin zur Ente sind alle Fahrzeugtypen vertreten. Herumliegende, evtl. noch brauchbare Einzelteile werden von Joll gewissenhaft eingesammelt und auf dem Busdach verstaut – „Wer wäss, ob mer's brauch kann!".

Die Fahrt verläuft anfangs reibungslos, zeitweise düsen wir mit 60 km/h über die Piste, so einfach hatte ich mir das nicht vorgestellt, das ist ja fast langweilig! Kaum habe ich meine Meinung Hermi mitgeteilt, taucht ein sich länger hinziehendes Sandfeld auf. Wir halten an, beraten kurz, dann nimmt Rolf Anlauf, fährt los, wird abgebremst – und bleibt stecken. Nichts wie hin und schieben.

Erste Begegnung mit der Wüste

Die Weite der Sahara

Mit Schaufeln und Sandbleche legen kann man Fahrfehler beheben…

„Wagenburg" in der Wüste

Abendessen

Hauptstraße

Doch auch das nutzt nichts, wir müssen die Sandbleche zu Hilfe nehmen. Nach einer halben Stunde Schieben und Sandbleche legen erreicht der Toyota festen Boden, Hermi und Michael haben sich in der Zwischenzeit nach einem geeigneteren Weg umgesehen. Hermi probiert, das Sandfeld weiter östlich zu umfahren und bleibt mittendrin stehen.

Auf ein Neues, her mit den Sandblechen. In der Zwischenzeit ist ein algerischer Lkw angekommen, der Fahrer gibt gute Ratschläge, die uns allerdings in noch feineren Sand führen… schließlich aber gesellen wir uns zum Toyota. Nun ist der VW-Bus dran, vorsichtshalber schleppen wir die Sandbleche schon mal in diese Richtung. Michael nimmt Anlauf, steuert den kürzesten Weg zu den anderen beiden Wagen an – und kommt problemlos durch.

Da noch 500 km Wüste vor uns liegen, ist trotz versandeter Körperteile (Haare, Ohren) und Klamotten jegliche Wasserverschwendung durch Waschen untersagt. Es wäre auch umsonst, denn in den nächsten Tagen wird's genauso staubig zugehen.

Schon am frühen Morgen versanden wir und die Schweizer ein paarmal, was Christine zu dem Ausspruch „Morgenstund' hat Sand im Mund" verleitet. Im wahrsten Sinn des Wortes, es weht ein so starker Wind, dass man den Mund gar nicht aufmachen darf, sonst knirscht es furchtbar zwischen den Zähnen. Während der Frühstückspause artet das Ganze in einen regelrechten Sandsturm aus, man kann gerade noch 20 m weit sehen. Hermi stellt zwar scharfsinnig (und das alle halbe Stunde) fest, dass es wieder „aufklart", wir entscheiden uns aber immer wieder, erst einmal abzuwarten. Josef nutzt die Zeit zur „Reparatur" der Schlösser an unseren Staufächern: allerdings befestigt er sie nicht, sondern schraubt sie ganz ab, was bei schlechter Piste ein ohrenbetäubendes Geklapper geben wird. Hermi platzt fast, als er Josefs Aktivitäten entdeckt und macht sich missmutig daran, alles wieder anzuschrauben. Am späten Nachmittag wird das Wetter besser, man kann jedenfalls wieder ohne Schweißerbrille (zum Schutz der Augen vor dem peitschenden Sand) zum Pinkeln gehen.

So brechen wir also auf und erreichen bald die Hauptpiste, wo der Wegweiser 125 km bis In Guezzam ankündigt. Es kommen ausgedehnte Sandfelder, in denen wir zwar steckenbleiben, aber nach kurzer Zeit durch Schieben, Abschleppen und Sandbleche-Legen wieder rauskommen. Die jetzt wieder klare Sicht lässt uns einen atemberaubenden Sonnenuntergang erleben, die Rot-

und Gelbtöne stehen noch lange am sich verdunkelnden Himmel. Trotz der Abendkühle ist es herrlich draußen, sowas von Stille und sternübersätem Himmel habe ich noch nie erlebt.

Die Gegend, die wir danach durchfahren, ähnelt einer Mondlandschaft, die Ebenen sind von Steinen und Felsen bedeckt, bis wir die berühmten Laouni-Dünen erreichen, deren sanft geschwungene Abhänge fast ganz glatt sind. In die Furchen der umliegenden Felsen schmiegen sich ebenfalls kleine Dünen mit rieselndem feinkörnigem Sand. Nach einem Stück Fahrt über Steine und ratterndes Wellblech kommen wir wieder in eine endlos scheinende sandige Ebene, wo kaum eine Piste zu erkennen ist. Wir fliegen geradezu dahin in diesem riesigen Sandkasten, der nur in der Ferne von niedrigen Felsenketten begrenzt ist. Was für ein Anblick: nichts als Himmel und Sand, soweit das Auge reicht...

Manchmal düsen wir eine halbe Stunde problemlos durch die Weite, bis wieder eine weiche Stelle kommt, wir abgebremst werden und festsitzen. Es folgt halb- bis einstündiges Schieben und Sandbleche legen, Christine und ich sind mittlerweile ein eingespieltes Team, ruckzuck bewältigen wir 30 m, bis Hermi wieder festen Boden erreicht. Wir dürfen ihm die Sandbleche durch den weichen, unter jedem Schritt nachgebenden Sand nachschleppen. Wenig später sitzen wir wieder fest, die ganze Aktion beginnt von vorn, und ein weiteres Mal betätigen wir uns als Lastesel. So geht das den ganzen Tag, und trotz Schwitzen und Schnaufen macht das Ganze Spaß – wäre ja langweilig, im Eiltempo, ohne jemals steckenzubleiben, durch die Wüste zu fahren. So hat die Sache wenigstens einen Hauch von Abenteuer!

Als wir abends an einem großen Felsen anhalten, sind wir schon kurz vor der Grenze Algeriens. Christine und ich lassen uns faul auf den an die Felsen gewehten Sanddünen nieder und genießen die Ruhe, den blauen Himmel, die Wärme, schicken ein paar Gedanken in die Heimat und bedauern die Leute, die sich wahrscheinlich momentan vor dem Montag grausen... was geht es uns gut!

Der Tag war anstrengend, aber wir sind glücklich und zufrieden. Während wir kochen, haben Rolf und Dorothee mit dem mitgebrachten Holz ein Lagerfeuer entzündet, in dessen Glut Rolf Brot bäckt. Nach dem Essen sitzen alle da, reden nicht viel, starren in den Schein der Flammen, außer diesem

Knistern ist nichts zu hören. Am sternklaren Himmel steht ein fast voller Mond – traumhaft schön.

Am Morgen begegnen uns Engländer, die erzählen, dass die Grenzen Nigerias immer noch geschlossen sind, man müsse um den Tschadsee herumfahren, und das sei viel schwieriger als die bisherige Strecke durch die Sahara. Für den Tschadsee benötige man eine Genehmigung für das militärische Sperrgebiet, die in Niamey zu erhalten sei. Nun, wir sind eigentlich froh, die Wüste langsam hinter uns zu lassen, die Aussicht auf noch mal zwei Wochen schaufeln um den Tschadsee finden wir nicht so toll... nun, man wird sehen.

Auf der weiteren Fahrt sind noch ein paar kleinere Sandfelder zu bewältigen, schließlich wird der Boden fest und wir fliegen nur so dahin. Die Gegend ist flach, weit und breit nichts als Himmel und Sand. Es ist ein herrlicher Anblick, nicht langweilig, im Gegenteil, man kann sich an der Weite gar nicht satt sehen!

Bald erreichen wir In Guezzam, beim Zoll werden wir nach einer Stunde Wartezeit vorgelassen. Zu Zweien betreten wir die Baracke, wo der Beamte die Devisen betrachtet und zu zählen versucht. In der Zwischenzeit inspiziert ein Beamter im Jogginganzug[6] den Bus, schließlich bekommen wir die Stempel in die Pässe und haben Algerien hinter uns – dem Himmel sei Dank! So schön die Sahara ist, die Algerier sind uns unsympathisch. Zum Glück hat man unsere Fahrzeuge noch vor 12 Uhr abgefertigt, so können wir Richtung Niger weiterfahren.

---

[6] Jogginganzüge scheinen in Algerien große Mode zu sein, fast sämtliche Grenzbeamte laufen damit rum

Niger

Aus dem Nichts taucht Assamaka auf, die nigrische Grenzstation: ein paar Bäume, davor wenige weiß gestrichene, wie Bauwagen anmutende Gebilde, eines davon ist als „Restaurant" gekennzeichnet. Ein ernst dreinschauender Beamter kassiert Pässe und Impfpässe, letztere kritisiert er, da er die Eintragung der Choleraimpfung zunächst nicht finden kann. Und dann kommt die Anweisung, die uns andere Traveller schon angekündigt haben: alles im Bus befindliche Gepäck raus[7]. Oh nein! Alle Hunderte von Dosen, Milchpulver, Suppen, Geschirr, Medikamente und, und, und... Entsetzt starren Christine und ich uns an, aber es hilft nichts – raus damit.

Resigniert fangen wir an, die Sachen vor dem Bus zu stapeln. Nachdem drei Fächer ausgeräumt sind, kommt ein Beamter, winkt, „Stopp". Er steigt in den Bus, untersucht die restlichen Fächer, wühlt unter anderem in Hermis schmutzigen Socken rum. Zwei weitere Beamte sehen sich um, dann gibt man uns ein Zeichen, dass wir die Sachen wieder einpacken dürfen. Noch mal Glück gehabt – bzw. Hermi hat dem Glück nachgeholfen, indem er den Beamten Feuerzeuge und Kulis in die Hand drückte.

Beim Anblick unserer überdimensionalen Apotheke erkundigt sich einer der Zöllner, ob wir ein Medikament für ihn hätten. Seine Beschwerden demonstriert er, indem er auf seinen Bauch zeigt, den Hintern rausstreckt und „Pfft" macht. Nachdem ihm Christine Tabletten gegeben hat, verabschiedet er sich freundlich. Ein Kollege scheint mit den Feuerzeugen nicht zufrieden zu sein, er betrachtet nachdenklich unsere Leberwurstdosen und erkundigt sich nach dem Ursprungstier dieses Lebensmittels. Hermis ausgezeichnetes Imitationsvermögen – er grunzt wie ein Schwein – trägt zum Verständnis bei und löst einem Lachsturm auf Seiten der Grenzbeamten aus.

Nachdem sie ein paar Dosen abgestaubt haben, verziehen sie sich, wir suchen uns in der Nähe einen Übernachtungsplatz. Als wir draußen sitzen, tauchen Kinder auf, die uns neugierig anstarren. Dies ist die erste Begegnung mit Schwarzafrika, ein schlechtes Gewissen kommt auf, wenn man die elend gekleideten, mageren Kinder sieht, die nach „cadeau" und „manger" fragen.

---

[7] Warum afrikanische Grenzbeamte oft darauf bestehen, dass Reisende komplett ihr Fahrzeug ausräumen müssen – wir wissen es nicht. Manchmal suchen sie versteckte Devisen, meist ist es ist einfach Schikane oder Neugier.

Wenn man sie anschaut, möchte man am liebsten austeilen, aber fängt man erst mal damit an, ist innerhalb von zehn Minuten wahrscheinlich die ganze Einwohnerschaft von Assamaka da.

Hier, mitten in der Wüste, gibt's eine Quelle, die schwefelhaltiges, aber warmes Wasser hat. Wir Mädels lassen uns von Hermi „den Kopf waschen", nach einer Woche im Sand fühlt es sich an, als sei man von einer drückenden Last befreit!

Leider bleibt das Schlürfen des ersehnten kalten Bieres aus: eine Flasche soll den Horrorpreis von 7 DM kosten – da nehmen wir mit Vanilletee vorlieb. Obwohl wir uns in einer gottverlassenen Einöde befinden, ist draußen mächtig was los, Hunde bellen, andauernd schleichen Leute um den Bus, dass man nicht mal in Ruhe pinkeln gehen kann.

Die Weiterfahrt ist wieder wie Fliegen über den Sand, weit und breit ist nichts anderes zu sehen, als ab und zu mal Eisenstäbe als Wegzeichen. Bald tauchen leuchtende, vom dunklen Boden sich abhebende geschwungene Sanddünen auf, an die wir nah heranfahren. Mit Mühe erklimmen wir zu Fuß einen Sandberg und haben hier einen herrlichen Ausblick auf die umliegenden Dünen. Der Sand ist unsagbar fein, weht sofort davon, wenn man ihn hochwirft. Was macht es für einen Spaß, hier barfuß rumzuturnen, auf die leuchtenden Sandberge zu schauen, zu denen der knallblaue Himmel in einem wunderbaren Kontrast steht.

Im Laufe des Tages muckt der Bus, wird immer langsamer, bleibt fast stehen. Hermi meint, der Spritfilter sei vielleicht verstopft, also wird das Ding ausgewechselt. Als sich der Motor immer noch komisch anhört, wird auch der Vorfilter gesäubert. Dazu muss der rechte Vorderreifen runter, während Hermi vom Businneren aus schraubt, liegt Josef unter dem vorderen Teil des Busses und versucht, an den Filter zu kommen. Nach vielem Stöhnen, Ächzen und Herumwälzen ertönt plötzlich der panische Aufschrei: „Ich grich mei Hand nimmer raus!". Da liegt er im Sand, der rotbehoste Josef und wird von Michael beruhigt: „Wenn se reigange isch, geht se a wieder raus." Christine und ich trösten ihn mit den Worten: „Im schlimmsten Fall könn' mer dich mit Hackbeil oder Säge befreien!". Unter viel Gestöhne schafft Josef es, seine Hand zu befreien und hält sie vor sich hin wie ein Hund, der Pfötchen geben will.

Schließlich wird durch exaktes Festschrauben des Filters das Malheur behoben, und es geht weiter, erleichtert düsen wir gen Arlit. In der Ferne, durch Luftspiegelungen verzerrt, tauchen Uranbergwerke auf, der Flughafen kommt in Sicht (ein großes Sandfeld mit ein paar Masten und einer vorsintflutlich anmutenden Gangway, die einsam und verlassen rumsteht). Wir machen eine kurze Pause, um vor der Ankunft in Arlit ein einigermaßen menschenwürdiges Aussehen zu erlangen, denn dort müssen wir uns – wie in allen größeren Städten des Niger – bei der Polizei melden und einen Stempel in den Pass geben lassen. Bald beginnt eine zweispurige „Autobahn": da hat man tatsächlich den ganzen Sand zu beiden Seiten der Straße (bzw. Wellblechpiste) aufgeschaufelt, auch der Mittelstreifen wird durch Sandberge mit darin aufgestellten Tonnen, die rot-weiß bemalt sind, markiert. Nach langer Zeit tauchen hier wieder Verkehrsschilder auf.

In Arlit reihen sich flache, braun-rote Lehmgebäude aneinander, davor sitzen Händler hinter ihren aus Brettern bestehenden, mit Waren beladenen Ständen, manchmal ein Strohdach darüber, das von dünnen Holzpfählen gehalten wird. Die Straßen sind voller Frauen in farbenfroher Kleidung, die meisten haben ein Baby auf dem Rücken. Schnell werden wir von Händlern umringt, die Schwerter, Anhänger, Ohrringe und ähnliches anbieten. Josef ersteht für 10 DM ein Schwert – das erste Souvenir.

Beim Einkaufen in kleinen, hüttenähnlichen Läden erhalten wir frisches Brot (das wird ein Genuss, nach fünf Tagen Knäckebrot!) sowie Eier. Wir geraten in einen richtigen Kaufrausch, soviel Waren wie hier an einem Nachmittag haben wir in ganz Algerien nicht gesehen. Die Stimmung ist völlig anders als in Marokko oder Algerien, so fröhliche und lockere Menschen, mit denen man ungezwungen plaudern kann, und endlich sind auch wieder Frauen im Straßenbild präsent.

Auf der Suche nach einem kühlen Getränk kommen wir zu einer Bar, in die Hermi schnurstracks reinsticht und lauthals signalisiert: „Leut', hier gibt's Bier! Kaltes Bier!" Wir stürzen sofort in den Laden, beim Anblick der 0,75 l Bierflaschen werden alle Augen groß und glänzend, und als die ersten Schlucke durch die Kehle rinnen, ist unser Glück vollkommen. Im Hinterhof der Bar ist es schön schattig, aus einer Box werden wir mit afrikanischer Musik berieselt. Bald kommen Händler, bieten Souvenirs und Essen an. Hermi empfiehlt uns Fleischspieße, die ziemlich kräftig gewürzt sind und trotz der Zähigkeit gut schmecken.

Zur Feier des Tages gehen wir abends Essen und wählen dafür das Restaurant einer dicken, in leuchtend blaue Gewänder gehüllten, breit lächelnden „Mama" aus, das aus einer Hütte mit Wellblechdach besteht. Drinnen stehen ein Gasherd und ein großer Tisch, auf dem riesige Töpfe und Schüsseln thronen. Die drei Gästetische haben sogar Tischdecken, an die Wand ist in schiefen Buchstaben das Essensangebot gepinselt. Zur Auswahl stehen Poulet, Couscous, Omelette, dazu gibt's Reis mit einer scharfen Soße. Für empfindliche Gemüter wäre dieses „Restaurant" nicht sehr appetitanregend, aber uns schmeckts und auch die dauernd um uns herumschwirrenden Händler tun der Hochstimmung keinen Abbruch.

Die einzige Methode, sich ihrer zu erwehren ist, die angebotenen Waren freundlich lächelnd mit den Worten „Cadeau, merci!" entgegenzunehmen, daraufhin ziehen sich die Händler erschrocken zurück, oder auch nicht... Während Hermi einen Kasten Bier ersteht, sehen wir uns von einer Kinderschar umgeben, die von den Tierbildern, die wir verteilen, ganz begeistert ist. Für drei dieser Bilder handeln wir sogar ein Brot ein.

Später verlassen wir Arlit, passieren die übliche Polizeikontrolle und kurz danach beginnt – man höre und staune – die Asphaltstraße! Wir finden bald einen Übernachtungsplatz etwas abseits der Straße, die Ruhe tut nach dem Lärm in Arlit richtig gut. Knapp über dem Horizont steht ein überdimensionaler, rot-orange leuchtender Vollmond, der rasch nach oben steigt und die Umgebung mit ihren spärlichen Dornbüschen und kahlen Bäumen in ein phantastisches Licht taucht. Zu acht stehen wir draußen und beobachten den Weg des Mondes, es ist ein überwältigender Anblick, alle schweigen andächtig.

Auf dem Weg nach Agadez sehen wir uns immer noch von Wüstenlandschaft umgeben, nur in der Nähe von Flussläufen wird die Gegend etwas grüner. In der Stadt bietet sich ein ähnliches Bild wie in Arlit: Lehmhäuser, belebte Straßen, Souvenirverkäufer und scharenweise Kinder, die um „cadeau" betteln.

Auf dem Markt muss man sich erst ans Handeln gewöhnen, unsereins kriegt fast ein schlechtes Gewissen, wenn man den offensichtlich armen Menschen ihre ohnehin schon geringen Einnahmen noch kürzt. Aber den strahlenden

Gesichtern nach Abschluss des Handels sehen wir an, dass sie ein gutes Geschäft mit uns gemacht haben, wahrscheinlich haben wir immer noch das Doppelte des normalen Preises gezahlt. Bei einem Stand mit Paprika lässt uns der Verkäufer probieren, etwas verdutzt und mit besorgten Gedanken an Typhus und sonstige Krankheiten beißen wir zu.

Auf dem Campingplatz ist es sehr sandig, aber es gibt Duschen – wunderbar! Welche Wohltat, den Saharasand abzuspülen, es bleibt sogar ein Rest Bräune übrig, die sich unter dem ganzen Staub versteckt hatte. Die Vorfreude auf ein Essen mit frischen Lebensmitteln ist groß, auch wenn die Kocherei arbeitsintensiver ist als beim Dosenessen.

Wir erkundigen uns bei einer Polizeikontrolle wegen der Einreise nach Nigeria und hören Positives: wenn man ein Visum für Kamerun hat, könnte man ein Laisser-passer bekommen. Das wäre ja... wir haben immer weniger Lust, um den Tschadsee zu fahren, was momentan als einzige Möglichkeit gilt, nach Kamerun zu kommen. Die Alternative, eine Schiffspassagen von Benin oder Togo aus, ist wahrscheinlich zu teuer.

Nachmittags wollen wir in Agadez zur Bank und zum Einkaufen gehen, doch hier herrschen europäische Sitten: samstags und sonntags sind die Banken zu. Mit unseren letzten CFA Franc erstehen wir das Lebensnotwendigste wie Brot, Eier und Tomaten, nicht mal mehr für Zigaretten reicht das Geld.

Von zwei Jungs lassen wir uns zum bekanntesten Silberschmied von Agadez führen und betreten eines der flachen, erdbraunen Häuser. Nach einem Innenhof, in dem sich eine Ziegenherde tummelt, kommen wir in den Verkaufsraum, wo die auf dem Lehmboden ausgebreitete Bastmatte zum Sitzen einlädt. Man präsentiert uns deutsche Bücher, in denen der Silberschmied abgebildet und lobend erwähnt ist, die Leute sind sichtlich stolz auf den Bekanntheitsgrad des Mohammed Koutama.

Anschließend wird eine große Holzkiste mit Vorhängeschloss herbeigeholt und geöffnet, die voller Silberschmuck ist. Ketten, Arm- und Halsreifen, Ohrringe werden um uns herum ausgebreitet. Die Anhänger sind meist Zeichen einer nigrischen Stadt, das berühmteste ist das Kreuz von Agadez, das in vielen Variationen verarbeitet ist. Man legt uns Hals- und Armreifen um, wir begutachten lange Zeit die Schmuckstücke. Wir Mädels suchen Ohrringe und schön verzierte Armreifen aus, dann beginnen die Preisverhandlungen, die Händler wollen zunächst 35 DM pro Stück. Wir bieten nur Kleidungsstücke an: Jeans, Stiefel, T-Shirts. Die Leute lehnen erst einmal entschieden ab, die Verhandlungen ziehen sich über eine Stunde hin. Wir stehen auf und tun so, als wollten wir nichts kaufen... da lenken sie plötzlich ein, nehmen Jeans sowie eine Woolworth-Uhr an, wir bekommen unseren Schmuck.

Als wir am Abend außerhalb von Agadez campen, bekommen wir Besuch von Afrikanern, die völlig begeistert von Michaels und Helgas Spiel auf afrikanischen Trommeln sind. Sie haben ein großes Repertoire afrikanischer Songs, einer der Männer tanzt bald zu den flotten Rhythmen.

Am nächsten Tag erreichen wir Birni-N'Konni, der Ort liegt direkt an der Grenze zu Nigeria, hier wollen wir versuchen, ein Laisser-passer zu bekommen. Die Grenzbeamten sind sehr freundlich, meinen jedoch, ohne Visum dürften wir nicht einreisen, wir sollten uns dieses in Niamey besorgen und wieder hierher kommen. Liebenswürdig verabschiedet man uns mit den Worten: „I would love it to see you in my country!" Der nigrische Grenzbeamte meint allerdings, trotz Visum sei hier noch niemand nach Nigeria eingereist. Aber wir wollen es trotzdem versuchen und wegen des Visums nach Niamey fahren. Dafür gibt es noch einen zweiten Grund: falls es mit Nigeria nicht klappt, müssen wir durch den Tschad. Um aber ins Grenzgebiet zu kommen, braucht man ein Schreiben des Innenministeriums, das nur in Niamey erhältlich ist.

Der Nachmittag in Birni-N'Konni wird stressig: bis wir bei der Bank Geld kriegen, dauert's seine Zeit, draußen kann man sich kaum vor Händlern und Kindern retten. Der Markt ist eine einzige Beleidigung für eine europäische Nase, nichtsdestotrotz kaufen wir fürs Abendessen ein. Während wir uns in einer Kneipe ein kühles Bier genehmigen, führt Christine auf der Veranda Verhandlungen zwecks Spritkaufs, es gibt hier billigen, aus Nigeria hereingeschmuggelten Diesel.

Nach dem Trubel suchen wir außerhalb der Stadt ein Nachtquartier, finden ein ungestörtes Plätzchen – so versteckt, dass uns die anderen womöglich nicht finden. Also wird Josef mit Gartenstuhl und Bierflasche zur Straße geschickt, dort lässt er sich nieder, um Michael und Rolf den Weg zu uns zu zeigen. Er erweist sich jedoch als schlechtes Signal, Michael übersieht ihn ganz, Rolf hält ihn für einen Eingeborenen und winkt fröhlich zurück... Nur unserer „Waschmaschine" haben wir zu verdanken, dass sie doch den Weg zu uns finden, sie ragt nämlich über das Gebüsch hinaus und macht Michael auf uns aufmerksam.

Am Abend wird ein Feuer angezündet, in dessen hochzüngelnde Flammen wir gebannt starren. Helga spielt Gitarre und singt, es ist schön warm, wir sitzen da in kurzen Hosen und T-Shirt... da muss man (ein bisschen schadenfroh) an die Daheimgebliebenen denken, die in ihrem geheizten Wohnzimmer sitzen und wahrscheinlich den strengen Winter verfluchen. Haben wir's gut! Und uns stehen noch mindestens fünf Monate solchermaßen angenehmer Zeit bevor.

Grillenzirpen, ein leiser Wind lässt das Gebüsch um uns rum knacksen, eine sternklare Nacht... solche Stunden müsste man in eine Kiste packen können, die man dann und wann öffnet, um noch einmal die wunderbare Atmosphäre dieses Abends zu spüren. Aber leider geht das ja nicht, und so versuche ich zumindest, jede einzelne Minute dieses friedlichen, vollkommenen Abends zu genießen.

Auf der Weiterfahrt in Richtung Niamey wird es richtig heiß, unser Thermometer zeigt 41 Grad. Die Fahrt ist eintönig, und abends sind die anderen früh im Bett, Christine und ich – der harte Kern – harren tapfer bis Mitternacht aus – und nun befinde ich mich im hohen Alter von 24 Jahren! Wir stoßen immer wieder mit kühlem Bier an, und freudig packe ich meine Geburtstagsgeschenke aus. Das Beste ist Christines Geburtstagsgedicht:

Afrika

Ja, die Wüste ist toll
dort ist immer was los!
Manchmal verbreitet sich Groll
doch meist ist die Stimmung famos!

Wir steuern auf ein Sandfeld
klein aber fein
mit Glück kommt man drüber
so wär's allen lieber
doch wir sinken mittendrin ein...
das ist unser Pech

her mit dem gelochten Blech!
Denn durch Sandbleche legen
kann man Fahrfehler beheben...

Josef geht damit sehr ungeschickt um
er legt die Bleche oft recht krumm
wir haben die Technik sofort gerafft
man braucht dazu Köpfchen – nicht Muskelkraft!
Also hieven wir Mädels mit geschickter Hand
unser Wüstenschiff locker und lässig aus dem Sand.
Hermi ist froh, wieder auf festem Boden zu stehen
unsere Fahrt kann vergnügt weitergehen.
Er lobt den Power seines Mercedes über alles
außerdem hat er ja uns – im Falle eines Falles...

Nun geht es darum, den besten Weg zu finden
Josef hält Ausschau auf der Hühnerleiter hinten
Er brüllt: „nach rechts, dort ist es gut!"
Doch Hermi fährt nach links – und Josef hat 'ne Wut!
Es entstehen stets heiße Diskussionen
über alle möglichen Direktionen
Die Technik, ein Sandfeld zu umgeh'n
ist den Fahrern leider zu bequem
sie rasen lieber voll Stoff drauf los
bleiben wir stecken, ist der Ärger groß!!

Am Abend ist dann der Stress vergessen
man erholt sich bei vorzüglichem Dosenessen
Dazu gibt's kalten Tee aus dem Kühlschrank
dem Erfinder dieses Geräts gebührt heißer Dank!
Der Abwasch steht an - Freiwillige vor
leider ist Josef taub auf diesem Ohr!
Dafür ist er beim TD ein helles Licht
Hermi ist stets dreckverschmiert – Josef nicht...

Nun ist es gelungen
die Wüste ist bezwungen!
Es war zwar sehr sandig
doch man fühlt sich unbandig!
Ich hoffe, Du hast's nie bereut
und warst noch nie so froh wie heut'
nicht im Siemensbüro zu sitzen
sondern dir hier einen abzuschwitzen
dass Du dabei bist, ist für mich ein großer Trost
Alles Liebe zum Geburtstag – ich trink auf Dich – PROST!!!

Heute schlafe ich zum ersten Mal oben auf dem Busdach, bei 25° C, der Himmel voller Sterne – es ist unbeschreiblich schön hier draußen!

Morgens werde ich von Josef jäh aus dem Dösen gerissen, als er mich ohne Vorwarnung mit einem Geburtstagskuss überfällt. Wie „Madame" persönlich lasse ich mich am Frühstückstisch nieder, der Kaffee ist bereits eingeschenkt, und nehme die anlassgemäßen Huldigungen entgegen. Höhepunkt des Frühstücks ist eine von Michael super geschälte Ananas. Der Abwasch geht mich heute nichts an – Privileg des Geburtstagskindes.

Die letzten 120 km bis Niamey sind bald geschafft, um die Mittagszeit erreichen wir die Hauptstadt des Landes. Nach der obligatorischen Polizeikontrolle kommen wir auf eine Stadtautobahn, auf der wenig Verkehr ist, dafür aber alle 50 m ein Soldat mit neckischem roten Käppi herumsteht. Hermi, der Niamey seit der letzten Afrikatour vor drei Jahren wie seine Westentasche kennt, spielt Fremdenführer und lotst uns durch die staubigen Straßen zum Polizeipräsidium, wo wir uns anmelden müssen. Die Stempel erhalten wir in kurzer Zeit, anschließend lechzen wir nach einer Erfrischung. Man empfiehlt uns das Grand Hotel mit Swimmingpool im Garten – nichts wie hin!

Die Zufahrtsallee ist beidseitig von Blumenbeeten gesäumt und von Palmen beschattet. Gegen ein Bakschisch von 500 CFA dürfen wir den Swimmingpool des Grand Hotels benutzen, schon beim Anblick eine Erholung, das blau leuchtende Planschbecken! Vom Garten aus hat man einen schönen Blick auf das Tal, unten glänzt der Fluss Niger. An dessen Ufer sind Männer und Frauen damit beschäftigt, Wäsche zu waschen und eintönige Melodien vor sich hin singen. Wie sie in dieser braunen Brühe von Fluss die Wäsche sauber kriegen, ist mir zwar ein Rätsel, aber es scheint zu funktionieren: was die Leute aufs Gras zum Trocknen legen, sind strahlend weiße Tücher.

Der Pool ist im ersten Moment zwar ein bisschen kalt, aber ist man erst mal drin – wunderbar! Alle strahlen, planschen, genießen, darüber blauer Himmel, die Sonne scheint, ein laues Lüftchen weht – so hab ich meinen Geburtstag noch nie gefeiert!

Am Nachmittag geht es zum Einkaufen, der Markt ist eine Augenweide: Stände voller Gemüse und Obst, im Nu sind wir von Händlern umringt, die ihre Waren anbieten und sich gegenseitig überschreien. Das Handeln macht Riesenspaß, erst diskutiert man lebhaft und bezeichnet sich gegenseitig als Betrüger, nach einer Viertelstunde verabschiedet man sich strahlend und händeschüttelnd, jeder kommt auf seine Kosten. Im Supermarkt bestaunen wir die Auswahl: Frischfleisch, Joghurt, Schokolade... aber alles zu unerschwinglichen Preisen. Ein kleines Joghurt kostet 3,50 DM, ein Kilo Eiskrem 50 DM... nichts für uns! Hier gehen hauptsächlich Weiße einkaufen, wohl Franzosen, die hier leben und arbeiten.

Als wir aus dem klimatisierten Supermarkt kommen, trifft uns fast der Schlag von der Hitze, der Bus ist wie ein Brutkasten. Wir ergreifen die Flucht, nach kurzer Fahrt durch gepflegte Straßen begrüßt uns die Wellblechpiste und bei Einbruch der Dunkelheit erreichen wir den schon früher von Hermi genutzten Übernachtungsplatz auf einem Berg, mit Blick auf Niamey und den Fluss. Nachdem wir in den letzten fünf Wochen fast nur unterwegs waren, ist hier in Niamey einige Tage Rast angesagt.

Im Lauf der Tage bildet sich leider eine dichte Dunstglocke über der Stadt. Der Staub verwandelt ein frisch gewaschenes T-Shirt innerhalb von zwei Stunden in ein braunes Etwas. Obwohl die Sonne kaum rauskommt, ist es bereits morgens um 10 Uhr total heiß.

Bei der deutschen Botschaft versuchen wir, etwas über die Einreisemöglichkeiten nach Nigeria zu erfahren. Der Botschaftsmitarbeiter lächelt geringschätzig über unsere Frage und meint, dass es seit zwei Jahren niemandem gelungen sei, über den Landweg nach Nigeria einzureisen: „Tja, müssen Se eben umdisponieren, Westafrika oder so, oder Sie fahren über den Tschad. Aber mit Ihrem Fahrzeug", er deutet mitleidig aus dem Fenster, „is das nich so einfach. Gegen Tschad ist die Hoggarpiste ja 'ne Autobahn!". So ein Schnösel, sitzt in seinem klimatisierten Büro und erzählt Geschichten, ohne wahrscheinlich selber je die Wüste gesehen zu haben. Wir lassen uns einen Antrag für das Betreten der Grenzregion Niger-Tschad geben, geben ihn beim Innenministerium ab.

Weiter geht's zur nigerianischen Botschaft, dort erklärt man uns kurz und bündig: kein Visum, keine Einreise über den Landweg. Die Hoffnung, auf kürzestem Weg nach Kamerun zu kommen, können wir wohl begraben, bleibt nur die Route um den Tschadsee oder eine Schiffspassage.

Die 600 km durch den Tschad können wir allerdings nur im Konvoi fahren, allein wäre es zu riskant. Vor ein paar Tagen sind sechs Fahrzeuge aufgebrochem, momentan ist niemand in Niamey, mit dem wir uns zusammentun könnten. Wir überlegen, nach Benin zu fahren und zu versuchen, von Cotonou aus ein Schiff nach Kamerun zu finden. Allerdings rät man uns von allen Seiten ab: erstens gebe es nur wenige Kapitäne, die sich bereit erklärten, Autos mitzunehmen, das sei auch teuer und außerdem müssten wir selbst nach Douala fliegen. Wir klammern uns jedoch verzweifelt an den Gedanken, dass es doch eine Schiffsverbindung zwischen Cotonou und Douala geben müsste, gerade jetzt, wo Nigeria geschlossen ist.

Bei der Botschaft von Benin kann man uns keine verlässlichen Informationen zu Schiffsverbindungen geben. Es bleibt nichts anderes übrig, als selbst nach Cotonou zu fahren und sich zu erkundigen. Wir haben beschlossen, Kosten von maximal 2.000 DM auf uns zu nehmen. Falls es teurer ist, müssen wir zurück und durch den Tschad, oder wir vergessen den Plan, bis Kapstadt zu kommen und bleiben in Westafrika... diese Vorstellung behagt uns zwar gar nicht, aber was soll man machen?

Wir verbringen das Wochenende auf dem Berg, schon ab dem frühen Morgen sind wir von Leuten umgeben. Nachdem Mali angebunden ist, trauen sich die Kinder und Frauen näher heran, neugierig, wenn auch etwas skeptisch nehmen sie Brot und Marmelade an. Schließlich überwinden sie ihre Scheu, lassen sich in unseren Gartenstühlen nieder. Michael trommelt ihnen was vor, bald begleiten sie ihn mit melodiösen Gesängen.

Nach einigen Tagen heißt es, Abschied von Rolf, Dorothee, Mali, Helga und Michael zu nehmen, die nach Ghana weiterfahren, während wir Richtung Benin aufbrechen.

Im Niger

Besuch beim Campen

Auf dem Weg aus der Stadt überrascht uns ein Tankwart, der unseren 90-l-Tank mit 142 l befüllt. Seltsamerweise zeigt die Zapfsäule auf der anderen Seite nur 132 l an…

Kurz darauf streikt plötzlich der Bus: er zuckelt wie anno dazumal in Frankreich, säuft ab. Die Dichtung am Spritfilter ist hin und außerdem die Spritleitung verstopft, das liegt wohl an dem schlechten Diesel, den wir in Birni-N'Konni erstanden haben. Hermi flucht.

Leider stehen wir genau vor dem Tor eines Militärgeländes, das passt einem Soldaten überhaupt nicht. Er brüllt uns an, wir sollten sofort verschwinden. Auf meine Erklärungen hört er überhaupt nicht, fuchtelt mit seinem Gewehr herum, dass man es mit der Angst zu tun kriegt. Zum Glück kann Hermi den Schaden schnell beheben und wir ergreifen die Flucht.

Am nächsten Tag sind wir gegen 11 Uhr an der Grenze, bekommen in kürzester Zeit unsere Stempel, so einen unkomplizierten Grenzübergang lob ich mir – goodbye Niger!

Benin

Wir überqueren die Brücke über den Niger, sie bildet die Grenze. Im Polizeibüro herrscht zunächst ein freundlicher Umgangston, während wir die obligatorischen Kärtchen ausfüllen. Auf die Frage nach der Versicherung zeigen wir die grüne Versicherungskarte – da wird der bisher so wohlwollende Beamte formell. Mit barschen Worten erklärt er, dass unsere Versicherung für Benin nicht gültig sei, wir müssten nach Niamey zurück, um dort eine Versicherung abzuschließen. Oh nein… unter Aufbietung aller Überredungskünste gelingt es uns schließlich, den Beamten zu überzeugen, dass wir im Nachhinein die Versicherung bezahlen. Er lenkt ein, kassiert allerdings 5.000 CFA Strafe. Auf die Quittung schreibt er, dass wir in Parakou eine Versicherung abschließen müssen, andernfalls würden wir strafrechtlich verfolgt.

Beim Zoll wird uns eine Fahrzeugsteuer auferlegt, nachdem wir auch diese 2.800 CFA berappt haben, befinden sich in der Reisekasse nur noch ein paar Münzen. Schließlich dürfen wir einreisen und trotz der Diskussionen hat der gesamte Grenzübergang nur 1½ Std. gedauert, sehr kurz für afrikanische Verhältnisse.

Die weitere Fahrt ist eintönig und heiß, die Asphaltstraße führt durch eine Gegend mit dürrem Gras und ein paar Bäumen, zwischendurch mal frisches Grün. Nach mehreren Polizeikontrollen, bei denen wir jedes Mal fürchten, nach der Versicherung gefragt zu werden, erreichen wir gegen Abend Parakou. Bank und Läden sind schon zu – keine Möglichkeit zum Einkaufen (oh je, ich habe keine Zigaretten mehr!) und die Versicherungsangelegenheit zu erledigen. Wir vertrauen einfach auf unser Glück, dass kein Mensch mehr die Versicherung sehen will und wenn, werden wir uns schon irgendwie aus der Affäre ziehen.

Nachdem wir die Stadt verlassen haben, beginnt die gefürchtete Wellblechpiste, Hermi kennt sie vom letzten Urlaub, seitdem ist sie noch schlimmer geworden. So was von ausgeprägt hatten wir noch nicht, es ist zu gefährlich, schnell zu fahren, da die Piste ziemlich schmal ist. Wenn ein Lkw entgegenkommt, besteht die Gefahr, beim Bremsen in den Graben zu rutschen. Also rattern wir mit einer Geschwindigkeit von 15 km/h dahin.

200 km Wellblechpiste haben wir vor uns, das kann heiter werden. Schüttel, klirr, ratter, stundenlang – es ist eine Qual. Noch dazu ist es so heiß, dass man mit dem Trinken gar nicht nachkommt. Im einzigen größeren Ort un-

terwegs kann die Bank keine Dollars oder DM tauschen. Eigentlich brauchen wir dringend Bier und Zigaretten – doch dafür reicht das Geld nicht, die letzten CFA werden für Brot ausgegeben.

In den Dörfern, die wir passieren, löst unser Erscheinen helle Begeisterung aus, vom Kleinkind bis zur Oma kommen alle an den Straßenrand, winken, gestikulieren und schreien aus vollem Halse. Man kommt sich vor, als führe man als gekröntes Haupt durch sein Land, die Bevölkerung jubelt einem zu... Einmal erreichen wir eine Brücke, die uns nicht ganz geheuer vorkommt: sie dient sowohl dem Eisenbahn- als auch dem Autoverkehr. Es scheint ratsam, sich zu vergewissern, dass nicht gerade ein Zug kommt.

Während wir dahin zuckeln und die Kilometer bis zur Asphaltstraße zählen, begegnen wir kaum Fahrzeugen. Die Umgebung besteht aus Wald und vielen Stauden mit Kochbananen. Am Nachmittag treffen wir auf Schweizer, die auf dem Weg nach Niamey sind. Sie wollten eigentlich von Lomé (Togo) aus mit dem Schiff nach Kamerun, 3.000 Dollar war ihnen aber zu teuer. Oh weh, da sinken unsere Hoffnungen fast ins Grab... Aber nun sind wir schon mal auf dem Weg, also fahren wir bis Cotonou und versuchen es wenigstens.

Gegen 18 Uhr taucht endlich die Asphaltstraße auf – dem Himmel sei Dank! Wir fahren noch 90 km bis kurz vor Abomey. Fix und fertig von der Hitze und dem Lärm des Tages, lassen wir uns erschöpft in die Gartenstühle fallen. Morgen erreichen wir das Meer, welch erfrischender Gedanke!

Am Morgen ist der Himmel dunstig, durchs Moskitonetz sieht man die Sonne nur als einen weißen Ball. Auch heute ist es feuchtwarm, so dass die Klamotten am Körper kleben. Nach 50 km Fahrt auf der Asphaltstraße durch viele Dörfer und entlang grüner, palmenbestandener Felder erreichen wir Abomey. Auch hier ist kein Geldwechsel mit Travellerschecks möglich. Und ich würde sooo gerne eine rauchen…

Weiter geht's, Bleifuß bis Cotonou, 130 km, ob wir das bis mittags schaffen? Endlich kündigt sich die Stadt durch starken Verkehr, belebte Straßen und Geschäfte an. Bei der ersten Bank, die wir erspähen, wird angehalten – doch typisch für uns, wir kommen immer gerade rechtzeitig zur Mittagspause. Also fahren wir erst mal zum Hafen, um uns nach einer Schiffsagentur umzusehen. Diese öffnet aber erst am Nachmittag… was tun mit der Wartezeit? Natürlich baden gehen, die Hitze und Feuchtigkeit ist fast unerträglich.

INTERNATIONALE VERSICHERUNGSKARTE FÜR KRAFTVERKEHR
INTERNATIONAL MOTOR INSURANCE CARD
CARTE INTERNATIONALE D'ASSURANCE AUTOMOBILE

(1) In jedem besuchten Lande übernimmt das Büro dieses Landes hinsichtlich des Gebrauches des in dieser Versicherungskarte bezeichneten Fahrzeuges die Verpflichtungen eines Haftpflichtversicherers, und zwar in Übereinstimmung mit den Gesetzen über die Pflichtversicherung in diesem Lande.

(2) Nach Ablauf der Gültigkeit dieser Karte wird die Haftung durch das Büro des besuchten Landes übernommen, wenn dieses durch das Gesetz dieses Landes oder aufgrund eines Abkommens mit seiner Regierung erforderlich ist. In einem solchen Falle verpflichtet sich der in dieser Erklärung genannte Versicherungsnehmer, die für die Aufenthaltsdauer nach dem Ablaufdatum der Versicherungskarte geschuldete Prämie zu zahlen.

(3) Ich, der in dieser Versicherungskarte genannte Versicherungsnehmer, bevollmächtige hierdurch den HUK-VERBAND, Hamburg, und die Büros irgendeines der erwähnten Länder, die der HUK-VERBAND beauftragt, gemäß den gesetzlichen Bestimmungen Anzeigen, Zuschriften und Zustellungen anzunehmen; ebenso für mich Haftpflicht-Schadensansprüche Dritter zu bearbeiten und evtl. zu regulieren, soweit sich diese auf die Gesetze über die Pflichtversicherung des betreffenden Landes stützen und sich aus dem Gebrauch des Fahrzeuges in diesem Lande oder diesen Ländern ergeben.

(4) Unterschrift des Versicherungsnehmers

(5) Nur für Besucher von Großbritannien und Nord-Irland.
Unterschrift sonstiger etwa das Fahrzeug benutzender Personen

* Assurance Afrique-Ouest et Afrique Centrale

(Diese Versicherungskarte ist nur gültig, wenn sie vom Versicherungsnehmer unterzeichnet ist.)

East Africa: Uganda, Kenia, Tansania, Zambia, Zimbabwe, ~~Botswana~~

A. Personenwagen
B. Kraftrad, Motorrad
C. Lastwagen, Zugmaschine, Sattelschlepper
D. Fahrrad mit Hilfsmotor, Moped
E. Omnibus
F. Anhänger

* Niger, Benin, Togo, Kamerun, Centrafricaine, Zaire.

1. Internationale Versicherungskarte für Kraftverkehr						2. Ausgeliefert mit Genehmigung des HUK-Verbandes
Gültig						4. Nr. des Versicherungsscheins
3. vom			bis			2-36.206.933-6/1
Tag	Monat	Jahr	Tag	Monat	Jahr	D2 326220 / 473
30.	07.	84	30.	07.	87	
(Beide Tage eingeschlossen)						
5. Amtl. Kennzeichen oder, falls nicht vorhanden, Nr. des Fahrgestells oder Motors					A	6. Art und Fabrikat des Fahrzeugs
095571						DAIMLER BENZ

Unsere Autoversicherung, (fast) überall gültig…

An Strand in Cotonou

Auf der Suche nach dem Meer durchqueren wir die Stadt, in der es vor Menschen, Fahrrädern und Mopeds nur so wimmelt, ein heilloses Durcheinander, Hupen und Schreien. Wir überqueren eine Brücke über die Lagune von Cotonou, an Strohhütten vorbei finden wir schließlich den Weg. Der lange Sandstrand ist von Kokospalmen gesäumt, vor uns das Meer, blau schimmernd, mit starken Wellen, deren weiße Gischt schäumend auf den gelben Sand aufläuft. Der leichte Wind bewegt die Wipfel der Kokospalmen – welch ein Paradies!

Wir stürzen uns in die Fluten, Erfrischung bringt es zwar kaum, denn das Wasser hat Badewannentemperatur, aber trotzdem ist es herrlich, sich von den hohen Wellen wegspülen zu lassen. Josef muss das Bad im Meer mit dem Verlust seines Schlapphutes bezahlen… Geschickt ist er, uns einen Nachmittags-Snack zu ergattern: auf dem Busdach herumturnend holt er Kokosnüsse von einer Palme.

Mit Geldtausch scheinen wir in Benin kein Glück zu haben: man weiß bei den Banken überhaupt nicht, was Travellerschecks sind. Endlich erbarmt sich einer der Wache schiebenden Soldaten, uns zur einzigen Bank im Lande, die Schecks annimmt, zu führen. Dort erzählt uns die Kassiererin was von „achat", es dauert seine Zeit, bis wir kapieren, dass sie die Kaufbelege für die Schecks sehen will. Entnervt hole ich die Zettel, ein Glück, dass wir sie überhaupt dabeihaben. Nach längerer Wartezeit bekommen wir endlich Geld, das gleich in Diesel und Zigaretten[8] umgesetzt wird.

Nachmittags fahren wir zur Schiffsagentur im Hafengelände, passieren die von mindestens zwanzig Mann bewachte Pforte, man zeigt uns den Weg über das laute, stinkende, von mannigfaltigen Fahrzeugen befahrene Gelände. Der Agent, Mr. Mama, spricht zum Glück Englisch und wir erfahren, dass morgen früh ein norwegisches Frachtschiff ankommen soll, das nach Kamerun fährt. Mr. Mama meint, die Autoverschiffung sei kein Problem, ob wir mitfahren könnten sei fraglich, er müsse per Telex beim Schiffseigner um Zustimmung nachfragen. Wir fragen nach dem Preis der Verschiffung, darauf kann (oder will?) er uns nichts sagen, wir sollen am nächsten Tag wiederkommen.

Da es in Benin verboten ist, wild zu campen, sind wir eine Weile damit beschäftigt, einen versteckten Übernachtungsplatz zu suchen, fahren in Rich-

---

[8] Ich musste 36 Stunden darben…

tung Porto Novo. Ein kleiner Seitenweg führt zu einem Kokospalmenwald, unter Palmen finden wir ein lauschiges Plätzchen, etwa 200 m weiter rauscht das Meer. Es ist traumhaft, doch beim Kochen läuft mir der Schweiß in Strömen, denn im Bus hat's durch die Hitze des Herdes mindestens 50° C, draußen ist es nicht viel kühler. Leckeres Abendessen, Wein, Wärme, Palmen, Meer – kann es einen schöneren Aufenthaltsort geben? Wir sind so zufrieden, dass wir kaum noch an die Schiffspassage denken.

Am nächsten Morgen weckt mich der Ausruf „Es schifft!" aus süßem Schlummer: tatsächlich, vom Himmel tropft es! Eiligst werden Schlafsäcke und Moskitonetz ins Trockene gebracht, dann fängt es in Strömen an zu regnen. Wir stehen freudestrahlend draußen, so kommen wir zu einer unvorhergesehenen, aber willkommenen Dusche.

Im Hafen liegt bereits das norwegische Schiff, wir beschließen, direkt hinzugehen und den Kapitän zu fragen, ob er uns mitnimmt. Das Schiff ist riesig, hat eine Laderampe, auf der emsig Gabelstapler und andere Fahrzeuge hinauf- und hinunterfahren. Im Schiffsrumpf duftet es nach Holz, wir treffen Europäer, fragen nach dem Kapitän, werden zu einem Aufzug geschickt und düsen zwei Stockwerke hoch. Auf dem Deck ist eine Cafeteria, an den kleinen Holztischen sitzen (meist blonde) Europäer, die uns neugierig entgegensehen. In einer Ecke, Kaffeebecher vor sich, Zigaretten drehend, hockt der Kapitän. Atemlos vor Aufregung fragt Christine ihn, ob er uns und unseren Bus mit nach Kamerun nehmen kann. Daraufhin meint der Kapitän cool, „eigentlich" nehme er ja keine Passagiere mit, aber wenn wir arbeiten würden, ginge das in Ordnung. Ob es uns denn etwas ausmachen würde, dass wir einen kleinen Umweg fahren? Er müsse nämlich zunächst in den Kongo, dann nach Gabun und anschließend nach Kamerun.

Nein, nein, versichern wir ihm, das ist uns egal, Hauptsache, wir kommen nach Douala. Der Käpt'n meint, wir sollten die Ausreiseformalitäten erledigen und wiederkommen, um 9 Uhr heute Abend legen wir ab.

Strahlend eilen wir zurück zum Bus, ungläubig über so viel Glück. Natürlich fahren wir sofort zum Emigration Office, füllen aufgeregt die Formulare aus und geben sie mit den Pässen ab, um 16 Uhr können wir sie abholen. Das ist uns zu lang, wir bedrängen den Beamten, ob wir nicht schon früher kommen könnten, denn wer weiß, was für langwierige Kontrollen wir noch über uns ergehen lassen müssen. Und um 21 Uhr legt das Schiff ab! Im Zollgebäude am Hafen legen wir das Carnet vor, der Typ hat zwar so ein Dokument noch nie in seinem Leben gesehen, aber wir bekommen den Stempel. Nun heißt es in einem Café warten, bis die Pässe fertig sind. Nervös zappeln wir auf den Stühlen herum, in dieser angespannten Situation müssen sogar Hermi und Josef eine rauchen. Obwohl wir die Zusage vom Kapitän haben, ist uns mulmig zumute, ob es mit der Agentur bzw. Mr. Mama Probleme gibt.

Als wir gegen 14 Uhr zum Emigration Office zurückkommen, liegen die Beamten alle schlafend auf ihren Schreibtischen. Schließlich bequemt sich einer dazu, unsere Pässe abzustempeln. Bevor er sie aushändigt, grummelt er vor sich hin: eigentlich dürften wir die Pässe heute noch gar nicht bekommen, denn die Ausreise muss einen Tag vorher bekanntgegeben werden. Verzweifelt bedrängen wir den Beamten, dass unser Schiff aber heute Abend fahre, er kriegt schließlich Mitleid, drückt uns die Pässe in die Hand und meint „vas-y"!

Schleunigst düsen wir zum Hafen, dort werden Pässe und Carnet kontrolliert, wir müssen eine Gebühr von 1.000 CFA entrichten, dann sinkt die Sperrkette, erleichtertes Aufseufzen allerseits, jetzt aber nichts wie auf den Frachter! An der Rampe winkt uns der Lademeister, strahlend platzieren wir den Bus auf Deck 3 – wir haben es geschafft! Felsenfest steht: keinen Schritt entfernen wir uns mehr von diesem gepriesenen norwegischen „Traumschiff" namens Hoegh Banniere aus Oslo!

Beim Aussteigen versammeln sich Norweger und Afrikaner um uns, es gibt eine aggressive Diskussion. Die Afrikaner fragen erbost nach unseren Ladepapieren. Doch die Norweger bleiben cool, beruhigen uns und meinen, die Agentur habe hier nichts zu melden, wir sollen erst mal Kaffee trinken gehen. So steigen wir wieder in den engen Aufzug und landen in der Kaffeebar. Hier sitzt ein Teil der Crew, man begrüßt uns, bietet uns Kaffee und Sahnetorte (!) an: „Help yourself".

Es tauchen einige Afrikaner auf, die sich beim Kapitän über uns beschweren. Angeblich ist es verboten, Passagiere mitzunehmen, der Käpt'n aber antwortet nur mit einem Achselzucken und der Bemerkung „That's my business!". Er zwinkert uns zu und meint, wir bräuchten uns keine Sorgen zu machen, allerdings fehle noch ein Stempel der Hafenpolizei, ohne den wir nicht ausreisen dürften. Erneut bekommen wir Angst: sollen wir die Pässe einfach aus der Hand geben? Keiner von uns will zur Hafenpolizei gehen, schließlich rafft sich Hermi auf und zieht mit den Afrikanern los.

Während der Wartezeit unterhalten wir uns mit dem Kapitän, der Chief Steward zeigt uns die Kabinen. Vor lauter Staunen kriegen wir kaum den Mund zu: die Kabinen haben Dusche, Toilette, Klimaanlage, Telefon, Couch, Sessel... ob es wohl zu allem Überfluss auch eine Waschmaschine gibt, vielleicht sogar einen Trockner?

Nach einer bangen Stunde Wartens (immer wieder murmeln wir: „Hoffentlich klappt's! Hoffentlich geht alles gut!") kommt Hermi endlich zurück – mit Pässen und Stempeln. Juhu! Jetzt kann nichts mehr schiefgehen!

Wir gehen daran, die notwendigsten Utensilien vom Bus in die Kabinen zu schaffen, haben inzwischen einen Riesenhunger, doch keiner kümmert sich um uns. Eine Stewardess bringt ein Bier und zeigt uns, wo wir was zu essen bekommen. Da wir das Dinner verpasst haben, gibt's nur noch Reste – aber was für welche! In einem kleinen Raum neben der Küche steht ein überdimensionaler Kühlschrank, der alle nur denkbaren Köstlichkeiten enthält: Eier, Schinken- und Käseplatten, kalter Braten, Fisch, Salate... uns gehen die Augen über. Der Chief Steward meint, dies sei dafür gedacht, wenn jemand von der Crew mal zwischendurch Hunger bekäme, wir sollten uns bedienen. Und das tun wir... als hätten wir seit Wochen nichts mehr zu essen bekommen.

Im Laufe des Abends genießen wir die zivilisatorischen Annehmlichkeiten unseres Luxusdampfers: eine Dusche! Wir sind schon so ans Wassersparen gewöhnt, dass wir uns kaum trauen, den Hahn weit aufzudrehen oder das Wasser länger als unbedingt nötig laufen zu lassen. Gegen 23 Uhr lädt uns der Kapitän zu sich auf die Brücke ein, das Ablegemanöver beginnt und ist viel unkomplizierter als sich das unsereins vorstellt: der Kapitän guckt ein bisschen, dreht kurz an seinen Hebeln, ganz langsam bewegt sich das große Schiff seitlich vom Kai weg. Unten stehen lange Containerreihen, die, wie die Menschen, winzig erscheinen. Langsam tuckern wir aus dem Hafenbecken heraus – das war ein kurzes Gastspiel in Benin, doch wir sind überglücklich, das Land auf diese Art und Weise verlassen zu können![9]

---

[9] Somit sind die ersten Worte des heutigen Tages („es schifft") Realität geworden...

Banniere

Staunend stehen wir auf der Brücke, können es nicht fassen: wir haben tatsächlich eine Passage nach Kamerun gefunden, noch dazu kostenlos! Außer uns gibt es einen weiteren Passagier: Danielle aus Berlin, sie hat zwei Jahre lang in Benin als Entwicklungshelferin gearbeitet und wird mit der Banniere nach Hamburg fahren.

Die Brücke, 32 m über dem Boden, wie uns der Kapitän erklärt, ist ein großer Raum, in dem Computer und Uhren blinken, Seekarten ausgebreitet sind. Die Banniere ist 186 m lang, reicht 10 m tief ins Wasser. Lädt man 40 t, sinkt das Schiff um 1 cm – unbegreiflich, wie das funktionieren kann. Das ganze Vorderschiff ist mit roten, grünen, blauen Containern voll, dazwischen sieht man ab und zu jemanden mit der Taschenlampe herumlaufen. Als wir in der Mitte des Hafenbeckens sind, wendet das Schiff und wir schaukeln auf den Hafenausgang zu. Inzwischen ist Mitternacht vorbei, Josef feiert den Beginn seines 31. Lebensjahres quasi auf norwegischem Boden…

Als wir auf offenem Meer sind, gibt es außer Wasser und ein paar Lichtern nichts mehr zu sehen. Wir bemühen uns, ohne hinzufallen (das Schiff schwankt ganz schön) und sich mit beiden Händen an den Geländern festhaltend, zu unseren Kabinen zu kommen. Voller Freude über den erfolgreichen Tag gehen wir ins Bett und ich kann mal wieder eine liebe Gewohnheit aufleben lassen: mit Christine telefonieren!

An den vielen Platz im Vergleich zum Bus muss man sich erst gewöhnen: beim Waschen bewege ich mich genauso eckig wie in unserem engen Bus-Badezimmer, auch die Toilette ist ungewohnt, da kriegt man während der Sitzung wenigstens keine Krämpfe in den Oberschenkeln, wie sonst oft in der freien Natur.

Morgens begeben wir uns in den Dining Room und staunen: auf diesem Schiff gibt es wirklich nichts, was es nicht gibt! Mitten in dem freundlichen hellen Raum steht ein reichhaltiges Büfett mit allem, was das Herz begehrt: Kaffee, Tee, Brot, Schinken, Käse, Cornflakes, gebratener Speck und vieles mehr. An den Wänden entlang stehen Tische und bequeme gepolsterte Stühle. Wir steuern auf einen gedeckten Tisch zu, die Stewardess fängt uns gerade noch ab und weist uns einen anderen Tisch zu, der von uns anvisierte ist nämlich der Kapitäns- und Offizierstisch. Hermi und Josef strahlen, wie sie das morgens, wenn Arbeit bevorsteht, sonst nicht tun, sie sind schon ungeduldig, ihren „Arbeitsplatz" im Engine Room kennenzulernen.

Nachdem wir brav das benutzte Geschirr in die große Küche – nein, Kombüse! – getragen haben, warten wir in der Kaffeebar auf Arbeitsanweisungen. Vom Chief Steward werden Christine, Danielle und ich durch ein glänzendes Treppenhaus zum Deck 8 gebracht. Der Steward erläutert uns den Tagesablauf: Frühstück um 7.30 Uhr, Arbeit von 8.30 Uhr bis 10 Uhr, Kaffeepause, weiterarbeiten bis zum Mittagessen um 12 Uhr, von 13 Uhr bis 15.15 Uhr arbeiten, wieder Kaffeepause, dann wieder Arbeit bis 17 Uhr. Als wir dem Steward auf dem langen Gang hinterher trapsen, erfahren wir, woraus unser Job besteht: Wir sollen die hellblauen, PVC-beschichteten Wände und die Decke des etwa 25 m langen Ganges abwaschen. Ungläubig fragen wir zurück: „We have to wash the walls?", er nickt, verlegen lächelnd. Wir können uns angesichts der makellos aussehenden Wände kaum das Lachen verkneifen. Wenn das die „Arbeit" ist, werden wir uns in den nächsten Tagen nicht überanstrengen.

In der Putzkammer stattet uns Maria, die Frau des Stewards, mit Eimern und Lappen aus, Wasser und Putzmittel dazu, so werden wir aktiv. Eine Wand für Christine, eine für Gaby, die Decke für Danielle... bei der nutzlosen Wischerei über saubere Flächen kichern wir vor uns hin, es ist die reinste Arbeitsbeschaffung. Nun wissen wir, warum der Kapitän so gegrinst hat, als er uns anbot, für die Passage zu arbeiten. Aber was soll's, tun wir wenigstens so, als ob wir schuften würden. Etwa alle 2,28 Meter gibt es mal einen stecknadelkopfgroßen Fleck – endlich eine Stelle, wo sich das drüberwischen auch lohnt!

Unter amüsantem Geplauder vergeht die Zeit schnell. Kurz vor 10 Uhr lädt Maria zu einer Zigarettenpause in ihre Kabine ein und erzählt: sie kommt eigentlich aus Chile (aha, wir hatten uns schon gewundert, ob es in Norwegen so kleine, schwarzhaarige Frauen gibt!). Marias Familie hatte schwer unter der Militärdiktatur zu leiden, die Eltern wurden umgebracht und sie selbst politisch verfolgt. Eines Tages lernte sie am Strand den norwegischen Chief Steward kennen, die beiden verliebten sich ineinander, und beim Abendessen fragte er sie, ob sie mit ihm nach Norwegen käme, was sie prompt tat. Nach einem halben Jahr heirateten die beiden und arbeiten nun zusammen auf der Banniere... das Ganze klingt wie ein Märchen! Maria meint, sie habe sich schon immer einen großen blonden Mann gewünscht, nun habe sie ihn, sie könne es selbst noch nicht ganz glauben.

Nach Beendigung der Zigarettenpause begeben wir uns nach unten – um dort Kaffeepause zu machen. Auch die Jungs kommen dazu, ziemlich verschwitzt, sie mussten die ganze Zeit Werkstatt putzen. Nach einer Viertelstunde geht's weiter, als wir den Gang fertig, die Treppe zur Brücke noch angefeuchtet haben, kommt der Pilot Room dran: Zimmer, Dusche, Toilette saubermachen. Damit sind wir bis zum Mittagessen beschäftigt, das wieder ein Traum ist: Pizza gibt's, eisgekühlten Tee, Salate… schon beim Duft der Pizza läuft einem das Wasser im Mund zusammen. Wenn das mit dem Essen so weitergeht, haben wir in Douala einige Kilo mehr an Land zu schleppen… Nach dem Essen wischen wir noch die Böden im Pilot Room, dann ist Pause, die wir mit einem Schläfchen bzw. Schreiben verbringen. Inzwischen sind wir in Lagos, ständig kommen nigerianische Soldaten und Zollbeamte durch die Kaffeebar.

Wie wir am Morgen entdeckten, gibt es auf jedem Deck eine komplette „Laundrette" mit Waschmaschine und Trockner. Das übersteigt unsere kühnsten Vorstellungen, wir hatten schon geseufzt bei dem Gedanken an die ganze verstaubte Wäsche aus Niamey. Joll und ich begeben uns zum Bus, um die Wäsche zu holen. Sich auf diesem Schiff zurechtzufinden, ist gar nicht so einfach, Josef schleppt mich in einen Notausgang-Aufzug, worin er mit einem Schlüssel (ergebnislos) rumhantiert, sämtliche Knöpfe drückt, endlich setzt sich das Ding in Bewegung. Wir landen im Maschinenraum, wo riesige Rohre und Apparaturen entlang der Wände laufen, in der Mitte des Raumes befindet sich ein überdimensionales Armaturenbrett mit Computern und vielen Knöpfen – es sieht aus, als sei man in einen Science Fiction Film geraten.

Hermi, mit Schrubber bewaffnet, steht grinsend da und beschwert sich, ob wir nicht arbeiten würden. Josef rennt schon weiter, treppauf, treppab, endlich finden wir den Ausgang und können raus zum Bus, der auf dem Kai geparkt wurde, damit er beim Ein- und Ausladen nicht stört. Drinnen ist eine Affenhitze, wie schnell gewöhnt man sich doch an klimatisierte Räume… Neben den grauen Klamotten und Handtüchern nehmen wir bei der Gelegenheit den Geburtstagswhisky mit. Drei große Säcke mit Wäsche schleppen wir hoch – wenn wir das alles mit der Hand hätten waschen müssen... gepriesen sei dieses Schiff mit seinen zivilisatorischen Errungenschaften!

Ab 15 Uhr findet sich die Besatzung zum Kaffeetrinken ein, danach geht's wieder an die Arbeit. Gut gelaunt verteilen wir das Putzwasser gleichmäßig über Wände und Decken, allzu pingelig scheint man hier nicht zu sein, angesichts der hohen Wände im Treppenhaus, meint der Chief Steward, wir sollten halt soweit wischen, wie wir raufkommen... Immerhin, die Türen zum Deck sind tatsächlich schmutzig, so dass Ata eingesetzt wird. Nach einer halben Stunde kommt Maria und verkündet, wir könnten um 16.30 Uhr Schluss machen – somit haben wir heute effektiv dreieinhalb Stunden gearbeitet. Die Jungs dagegen haben einen 8-Stunden-Tag, müssen im heißen Maschinenraum Ölfilme vom Boden wischen.

Abends organisiert Joll seine Geburtstagsfete, dafür wird der Day Room geöffnet, ein großer Raum mit Bar, Sofas, Sesseln, Stereoanlage, Maria legt zunächst norwegische Musik, später Julio Iglesias auf. Käpt'n, Chief Engineer mit Frau, 1st Engineer, Chief Steward mit Maria, Sven mit seiner Freundin Viola, die ebenfalls als Stewardess arbeitet und Gyula, der Maschinist, finden sich ein. Bei so einer großen Runde ist Josefs Flasche Whisky in Nullkommanichts leer, die Norweger stellen weitere Flaschen aus ihrer Bar auf den Tisch. Wir bringen Josef ein Geburtstagsständchen, und in der folgenden Stunde wird fast nichts anderes gemacht als „Skål" gerufen, angestoßen und getrunken.

Im Laufe des Abends vernichten wir drei Flaschen Whisky... zu fortgeschrittener Stunde greift einer der Chiefs zum Akkordeon, der Kapitän wagt ein Tänzchen, und sogar Hermi ist nach dem vierten Whisky-Cola tanzwillig. Erst spätabends löst sich die Runde auf, mehr oder minder schwankend begeben wir uns in die Kabinen.

Morgens reißt mich Julio Iglesias' Stimme unsanft aus dem Schlaf Maria putzt den Day Room beim Gesäusel ihres Lieblingssängers... nach einer halben Stunde Kampf mit der Müdigkeit gebe ich es auf, dabei schlafen zu wollen. Ganz wohl ist mir heute nicht, ein Glück, dass wir sonntags nicht arbeiten müssen. Als Joll sich bei Maria erkundigt, was er für die Getränke zahlen muss, winkt sie ab – wie großzügig, diese Norweger!

Den restlichen Tag verbringen wir mit einer typischen Sonntagsbeschäftigung: Fernsehen. Nicht aus Interesse an Charles Bronson oder Blondie, sondern weil die Klimaanlage teilweise ausgefallen und es in unseren Kabinen total heiß ist. Am Abend verlassen wir Lagos, hoffentlich wird das Klima auf offener See mal etwas erträglicher.

Am nächsten Tag befinden uns mitten auf dem Atlantischen Ozean, nichts als Wasser um uns rum. Leider ist das Wetter nicht besonders, der Himmel bedeckt wie in den letzten Tagen auch. Mit der Putzerei sind wir inzwischen auf dem 7. Deck angelangt, als wir mal einen Blick nach draußen werfen, sehen wir den Käpt'n in Badehose mit einem Wasserschlauch hantieren, er säubert den Swimming Pool sowie das Deck. Ob das zu den Pflichten eines Kapitäns gehört? Er scheint unsere amüsierten Blicke zu spüren, dreht sich um – und richtet den Wasserstrahl auf uns, Christine ist von oben bis unten durchnässt, der Flur ist von (Salz-)Wasser halb überflutet.

Später setzen wir uns zu Käpt'n und Chief Engineer an den Pool und relaxen. Zur Musik von Simon & Garfunkel oder Kris Kristofferson aus dem Lautsprecher planschen wir im Pool und lassen uns sanft durch das Becken schaukeln. Es ist unsagbar schön, die Wolken ziehen über uns hinweg, die Sonne scheint, es weht ein warmer Wind, ringsum das tiefblaue Meer, dessen sanfte Wellen bis zum Horizont reichen. Wir nähern uns langsam dem Äquator, bald werden wir in Pointe Noire, im Kongo, sein.

Gegen 15 Uhr leert sich das Deck, die Liegestühle werden zusammengepackt, unsere Putzkolonne setzt sich in Bewegung. Absolut lustlos drücken wir uns um die Flurecken, wischen ein bisschen hier, ein bisschen da und sind dankbar, wenn in der Nähe des Fußbodens mal ein Fleckchen ist, da kann man sich zum Putzen mal hinsetzen.

So schlagen wir die Zeit tot, Danielle schrubbt derweilen die Decke über der lila Sitzecke. Auch Christine und ich gesellen uns zu ihr, zu dritt hüpfen wir vom lila Sessel zum lila Sofa, die Putzlappen an die Decke schwingend. Der Chief Steward meinte, wenn dieses Deck „finished" sei, könnten wir Feierabend machen, so schleichen wir ein paar Minuten um Geländer und Fenster herum, dann nichts wie weg mit den Eimern.

Im Laufe des Abends legen wir in Pointe Noire an, bekommen aber nicht viel davon mit, da wir mit Viola ratschen, die uns von ihrem Job erzählt. Maria und sie haben Dienst von 6 Uhr bis 18 Uhr. Normalerweise muss die ganze Arbeit eine Person bewältigen: Küche, Dining Room, Kabinen reinigen. Sie weiß nie, ob sie nach einem Trip wieder einen Job auf einem Schiff bekommt, da man ständig Arbeitskräfte einsparen will, in den letzten Jahren hat sich die Zahl der Schiffsbesatzungen um die Hälfte verringert. Im großen und ganzen ist der Job aber gut – vor allem gut bezahlt, im Monat so 7.000 Mark, da kann man sich leicht mit 28 Jahren bereits das zweite Haus bauen, wie Sven und Viola es vorhaben.

Am nächsten Tag werden wir Mädels vom Käpt'n zum Landausflug eingeladen, er fühlt sich pudelwohl in der Gesellschaft von sechs weiblichen Wesen! Außer uns Passagieren kommen die Frau des Chief Engineer sowie Maria und Evelyn, die Funkerin, mit. Auf holprigen Wegen düsen wir durch das Hafengelände, vorbei an Containern und fleißig arbeitenden Leuten. Ohne Halt passieren wir Zoll und Polizei und fahren Richtung Stadtmitte. Pointe Noire hat viel Grün zu bieten und die Stadt ist kolonialzeitmäßig-europäisch angehaucht mit schönen alten Gebäuden. Bei Straßenhändlern gibt es grell grüne Aschenbecher aus Malachit, Holzmasken und Elfenbeinschmuck. Die Norweger kaufen reichlich ein, wir haben währenddessen Gelegenheit, die Passanten, Frauen mit phantasievollen Frisuren, zu beobachten. Auch viele Europäerinnen sieht man, beim Einkaufen meist von einem schwarzen Boy begleitet, der ihnen die Tasche trägt.

Auf der Sightseeing Tour geht es zum Petit Marché, wo Obst, Gemüse und Fisch angeboten wird, danach zum großen Markt, der sich schon von weitem durch seinen Fischgeruch bemerkbar macht. Die Stände mit Kleidung sind enttäuschend: Billigware, mengenweise Michael Jackson T-Shirts, Plastikschuhe, Acryl-Klamotten.

Mit dem Käpt'n sitzen wir anschließend bei einem kühlen Drink in einem Hotel und lauschen seinen Erzählungen: er fährt schon 20 Jahre zur See, hat als Schiffsjunge angefangen, sich langsam hochgearbeitet. Anfangs dauerte eine Tour ein bis zwei Jahre, so dass er seine jüngste Tochter mit eineinhalb Jahren das erste Mal sah. Obwohl diese Bedingungen sehr hart waren, könnte er sich nie einen anderen Beruf vorstellen. Als er einmal, während der Konstruktion der Banniere, ein paar Monate im Büro verbringen musste, empfand er dies als „Alptraum".

Wir fragen ihn, wie er denn seinen Urlaub verbringt, es ist ja so, dass eine Crew drei Monate auf dem Schiff ist und anschließend drei Monate frei hat. Er grinst und berichtet, seine liebste Urlaubsbeschäftigung sei, mit dem Boot auf einen einsamen See rauszufahren und zu angeln. Oh je, seine Frau ist zu bedauern! Monatelang treibt er sich auf hoher See rum, und im Urlaub hat er nichts Besseres vor, als auf Fischfang zu gehen. Frau und die drei Töchter schickt er am liebsten weg: fahrt nach Rhodos oder sonst wohin...

Gegen Abend verlassen wir Pointe Noire, ab jetzt geht es wieder in Richtung Norden. Langsam wird es dunkel, die Lichter der Küste entfernen sich. Bald sind wir auf dem offenen Meer und sehen ab und zu in der Ferne beleuchtete Bohrinseln. Jetzt gönnt sich auch der Käpt'n einen Sprung in den Pool und gesellt sich zu uns auf Deck. Aus den Lautsprechern tönen alte Hits von Alphaville, Elton John, Tina Turner. Es ist schön warm, mit einer kräftigen Brise, von der hohen Luftfeuchtigkeit hat man ständig einen klebrigen Film auf der Haut, das Deck ist nass, als ob es geregnet hätte. Damit wir auch innerlich Feuchtigkeit abkriegen schlürfen wir ein kühles Bier nach dem anderen, die leeren Flaschen (wie übrigens der ganze Abfall vom Schiff, eine Sauerei!) landen – plätscher – im Meer.

Glücklich und zufrieden genießen wir den Abend, sind dankbar, dass wir das erleben dürfen: auf diesem Schiff zu sein, eine uns „Binnenländern" völlig fremde Lebensart und die netten Norweger kennengelernt zu haben. Was für ein Riesenglück, ausgerechnet wir finden im kleinsten Hafen Westafrikas innerhalb eines Tages eine Passage nach Kamerun... Wenn das nicht geklappt hätte, hätten wir unseren Urlaub in Westafrika beschließen müssen.

In der Ferne kündigt sich ein Gewitter an, wir beobachten phantastisches Wetterleuchten. Hinter den Wolken zucken bizarre Blitze auf, die für Sekundenbruchteile die Umgebung erhellen. Am Auf und Ab der Lichter von den Bohrinseln bemerken wir, dass das Schiff ziemlich schwankt – aber das gleichen wir mit unserem bierbedingten Seegang schon aus.

Im Laufe des Abends wird noch mehr Bier getrunken und Geschichten erzählt, ein Kollege der Jungs startet Annäherungsversuche bei Christine, die ihm, hätte Hermi es mitgekriegt, sicher ein blaues Auge eingebracht hätten. Als der Typ nicht mal mehr „little bit" fehlerlos sagen kann, verziehen wir Mädels uns ins Bett, die Jungs machen weiter bis zum frühen Morgen.

Verständlicherweise sind wir beim Frühstück in nur halbwachem Zustand anzutreffen und beschließen, heute möglichst wenig zu arbeiten. Der Steward gibt Anweisung, Day Room und TV-Raum zu putzen. Wäre nicht die Musik an, könnte man sagen, es herrsche Grabesstille zwischen uns, jeder wischt still in seiner Ecke herum. Eine lohnende Beschäftigung ist es, die Jalousien zu putzen, da hat man lange zu tun, so dass die Kaffeepause schnell näher rückt.

Inzwischen haben wir in Port Gentil angelegt, befinden uns immer noch im Kongo. Ein vergleichsweise kleiner Hafen, es gibt nur einen Anlegeplatz für Schiffe unserer Größenordnung. Die Umgebung schaut reizvoll aus: Wald und Wiesen, etwas weiter entfernt ein leuchtend weißer Strand. Leider ist das Wetter nicht besonders, als ich mich in der Mittagspause raus setze, ist die Sonne hinter den Wolken verschwunden und im Vergleich zu den letzten Tagen ist es nicht so warm, vielleicht 30 Grad.

Nachmittags kümmern wir uns um den Fitnessraum, wie üblich putzen wir eine Viertelstunde rum, dann reiht sich eine Zigarettenpause an die andere, wobei Danielle Interessantes über ihre Arbeit als Entwicklungshelferin zu berichten weiß. Stimmen und Schlüsselgeklapper im Flur lassen uns einmal panisch aufspringen, zum Putzlappen greifen und emsig zu wischen anfangen. Der Kapitän kommt mit zwei Besuchern herein, die wohlwollend nicken. Kaum sind sie draußen, fliegen die Putzlappen – platsch – in die Eimer, wir machen es uns erneut auf Matratzen und Turngeräten gemütlich.

Gegen Abend verlassen wir den Hafen, der Himmel schimmert in einem intensiven Blauton, darunter das nachtschwarze Meer. Mit monotonem Rattern, das vom Maschinenraum heraufdringt, durchpflügen wir die Wellen, entlang des Schiffes schäumende Gischt, die sich in kleine weiße Wölkchen auflöst Als der Mond für kurze Zeit aus den Wolken hervortritt, spiegelt er sich im Wasser und lässt es silbrig glänzen. Gegen 23 Uhr taucht die Küste von Gabun auf, wir nähern uns Libreville.

Von Tag zu Tag wird die Arbeit weniger, den nächsten Vormittag verbringen wir damit, den Boden im Gymnastikraum zu bearbeiten, laut Steward sollen wir anschließend unsere eigenen Kabinen putzen, „then it's finished!". Natürlich verschieben wir die Säuberungsaktion auf morgen, wenn wir sowieso ausziehen.

Beim Steward kaufen wir zwei Paletten Getränke ein, um am Abend eine Abschiedsparty zu geben. Anschließend wird relaxed, im Liegestuhl hängend, die Sonne genießend. Ab und zu mal in den Pool hüpfen und auf dem Wasser, die Arme hinter dem Kopf verschränkt, von den Wellen schaukeln lassen.

Die Banniere, das „Traumschiff"

Die Jungs sind damit beschäftigt, den Bus herzurichten, der vor ein paar Tagen von einem Lkw gerammt wurde und einige Beulen hat. Außerdem werden neue Teile „organisiert", die Norweger raten uns, aus den herumstehenden Lkws brauchbare Teile auszubauen. So kommen wir zu einer neuen Batterie, Lichtmaschine, Außenspiegeln. Uns Mädels fällt eine unangenehme Hausfrauenarbeit im Bus zu: sämtliche Milchpackungen sind aufgeplatzt, der (gegorene) Inhalt hat sich im Staufach verteilt, tapfer wischt Christine den Matsch auf. Ein letztes Mal nutzen wir Waschmaschine und Trockner, nehmen eine ausgiebige Dusche, ab morgen sind wir wieder auf unser enges Badezimmer mit nur spärlich fließendem Wasser angewiesen.

Es herrscht melancholische Stimmung: dies sind die letzten Stunden draußen auf dem Meer. Ich genieße den Anblick, wenn sich die Sonne im kaum bewegten Wasser spiegelt und man weit und breit nichts anderes als die endlose Wasserfläche bis zum Horizont sieht.... Selten hat mich die Natur so beeindruckt wie mit dieser Endlosigkeit und Einsamkeit auf dem Meer.

Am Abend, als wir den Sonnenuntergang auf Deck beobachten, kommt der Käpt'n mit einigen Blättern in der Hand an. Christine hatte ihn (eher scherzhaft) auf Referenzen angesprochen, tatsächlich hat er uns Zeugnisse ausgestellt:

DECLARATION

WE, THE UNDERSIGNED CHIEF STEWARD AND MASTER OF THE NORWEGIAN RORO VESSEL " HØEGH BANNIERE " HERBY DECLARE THAT MISS GABRIELLE REUSS AND MISS CHRISTINE   HAS BEEN WORKING ON BOARD THE ABOVE NAMED VESSEL AS WORKAWAY FROM LOME 21.02.85 AND UNTIL THE SHIPS ARRIVAL AT DOUALA, CAMERUN 02.03.85.
THEY HAVE IN DATED PERIODE BEEN WORKING AS STEWARDESSES TO O R FULLY SATISHFACTION:

DATED DOUALA, MARCH 2ND. 1985

RAGNAR BREVIK
CH. STEWARD

TORLEIF JØRGENSEN
MASTER

Zur Abschiedsparty auf Deck gibt es Bier und Wodka, Hermi raucht im benebelten Zustand sogar eine Zigarre. Gegen 2 Uhr tauchen die Lichter der Küste auf, langsam nähern wir uns dem Hafen, gerade rechtzeitig zur Flut, mit einem Meter Wasser unter dem Kiel, erreichen wir die Anlegestelle. Orange und weiß leuchten die Lichter von Douala, im großen Hafen stehen lange bunte Containerreihen, unten auf dem Kai vollführt ein Afrikaner Breakdance-Variationen.

Als Christine am Morgen anruft, bin ich trotz des wenigen Schafs relativ fit und starte zum letzten Frühstück auf der Banniere. Josef und Hermi bemühen sich, die Einzelheiten des vergangenen Abends zusammenzuklauben. Nach dem Frühstück geht's ans Aufräumen, Sachen in den Bus bringen, Kabinen putzen. Als wir uns von dieser schweißtreibenden Arbeit etwas erholen, ist gerade reguläre Kaffeepause, alle Norweger sind versammelt und fragen, wie es bei uns weitergeht.

Der Kapitän hat unsere Pässe zur Agentur geschickt, so bleiben uns die zeitraubenden Einreiseformalitäten erspart. Beim Warten kommt Josef auf die glorreiche Idee, der Crew das Hui-Hui-Spiel vorzuführen: Das Spiel besteht aus einem Holzstück, in das Zacken geschnitzt sind und das am einen Ende einen Propeller hat. Mit einem kleinen Stock reibt man auf dem Holzstück hin und her – sagt man „Hui", dreht sich der Propeller linksrum, sagt man

„Hui Hui" dreht er sich rechtsrum... wenn man es richtig kann! Die ganze Crew versucht sich an dem Ding, meist vergeblich, denn natürlich ist da ein Trick dabei!

Die Norweger schicken uns zum Sightseeing durch Douala: als der Fahrer mit unseren Pässen zurückkommt, wird er angewiesen, eine kleine Tour durch die Stadt zu machen und uns das deutsche Seemannsheim zu zeigen. Dort gibt es einen großen Garten, Palmen, deutsche Bücher und Zeitschriften, ein Blick ins reißerische „Hamburger Abendblatt" genügt jedoch, um uns lieber an die momentane Umgebung denken zu lassen, die Schlagzeilen aus Deutschland jucken uns herzlich wenig. Im Heim lernen wir ein österreichisches Paar kennen, Martin und Romana, die durch Afrika trampen. Wir verabreden uns für den Nachmittag, die beiden wollen mit uns nach Kribi und Yaoundé fahren.

In der Stadt ist es extrem heiß und feucht, wir sehnen uns nach dem kühlen Schiff... Rechtzeitig zum Mittagessen kommen wir dort an: ein letztes Mal die kulinarischen Köstlichkeiten genießen. Wir überreichen dem Käpt'n als Abschiedsgeschenk eine Flasche Cognac, er ist überrascht und meint, das wäre nicht nötig gewesen. Als Christine aber vorschlägt, er solle den Cognac zusammen mit der Mannschaft vertrinken, bringt er ihn schnell in sein Büro... Wir bedanken uns überschwänglich, dass er uns diese Passage ermöglicht hat und fragen, ob er Fotos vom Schiff hat. Mit einem Grinsen und der Bemerkung „I am cleaning my office!" bekommen wir farbige Hochglanzprospekte der Banniere überreicht. Wahrscheinlich ist er froh, dass er den Papierwust los ist... Es geht ans Verabschieden von den so netten Norwegern, wir werfen einen letzten Blick auf unser „Traumschiff" – schön war's!

Kamerun

Auf der Fahrt durch die Containerreihen Richtung Hafenausgang herrscht Schweigen, jeder hängt seinen Gedanken nach. Man muss sich wieder an kleinere Dimensionen gewöhnen, prompt haue ich mir im Bus den Kopf an. Im Seemannsheim treffen wir Martin und Romana, da es so heiß ist, flüchten wir aus Douala. Die Straße nach Edea ist nicht einfach zu finden – es gibt nämlich keine Hinweisschilder. Der Verkehr in der Stadt ist chaotisch: Vorfahrt hat derjenige, der am lautesten hupt.

Endlich sind wir draußen, die Asphaltstraße führt durch dichten Wald mit riesigen Laubbäumen, Palmen und Sträuchern, die in allen Farben blühen. Alle paar hundert Meter stehen auf einer Lichtung Lehmhütten mit Strohdach, oft auch Wellblechhütten. Überall wird Werbung für kühles Bier gemacht, vor den Häusern sitzen und palavern die Afrikaner, kleine Kinder spielen, winken und kommen an den Straßenrand gelaufen.

In Edea lassen wir uns im kühlen Innenhof einer Kneipe nieder, wo uns bereits von weitem Julio Iglesias (schon wieder...) entgegenschallt. Dort treffen wir einen Ungarn, er sieht aus wie der Großwildjäger aus dem Bilderbuch: in Khaki, mit hohen Stiefeln, fehlt nur noch der Elefantenstoßzahn unterm Arm. Er schwärmt von seinem Jagdurlaub im Wasapark im Norden Kameruns... ein typisches Beispiel eines eitlen, überheblichen Europäers. Er hat eine schwarze Freundin, die affektiert kichert, mit ihren hohen Schuhen im Hof herumstolziert und sich von ihm dauernd betatschen lässt.

Beim Übernachten im Wald schallen abends die unterschiedlichsten Geräusche zu uns herüber: es raschelt und pfeift und zirpt. Die Insektenplage macht sich aufs schmerzhafteste bemerkbar: wir werden von den Moskitos derart gepiesackt, dass nicht mal mehr Autan hilft.

Auch am nächsten Morgen plagen uns auch beim Frühstück die Stechmücken, da heißt es, schnell zusammenräumen und ab nach Kribi, dem lang ersehnten Paradies zu! Wir fahren durch Waldgebiete, das rotbraun der Piste bildet einen wunderschönen Kontrast zum kräftigen Grün der Bäume, die hoch in den blauen Himmel ragen, oft überqueren wir kleine Wasserläufe.

Gegen Mittag erreichen wir Kribi, von dem jeder Afrikareisende schwärmt. Die Stadt selbst ist nichts besonderes, wir gehen einkaufen, leider sind Lebensmittel sehr teuer, vor allem lassen die Leute nicht mit sich handeln. Wir begnügen uns damit, so lebensnotwendige Dinge wie Zwiebeln und Knoblauch zu erstehen und machen uns auf die Suche nach den Wasserfällen. Diese sind ja der Grund, warum Kribi so beliebt ist: Ein paar Kilometer südlich des Ortes befinden sich die Wasserfälle des Lobe-Flusses, der hier ins Meer mündet. Man kann also sowohl in Süßwasser als auch im Meer baden.

Die Wasserfälle sehen toll aus, die Felsen darunter sind mit leuchtend grünem Moos bewachsen, dazwischen viele Pflanzen, von denen Wassertropfen perlen. Im ersten Moment sind wir von dem Anblick begeistert, doch als wir den Strand und das Wasser näher betrachten, macht sich Enttäuschung breit: überall Seegras, Abfälle, verrostete Blechdosen. Auch das Wasser ist versifft, eine braune Brühe, auf der Schaum schwimmt.

Hermi meint, vor drei Jahren sei es nicht so schmutzig gewesen. Wir erkunden die Umgebung, finden auch Stellen, wo das Wasser zum Baden einlädt, es ist ziemlich warm, aber immerhin eine Erfrischung im Vergleich zur Hitze im Bus.

Auf dem Weg hierher haben wir Fische gekauft, die von Martin und Romana ausgenommen und gewürzt werden. Dann versuchen sich Martin und Josef im Fischen, bauen sich elegante Angelruten, schwimmen hinüber zu einer Sandbank. Doch die Angelei ist vergeblich, kein Fisch beißt an – ein Glück, dass wir fürs Abendessen schon vorgesorgt haben! Gegen Abend kommt ein herrlich kühler Wind auf, so langsam finden wir es doch schön hier, mit dem Rauschen des Wasserfalls in der Nähe.

Am Morgen verlegen wir unser Domizil zu dem einsamen Strand mit Dschungel rundherum, den wir gestern kurz vor Kribi entdeckt haben. Den Bus parken wir unter den bis zum schmalen Strand reichenden Bäumen und springen ins kühle Nass. Schön ist es hier: Meer, Sand, Wald, der uns Kühle spendet. Außerdem weht ein erfrischender Wind, der die Baumkronen rauschen lässt. Es kommen öfters Leute vorbei, die das gesammelte Holz auf dem Kopf tragen, neugierig schauende Kinder, aber niemand ist aufdringlich. Dass wir eine Woche hierbleiben ist beschlossene Sache, wir wollen uns vor der großen Urwaldstrapaze noch mal richtig ausruhen.

Gegen Abend wird uns von Einheimischen der Nachtisch frei Haus geliefert: ein Junge bringt eine Ananas. Ein anderer Afrikaner, Jean-Pierre, erbietet sich, Bier zu holen, nach einer Stunde kommt er tatsächlich mit kaltem Bier zurück. Heute ist die Moskitoplage nicht so schlimm, allerdings tragen wir vorsichtshalber lange Hosen und Strümpfe, um uns vor den blutrünstigen

Saugern zu schützen. Dadurch wird uns zwar warm, am Abend weht kein Wind, doch wir lassen uns die Idylle nicht verderben: rauschendes Meer, das Konzert der Vögel in den Bäumen – nun ist Kribi doch noch so paradiesisch, wie wir es uns erträumt hatten!

Ist das schön: morgens durch Moskitonetz und Baumkronen auf das Meer schauen, das wegen der momentan herrschenden Ebbe um einige Meter nach draußen gewichen ist. Den ganzen Tag verbringen wir mit wohligem Faulenzen, Lesen, Schwimmen, unter den Bäumen sitzen.

Immer mal wieder kommt eine Gruppe von Frauen, große Blechschüsseln auf dem Kopf tragend, mit einer ganzen Kinderschar vorbei, um ihr Geschirr im Meerwasser abzuspülen. Von einer Frau bekommen wir einen ganzen Sack voll Mangos geschenkt. Die Leute, die vorbeikommen, sind immer freundlich und zu einem Schwätzchen aufgelegt, versichern uns, wir seien sehr willkommen und man freue sich, mal „Besuch" zu haben. Einen Schluck Wein oder Zigaretten nehmen sie gerne an.

Als die anderen mal mit dem Bus einkaufen fahren, bleiben Christine und ich am Strand und bewachen die zurückgebliebenen Habseligkeiten sprich retten Bücher, Kissen, Handtücher, Schlafsäcke und sonstiges vor den immer mal wieder einsetzenden Regenschauern. Während die Sachen relativ trocken im Zelt liegen, sitzen wir zwei Grazien triefend in unseren Gartenstühlen unter den Bäumen. Christine pflegt auch beim Regenschauer eifrig ihre Klumpfüße[10] mit Schnapswickeln. Nach einer halben Stunde kommt die Sonne wieder raus, und nicht nur sie: überall auf dem Boden krabbeln Viecher rum, die der Regen aus ihren Schlupfwinkeln gelockt hat.

Ich erinnere mich, dass Hermi erzählt hat, nach Regenfällen kämen die Skorpione aus ihren Löchern. Vor lauter Muffe legen wir vorsichtshalber die Beine hoch. Zwei Versuche, zu meinem in der Sonne stehenden Gartenstuhl zu gelangen, scheitern an dem auf dem Weg krabbelnden Getier, mit akrobatischen Verrenkungen und Sprüngen sowie hysterischem Schreien flüchte ich wieder in den nassen Stuhl.

Mit der Zeit wird das Getier weniger, erneut fängt es zu regnen an. Um den Rotwein vor dem Verwässern zu schützen, wird Christines Schnapsschüssel auf den Trinkbecher gestellt. So lassen wir es uns gutgehen, als der Regen

---

[10] Sie kann es nicht lassen, die Moskitostiche an den Füßen zu kratzen und jetzt sind sie dick und entzündet…

nachlässt, kommen auch die anderen zurück und ich werde (unter großem Gelächter) darüber aufgeklärt, dass die vermeintlichen Skorpione ganz harmlose weiße Krebse sind...

Da unsere Gartenstühle mittlerweile recht wackelig sind, sich nur mit Brettern als Stütze zur Sitzgelegenheit eignen, bauen die Jungs mit Jean-Pierre eine Bank. Wir laden ihn als Dank für seine Hilfe zum Essen ein, er kämpft mit der ungewohnten europäischen Kost: den schlüpfrigen Nudeln. Im Laufe des Abends gesellt sich auch Jean-Pierres Vater zu uns, und durch den genossenen Rotwein beschwingt, entsteht eine lebhafte französische Konversation. Leider wird sie abrupt abgewürgt, als plötzlich ein Windstoß durch die Bäume fegt und gleich darauf ein Regenguss einsetzt, der uns fluchtartig in den Bus stürzen lässt, kaum, dass wir noch die wichtigen Sachen wie den Fotokoffer ins Trockene bringen. Zum Glück war das Dachlager noch nicht aufgebaut, so sind wenigstens die Schlafsäcke trocken.

Auch in Afrika kann man nicht nur faulenzen... einen Tag nutzen wir, um Staukästen aufzuräumen, den Niamey- und sonstigen Staub von Bänken, Tischen und Wänden abzuwaschen – seit der Banniere sind wir ja Meister dieses Faches...

Zum Schutz vor Regenschauern wird das orangefarbene Sonnendach zum Regendach umfunktioniert und über den Sitzplatz gespannt. Langsam schaut's hier wie an einem typischen Campingplatz aus: Zelt, meterweise Wäscheleine, Wohnmobil mit Vordach, darunter Tisch und Stühle, wo eifrig Karten gespielt wird, fehlen nur die Gartenzwerge.

Jean-Pierre erbietet sich, Mangos zu besorgen, für 24 Stück zahlen wir 3 DM, dafür ist er drei Kilometer weit gelaufen. Sein Bruder holt uns kühles Bier, wir sind ganz gerührt über so viel Hilfsbereitschaft.

Die beiden fordern die Jungs auf, mal eine Runde mit dem Einbaum zu fahren, doch das ist nicht so einfach, wie es bei den Einheimischen aussieht. Christine und ich, die gerade ein Bad nehmen, schlucken entsetzlich viel Salzwasser vor lauter Lachen über die kläglichen Fahrversuche der Jungs. Abwechselnd fallen Hermi, Josef oder Martin ins Wasser, die Einheimischen amüsieren sich köstlich. Zur gleichen Zeit vergnügt sich eine Kinderschar damit, am Strand rumzuhüpfen und in die auslaufenden Wellen zu rennen. Manchmal werden sie jedoch von den hohen Wogen überrascht und purzeln schreiend durcheinander.

Nach einigen Tagen Strandurlaub heißt es Aufräumen, alles, was im Laufe der letzten Tage nach draußen wanderte, muss nun möglichst kompakt im Bus untergebracht werden. Die hilfsbereiten einheimischen Jungs bekommen zum Abschied Geschenke: Jean-Pierre ist ganz begeistert von seinem Hemd, den T-Shirts und der leeren Rotweinflasche. Er hat auch ein Geschenk für uns: ein Bäumchen aus Korallen. Alsdann: Abschied nehmen von Meer und Strand und den netten Leuten, die uns noch Ananas schenken.

Wir entscheiden uns für die südliche, kürzere Route nach Ebolowa und düsen auf der ockerfarbenen Piste durch absoluten Urwald mit dicht belaubten Bäumen, monumentalen Palmen, alles in einem satten Grün. Bei einer Außentemperatur von 40 Grad schwitzen wir still vor uns hin. Reibt man die unzähligen Moskitostiche, löst sich millimeterdick klebriger Staub – wie ich mich auf den Campingplatz in Yaoundé freue, endlich mal wieder duschen, seit Tagen haben wir nur Salzwasser auf die Haut gekriegt.

Wir kommen nur langsam voran, kurvenreich schlängelt sich die Piste durch den Wald, oft mit ausgeprägtem Wellblech, dann sind wieder steinige Steigungen zu bezwingen. In Ebolowa gehen wir in die „Soleil Bar", dort gibt's kühles Bier – ein Genuss! Kaum haben wir es uns vor der Kneipe auf Kisten bequem gemacht, versammelt sich das halbe Dorf um uns, wir müssen Hände schütteln und mit jedem anstoßen. Laute Musik ertönt und ein alter Mann in Anzug und Krawatte beginnt, sich rhythmisch in den Hüften zu wiegen, die anderen klatschen dazu im Takt.

Wir können uns kaum vor der überschwänglichen Herzlichkeit der Leute retten, als wir ausgetrunken haben, werden wir mit sanfter Gewalt am Gehen gehindert, d. h. am Arm gepackt und in die Bar gezogen, wo der Tänzer eine Flasche Rotwein auf die Theke gestellt hat und uns die gefüllten Gläser in die Hand drückt. Etwas entgeistert stehen wir da, lachend ob so viel Trara, das um uns gemacht wird – hier scheinen nicht allzu oft Europäer herzukommen. Nach einem Glas Wein verabschieden wir uns, verteilen Bonbons an die Kinder und fahren weiter.

Später treffen wir einen Deutschen, der mit dem Fahrrad unterwegs ist. Er erzählt von der Tschad-Strecke, dass sogar Fahrzeuge mit Vierradantrieb steckenblieben und kräftig schaufeln mussten... da können wir nur grinsen und uns zum hundertsten Mal sagen: ein Glück, dass wir das Schiff gefunden haben!

Auf der Weiterfahrt nach Yaoundé schüttet es wie aus Eimern, der Himmel ist düster und wolkenverhangen. Die Wellblechpiste ist streckenweise ziemlich aufgeweicht, so dass wir hin und her rutschen. Ab und zu schaut mal die Sonne raus, dann regnet es wieder, kurvig und bergauf, bergab zieht sich die rote Piste durch den Wald.

Der Beginn der Asphaltstraße kündigt an, dass es nicht mehr weit bis zur Hauptstadt sein kann, die Straße erweitert sich zu einem richtigen Highway. Yaoundé ist die erste afrikanische Stadt, in der der europäische Einfluss deutlich sichtbar ist: Hochhäuser ragen in den Himmel. Das Parlamentsgebäude, etwas außerhalb auf einem Hügel gelegen, ähnelt der Akropolis in Athen. Doch abgesehen von den modernen Bauten, sieht es in der Innenstadt typisch afrikanisch aus: kreuz und quer gebaute Häuser, abseits der mehrspurigen Hauptstraße enge Gässchen, wo ein Laden neben dem anderen liegt, Plakate und Werbeschilder en masse.

Die Suche nach einem Campingplatz verläuft im Sande, mehrmaliges Fragen führt zu dem Ergebnis, dass es etwas derartiges hier nicht gibt. So greifen wir also wieder mal auf Hermis Erfahrung zurück und fahren zum Übernachten auf einen Berg, an dem das feudale Hotel „Sofitel" steht. Wir fragen beim Hotel an, ob wir die Duschen und den Swimming Pool benutzen dürfen, doch 1.500 CFA Eintritt sind uns zu teuer. Wenigstens ist es hier oben erfrischend „kühl" bei 30 Grad, eine Erholung im Vergleich zum feucht-heißen Klima Doualas und Kribis.

Wie immer in den großen Städten ist viel zu erledigen: Post bei der deutschen Botschaft abholen, das Visum für Zaire besorgen. Die phlegmatische Sekretärin der Zaire-Botschaft meint, wir könnten ein Visum nur im Land vor Zaire, also in Zentralafrika bekommen. Das leuchtet uns allerdings nicht ein – womöglich sagen sie dort, wir müssen das Visum in Deutschland ausstellen lassen! Doch all unser Drängen nutzt nichts, die Sekretärin ist stur. Wir überlegen, ob wir die zweiten Pässe nachhause schicken sollen, um uns vorsichtshalber darin ein Visum geben zu lassen. Ein Freund hat ja unsere Vollmachten - aber wer weiß, vielleicht will man auch Impfpässe, Führungszeugnis und sonstigen Kram sehen.

Wir fahren zur deutschen Botschaft, vielleicht kann man uns dort raten, was am besten zu tun. ist. Die Angestellte dort ist sehr hilfsbereit, als wir unser Anliegen schildern, meint sie, die von der Zaire-Botschaft seien einfach zu faul, das Visum auszustellen. Sie verspricht, uns ein Empfehlungsschreiben zu geben, „dass ihr vier nette Deutsche seid".

Als nächstes düsen wir zur Post, wo ein Päckchen für Christine angekommen ist. Es liegt aber leider nicht auf dem Post-, sondern auf dem Paketamt, das hat inzwischen schon zu. So ist das in Afrika: entweder findet man die gesuchten Stellen und Behörden ewig nicht, ist man endlich da, sind sie nicht zuständig oder es wird gerade Pause gemacht. Es heißt also warten, dann wird man auf morgen vertröstet. So geht es uns auch mit dem Vorhaben, die Gasflasche auffüllen zu lassen: Nach langem Suchen finden wir das Gasdepot, werden dort von einem zum anderen geschickt, warten die Mittagspause ab und müssen schließlich zu „Camgaz" am Stadtrand – wo wir nach viel Palaver und Unverständnis auf beiden Seiten die Flasche lassen – morgen um 11 Uhr sei sie abholbereit – on verra!

In einem Supermarkt machen wir einen Spaziergang (die haben nämlich eine Klimaanlage...). Einkaufen können wir hier allerdings nicht, die Sachen sind zu teuer, Butter kostet 5 DM, Joghurt genauso viel, ebenso die Getränke. Gegen 17 Uhr kehren wir auf den Berg zurück, hier oben ist es angenehm ruhig. Abends wird Karten gespielt, den draußen Sitzenden wird es aber bald zu kühl, bei 25 Grad hüllen sie sich in Daunenjacken und Pullis.

Am nächsten Tag holen wir bei der deutschen Botschaft das Empfehlungsschreiben ab, fahren damit zur Zaire-Botschaft. Wir legen das Scheiben der Sekretärin vor und diesmal fällt ihr nicht so schnell eine Ausrede ein, schließlich meint sie, der zuständige Beamte sei erst um 12 Uhr da. Also kommen auch wir um diese Zeit wieder!

Dann holen wir die Gasflasche ab, was erstaunlicherweise problemlos klappt und unerwartet billig ist. Anschließend gehen wir auf die Suche nach einem Schneider, der die Bezüge unserer Gartenstühle reparieren soll. Mittags geht's zur Zaire-Botschaft – was uns wohl jetzt wieder für Märchen erzählt werden? Doch die Sekretärin überreicht uns Visaanträge, die in dreifacher Ausfertigung auszufüllen sind, zudem werden pro Person drei Passfotos benötigt. Also Unterlagen holen, Blaupapier einlegen und die vielen Fragen beantworten. Mit viel „Was hässt'n des?" und Rätselraten um unbekannte französische Ausdrücke sitzen wir um den großen Konferenztisch im Warteraum der Botschaft, schließlich ist das Werk vollendet und wir geben die Anträge mitsamt dem Schreiben der deutschen Botschaft bei der Sekretärin ab. Sie kassiert 20.000 CFA und meint, morgen könnten wir die Visa abholen. Na also, geht doch!

Wir sind mit Martin und Romana auf dem Markt verabredet, er ist in einem großen runden Gebäude mit Galeriegängen untergebracht. Hier liegt ein Laden neben dem anderen, in denen alles Mögliche angeboten wird, schreiend bunte Klamotten, Plastikschuhe, Stoffe. Auf dem Dach ist eine Bar, dort hat man einen schönen Ausblick auf die Stadt, das Gewimmel von gelben Taxis, Bussen und Fahrradfahrern.

Beim Verlassen des Parkplatzes überfährt Hermi eine rote Ampel, mit wütender Miene stoppt uns ein Polizist, angeblich hat er uns schon zum zweiten Mal beim Überfahren eines Rotlichts gesehen. Was uns einfällt, die Verkehrsregeln nicht zu beachten; meine Versuche ihn zu beschwichtigen, indem ich erzähle, wir seien so viel Verkehr nicht gewöhnt, tut er ab mit dem Hinweis, in Deutschland sei der Verkehr auch sehr dicht. Er verlangt Carnet und Hermis internationalen Führerschein, misstrauisch studiert er beides und berät sich mit einem Kollegen. Schließlich bekommen wir eine „Contravention" (schon wieder…), und er erkundigt sich ungeduldig nach unserer Adresse. Als ich ihm erzähle, dass wir nicht in einem Hotel, sondern auf dem Dach unseres Busses schlafen, schüttelt er sich vor Lachen, daraufhin versuche ich, weiter mit ihm zu schäkern, aber leider wird er gleich wieder dienstlich.

Das Ganze spielt sich in absoluter Hektik ab, auf einer Verkehrsinsel stehend, um uns rum Lärm und Gestank, andauernd pfeift der Polizist irgendwelchen Autofahrern nach. Schließlich drückt er mir den Strafzettel in die Hand, morgen sollen wir uns auf dem Polizeikommissariat melden und die Strafe bezahlen. Inzwischen behält er den Führerschein ein.

Ziemlich mieser Laune kehren wir zum Bus zurück, Joll hat nun erstmals in Afrika die Gelegenheit, den Bus weiter als 100 m zu chauffieren. Wir überlegen, ob wir nicht einfach weiterfahren und den Führerschein hier lassen sollen, aber das ist doch zu riskant. Wir werden wohl oder übel zur Polizei müssen und sehen, wie viel Geld sie wollen. Vielleicht kann man ja mit den Leuten auch handeln, schließlich sind wir in Afrika („5.000 CFA? Non, c'est trop cher! 2.000 CFA!")!

An unserem Übernachtungsplatz steht Wäsche waschen an, die Afrikaner von nebenan erbieten sich, das für uns zu tun – da sagen wir nicht nein. Und bekommen am nächsten Tag die Wäsche getrocknet, gebügelt und fein zusammengelegt zurück, das ist ein Service!

Es steht das Rendezvous auf dem Polizeikommissariat an, Christine und Hermi ziehen finster entschlossen los, mit 2.000 CFA in der Tasche. Wir anderen stellen inzwischen Kaffeewasser auf, Unterredungen mit der Polizei nehmen erfahrungsgemäß längere Zeit in Anspruch. Doch unerwarteterweise sind die beiden nach 10 Minuten wieder zurück, Hermi grinst über beide Backen, Christine ist todernst. Sie stürmen herein mit dem Ausruf „Nichts wie weg von hier!", als wir uns durch den Verkehr kämpfen, erzählt Christine grinsend den Verlauf des Gespräches: zum Glück konnte einer englisch und wollte für das „Vergehen" 6.000 CFA haben.

Christine trug ihm die „Leidensgeschichte" vor: kein Geld, wir leben von Wasser und Brot, verzweifelt streckte sie ihm unsere letzten CFA hin... sie warte schon seit Tagen auf eine Geldüberweisung von ihrer Mama und das Geld käme ewig nicht, und nun noch die Strafe... Der Polizist ließ sich erweichen, er gab ihr die 2.000 CFA wieder und meinte streng: „Go and be careful!". Wir amüsieren uns köstlich über den Ausgang unseres Ampelabenteuers, das erste Hindernis des Tages wäre genommen!

Anschließend fahren wir bei der Zaire-Botschaft vor, dort werden wir heute hyperfreundlich begrüßt und dürfen warten. Nach einer Viertelstunde bekommen wir unsere Pässe – mit Visa! Horrido, heute ist ein schöner Tag! Wir holen auf dem Markt noch unsere frisch reparierten Gartenstühle mit ihren neuen rotweißen Bezügen ab.

Dann geht es raus aus Yaoundé, wir passieren Polizeikontrollen und viele kleine Dörfer. Die Straßen sind mit Schlaglöchern übersät, die Hermi in eleganten Schwüngen umfährt. Bald ist es dunkel, nach langem Suchen entdecken wir einen sandigen Seitenweg, bleiben ziemlich nahe an der Straße stehen. Das beschert uns am folgenden Morgen viele Zuschauer und auch vorbeifahrende Autos bremsen beim Anblick von sechs Personen in Gartenstühlen, die gemütlich frühstücken. Hin und wieder ziehen Viehherden vorbei, magere Tiere mit Buckel, Falten und riesigen Hörnern, die dazugehörigen, meist ärmlich aussehenden Hirten grüßen freundlich.

Auf der weiteren Strecke ist die Gegend sehr schön, wir fahren durch tropischen Wald, mit allerlei Arten von Bäumen, dunkelgrüne hohe Schirmakazien, Mangobäume, Palmen, deren Blätter am Straßenrand vom vielen Staub rot gefärbt sind. Wir bewundern die vielfältige Fauna: Schwalben, bunt gefiederte Vögel, Schmetterlinge in allen Farben, vom hellen Gelb bis leuchtend lila. Ab und zu sieht man kleine Eidechsen vom Straßengraben ins Dickicht huschen.

Hier scheint es schon lange nicht mehr geregnet zu haben, wenn uns ein Lkw entgegenkommt, wirbelt der eine dichte Staubwolke hoch. Wir überqueren viele Wasserläufe, wo oft Männer (!) beim Waschen von Kleidungsstücken sind. Der Wald ist fast undurchdringlich, um die Baumstämme rankt sich buschiger Efeu, meterlange Lianen hängen von den Ästen herunter. In den Dörfern – eigentlich sind es immer nur 3-4 Hütten – winken uns die Leute strahlend zu, sei es nun ein Kleinkind oder eine Oma. Es ist kein seltener Anblick, wenn ca. 6jährige Mädchen kleine Babys in einem Tuch auf dem Rücken tragen.

In einem der vielen Dörfer sieht sich Hermi zum Einkaufen berufen: er kennt ja Christines Vorliebe für Bananen und kauft er für 100 CFA eine ganze Staude von ca. 10 kg. Leider stellt sich heraus, dass es sich um Kochbananen handelt... das gibt natürlich spöttische Bemerkungen wie „Heut' gibt's gebackene Bananen als Vorspeise, Bananengemüse als Hauptgericht, und zum Nachtisch Bananenbrei!" Josef pfeift gleichmütig das Lied „Ausgerechnet Bananen" vor sich hin und wir machen uns Gedanken, ob die gekaufte Menge wirklich für das heutige Abendessen reichen wird...

Bald stoßen wir auf ein Hindernis, das uns vom Bananenreichtum ablenkt: vor uns stehen Lkws, die Piste ist – wie in Afrika üblich – mit ein paar herumliegenden Zweigen gesperrt. Hier muss es vor ein paar Stunden stark geregnet haben, ein Lkw schafft wegen des morastigen Bodens die Steigung nicht. Viele Laster stehen vor und hinter ihm, die Fahrer unterhalten sich, einer hat sich's auf einer Matte bequem gemacht und schläft am Pistenrand. Hermi ergreift schließlich die Initiative und bietet dem Steckengebliebenen an, ihn mit Hilfe unseres Abschleppseils hochzuziehen und damit die Straße freizumachen.

So geschieht's: Seil angehängt und rückwärts den morastigen Hügel hoch. Die Aktion ist nicht ohne Spannung, hoffentlich rutschen wir nicht in den Straßengraben, bewegen uns gefährlich in seine Nähe – aber Hermi bringt den Bus auf die Piste zurück.

Am Strand bei Kribi

Einkaufen auf dem Markt

Am Übernachtungsplatz neben der Piste

Piste in Kamerun

Der Lkw erklimmt den Hügel, die Straße ist wieder frei. Die Afrikaner grinsen breit und haben jetzt nichts Besseres zu tun, als sich eiligst in ihre Fahrzeuge zu begeben und davonzubrausen. Vorhin hatten sie noch so viel Zeit, um ein Trocknen des Bodens abzuwarten... auf den Gedanken, dass einer von ihnen den steckengebliebenen Lkw rausziehen könnte, sind sie anscheinend nicht gekommen.

Die Strecke ist weiterhin morastig, sehr vorsichtig steuert Hermi durch schlammige Kurven und über Brücken. Der Wald wird weniger, geht in Grassteppe über. Nachmittags sichten wir in einem Seitenweg zwei Europäer, die auf ihrem Auto gerade das Moskitonetz aufbauen. Die beiden haben groß „Allemagne" auf ihrem Hanomag-Wohnmobil stehen und entpuppen sich als Berliner, Dietmar und Diethelm. Natürlich stoppen wir und tauschen Routenerfahrungen aus. Das Gefährt gehört Diethelm, der es vergangenes Jahr nach Kamerun gebracht hat. Dort ließ er es stehen, vor kurzem sind die beiden per Flugzeug nach Douala gereist und wollen nun innerhalb von drei Monaten nach Kenia.

An der Grenzstation Kameruns, Garoua-Boulai, übernachten wir bei einer Mission, schlagen unter Mangobäumen unser Lager auf. Um uns herum immer Leute und Kinder aus dem Ort, als Hermi die leere Weinflasche verschenken will, balgen sich alle darum, so dass das Los über den Eigentümer gezogen werden muss. Auch unser Abfallsack ruft Begeisterung hervor, geschwind schleppen sie das Ding weg und teilen den Inhalt, von der Fischdose bis zur Zigarettenschachtel, unter sich auf.

Seufzend sehen wir den Formalitäten an der Grenze entgegen, das wird wieder eine langwierige Prozedur geben. Als wir bei der Polizeistation ankommen, liegt vor der Baracke auf einer Bank ein Polizist lang ausgestreckt, ein Radio mit laut plärrender Musik neben sich. Sein Kollege betrachtet gleichmütig unsere Ankunft, bequemt sich schließlich zum Aufstehen, und erstaunlich schnell erhalten wir die Ausreisestempel. Beim Zoll gibt es wegen des fehlenden Stempels im Carnet nur Verwunderung, man lässt uns aber problemlos weiter. Was wollen wir mehr?

Zentralafrikanische Republik

Die zentralafrikanische Polizei erweist sich als anspruchsvoll: außer Pässen und Carnet möchten sie gerne Kugelschreiber und Luftballons, letztere bläst ein Beamter voller Freude gleich auf. Am Zoll dasselbe: angesichts der Tatsache, dass Sonntag und noch dazu Mittagszeit ist, zeigt man sich einem Kugelschreiber als Geschenk nicht abgeneigt. Abgesehen von dieser Vorliebe sind die Leute sehr freundlich, vor allem legen sie ein für afrikanische Verhältnisse rasendes Tempo bei der Erledigung der Formalitäten vor. Nicht einmal der Bus wird heute inspiziert, da wollte doch bisher jeder reinschauen!

Auf den ersten paar Kilometern geraten wir ständig in Polizeikontrollen, wo wir jedes Mal eine Liste mit unseren Namen, Passnummer, Autodaten etc. abgeben müssen. Bald erscheint uns eine Bierpause angebracht, ein paar Meter von einer Kontrolle entfernt, entdecken wir eine Bar in einer Rundhütte aus Lehm. Drinnen ist fein säuberlich gefegt, ein Tisch und vier bequeme Holzsessel mit Armlehnen laden zum Hinsetzen ein. Eine junge Frau bringt uns relativ kühle Getränke, ein angenehmer Wind streicht durch den Raum, man kann die draußen spielenden Kinder beobachten, die sich mit der Zeit alle um uns versammeln. Auch die Frau, die uns bedient hatte, gesellt sich zu uns, ein kleines Mädchen bringt ihr ein etwa vier Monate altes Baby, das nur mit Windeln und einem lockeren Tuch bekleidet ist. Das Kleine ist goldig, schaut ganz erstaunt in die Runde und fühlt sich offensichtlich sehr wohl in den Armen seiner Mutter, die es stolz betrachtet.

Wir fahren weiter und treffen wieder auf eine Polizeikontrolle – ab jetzt nehmen wir für die Erstellung der Namensliste Blaupapier zu Hilfe, damit wir nicht jedes Mal das Ganze neu schreiben müssen. Während der Wartezeit erkundigen Christine und ich uns bei einer Gruppe von Engländern nach deren Route und erfahren, dass sie Zaire problemlos durchquert haben, bis auf eine Strecke im Norden sollen die Pisten gut befahrbar sein. Das beruhigt uns und wir widmen unsere Aufmerksamkeit der Schönheit des Landes: sehr hügelig, dichte Wälder, die sich weit hinziehen, dazwischen schlängelt sich das rote Band der Piste durch die grüne Weite.

Wir düsen trotz Wellblechpiste mit 60 km/h dahin, genießen die Aussicht auf niedrige Bergketten, beobachten einen Adler, der majestätisch durch die Lüfte gleitet. Die Dörfer bestehen aus runden Lehmhütten mit niedrigen Eingängen und Stroh- oder Wellblechdächern. Auf dem Vorplatz stehen die

Männer in Gruppen und unterhalten sich, während die Frauen vor den Hütten auf offenem Feuer das Essen zubereiten. Hier gibt es keinen Strom, geschweige denn fließendes Wasser, es ist unglaublich, wie einfach diese Menschen leben. Wenn man dagegen unsere Konsumgesellschaft betrachtet, die allzu sorglos mit Lebensmitteln umgeht, muss man sich schämen. Und doch wird eines Tages der „Fortschritt" auch hier einziehen, in Bezug auf Kleidung hat er es schon getan, Jeans und T-Shirts, wenn auch verblichen und zerfetzt, sind anscheinend beliebte Kleidungsstücke. Die Kinder allerdings sind oft nackt oder tragen irgendwelche Lumpen.

Nach Waldgebieten kommen wir in eine Gegend, wo Brände gewütet haben müssen, große Flächen mit schwarzem Boden, auf dem nur noch einzelne Baumstämme in den Himmel ragen. Aber auch diese Ruinen erholen sich, wenige Kilometer weiter sind die Stümpfe wieder mit grünem Blattwerk bewachsen. Ich entdecke „Leberwurstbäume", ein kurioser Anblick! Deren Früchte hängen an langen Fäden, in Form und Farbe gleichen sie wirklich der Leberwurst. Wir düsen gen Osten auf der oft die Farbe wechselnden Piste, von tiefrot bis ocker wechselt der Anblick alle paar Kilometer. Rechts und links der Piste haben Regenfälle manchmal tiefe Furchen gegraben. Hoffentlich bleiben wir von so etwas verschont...

Der Himmel verdüstert sich gegen Abend, in der Ferne scheint ein Gewitter zu toben, gegen den tiefgrauen Himmel heben sich die auf Anhöhen stehenden Bäume grandios ab. In der ersten größeren Stadt Bouar treffen wir die Berliner, sie haben erkundet, dass es in der Nähe eine Mission gibt, wo wir übernachten können. Kaum haben wir die Fahrzeuge in einem Innenhof abgestellt, fängt es auch schon an zu gießen, was bedeutet, dass wir den Abend im Bus verbringen werden. Kaum ist das erste Gewitter vorbei, zucken in der Ferne schon die nächsten Blitze auf und tauchen die Umgebung in taghelles Licht. Nicht lange danach donnert es dröhnend und erneut setzen heftige Regenfälle ein. Wenn das nur nicht der Beginn der großen Regenzeit ist!

Morgens wölbt sich knallblauer Himmel über uns und die Sonne scheint wieder. Ein beliebtes Thema beim Frühstück ist die in der Nähe stehende runde Klohütte, die Schilfwände sind schon etwas krumm und zerrissen. Drinnen befindet sich ein fein säuberlich ausgehobenes rundes Loch in der Erde, sozusagen die „Kloschüssel"... in etwa einem Meter Tiefe balgen sich

Hunderte von Würmern um unsere Hinterlassenschaften... sehr appetitanregend, diese Unterhaltung!

Ein paar Kilometer vor den Berlinern düsen wir auf der schmalen roten Piste weiter, bis wir wegen eines vor uns fahrenden Lkws abbremsen müssen. Dem Fahrzeug fehlen beide Rückspiegel und auf unser Hupen, damit er mehr nach rechts fährt, reagiert der Fahrer nicht. Eine Weile zuckeln wir hinter ihm her, bis die Piste etwas breiter wird, mit laut tönender Hupe macht Hermi sich bemerkbar, der Lkw weicht etwa 20 cm aus. Hermi setzt zum Überholen an, aber der Platz reicht nicht, wir nähern uns bedrohlich dem Straßenrand – und schon gräbt sich der Bus nach links unten in den sandig-lehmigen Straßengraben, wir hängen total schief!

Im ersten Schreck springen alle raus, holen erst mal tief Luft. Viel fehlt nicht, und der Bus kippt um... Der am Malheur schuldige Lkw-Fahrer will erst weiterfahren, kommt dann aber heran und schaut ratlos drein. Was tun nun? Zum Glück kommen die Berliner jetzt, Josef holt das Stahlseil vom Dach und hängt es an. Um ein Kippen zu verhindern wird ein weiteres Seil rechts am Dachständer befestigt, als die Berliner den Bus rückwärts rausziehen, hängen sich fünf Mann an das seitliche Seil. Einige Sekunden großer Spannung – unser Vehikel ist gerettet und steht unversehrt auf der Piste. Zum Glück haben die Sprittanks nichts abbekommen, nur der Auspuff hängt weg, aber das ist mit etwas Draht schnell behoben.

Wir fahren weiter, vorbei an hohem Gras, Laubbäumen, Baumruinen. In den Dörfern immer das gleiche Bild: runde oder eckige Lehmhütten, an der Straße entlang stehen Verkaufsstände, bestehend aus Ästen mit einer Strohmatte als Dach. Wir finden jedoch nichts fürs Abendessen, müssen wieder mal auf unsere Dosen zurückgreifen.

Gegen Mittag, es ist schon wieder unerträglich heiß, legen wir eine kleine Pause ein und stürzen uns – trotz Bilharziosegefahr[11] – in die Fluten eines kleinen Flusses, an dessen Ufer es nur so von farbenprächtigen Insekten und Schmetterlingen wimmelt. Eine herrliche Erfrischung, wir strampeln gegen die Strömung und genießen das Vollbad. Am Ufer sind einige Afrikaner damit beschäftigt, sich von Kopf bis Fuß einzuseifen. Eine alte Frau hat eine große Blechschüssel, in der sich Hunderte von Würmern befinden, die sie

---

[11] In Süssgewässern gibt es möglicherweise Saugwürmer, die über die Haut in den Körper dringen und sich in menschlichen Organen ansiedeln

uns anbietet und meint, sie seien sehr schmackhaft – wir verzichten beim Anblick der krabbelnden Masse dankend auf diese Mahlzeit.

Als ich mich abends draußen niederlasse, um die Tagesereignisse aufzuschreiben, holt Christine die Lampe heraus – daraufhin beginnt eine Invasion von Mückenschwärmen, zwar sind es keine Stechfliegen, aber überall surrt und summt es, krabbelt und fliegt, man weiß gar nicht, wo man zuerst hinschlagen soll. Beim Versuch, die Fliegen vom Körper wegzufegen, führt man den reinsten Schuhplattler auf. Im Bus ist es noch schlimmer, denn da ist es knallheiß, es bleibt nichts anderes übrig, als sich aufs Dach unter das Moskitonetz zu verziehen – und das abends um 8 Uhr!

Hier oben ist es wenigstens kühl, mit Lesen ist jedoch nichts drin, sobald man die Taschenlampe einschaltet, beginnt es rund ums Netz zu surren. Also vertreiben wir uns die Zeit mit Reden, Hermi sinniert über die Phänomene der Physik: „Ich lass' mir erklär, dass es so is und wäss, dass es so is, aber ich begreif nid, warum des so is!". Da ist er nicht der einzige, dem es so geht... Wir streiten darüber, ob es dem Menschen jemals gelingen wird, mit Lichtgeschwindigkeit zu fliegen, treiben Hermi mit der Spinnerei von einem Tankwart, der mit Lichtgeschwindigkeit fliegt und deshalb nicht altert, fast zur Verzweiflung.

Dann wenden wir uns anderen Themen zu: dass z. B. Hermis Kinder – statt mit einem goldenen Löffel im Mund – bestimmt mit einem 10er Schraubenschlüssel zur Welt kommen, meine dagegen mit einem Feuerzeug... Mit unserem Gekicher und Geschwätz halten wir sicher die ganze Umgebung wach. Doch langsam beruhigen wir uns, nur noch die Frösche im nahen Tümpel quaken vor sich hin, in der Ferne gibt es ein Wetterleuchten.

Noch ca. 80 km Piste liegen bis zur Hauptstadt Bangui vor uns. Es geht gut voran, ab Bossembele beginnt die Asphaltstraße. Wir sind zwar froh darum, aber irgendwie sieht dieses Stück Zivilisation mitten in einer sonst ursprünglichen Landschaft komisch aus. Kurz vor Bangui machen wir einen Abstecher zu den Wasserfällen von Boali, dieser Ort ist ungewöhnlich touristisch: mit Parkplatz am „Hotel des Chutes", einer Gartenbar unter Strohdächern. Kleine Jungs bieten an, unser Auto zu bewachen, mit Fotoapparaten bepackt laufen wir zu den Wasserfällen. Eine betonierte, manchmal schon halb abgebrochene Treppe führt nach unten, es gibt zwei Aussichtsplattformen, die den Blick auf das von Felsen etwa 50 m herabstürzende Wasser freigeben, das sich in einem Becken sammelt. Die Jungs (bis auf den Bilharziose befürchtenden Josef) nutzen diesen natürlichen Swimming Pool zu einem Bad – aber vielleicht ist Vorsicht wirklich angebracht, denn als sie aus dem Wasser kommen, juckt es sie am ganzen Körper, allerdings gibt sich das bald wieder.

Groggy von der Mittagshitze lassen wir uns in der Bar nieder, bestellen uns was Kaltes zu trinken und handeln mit den Kindern, die selbst gebautes Holzspielzeug anbieten: eine Frau, die Maniok zerstampft oder ein Boot mit Ruderern. Mit einem einfachen, aber raffinierten Mechanismus, bestehend aus einem Faden und dem Griff einer Coladose, lassen sich die Figuren bewegen – das muss einem erst mal einfallen!

Schon mehrere Kilometer vor Bangui herrscht reges Treiben auf der Straße: Leute transportieren auf Karren, Fahrrädern oder auf dem Kopf Holzbündel und sonstige Waren. Etwa 50 m vor dem Schlagbaum der Polizeikontrolle steht ein Stoppschild, doch da wir niemanden winken sehen, fahren wir bis zum Polizeibüro. Die Polizisten schicken uns prompt wieder zurück: am Stoppschild den Bus abstellen, zu Fuß herkommen und die Formalitäten erledigen... Wir haben wieder mal eine „infraction" begangen – hoffentlich kostet es keine Strafe! Im Büro werden wir zwei Listen mit unseren Personalien los, dann kommt ein Polizist zum Bus, guckt drinnen ein bisschen herum, und wir können weiterfahren.

Hier scheint es viel geregnet zu haben, auf der Piste stehen riesige Wasserpfützen, der Himmel ist wolkenverhangen. Die Stadt beginnt mit beiderseits der Straße stehenden Hütten und Verkaufsständen, in der Innenstadt liegt Bar neben Bar, überall ertönt laute Musik. Nach vielem Fragen finden wir etwas außerhalb einen Campingplatz mit dem Schild „Herzlich Willkommen", doch außer einem Schweizer ist niemand da. Er gibt uns den Tipp, auf dem Grundstück des Roten Kreuzes zu campen, da es dort wenigstens fließendes Wasser gebe.

Tatsächlich sind dort eine Menge Traveller, u. a. ein englischer Truck, den wir schon von Niamey her kennen. Abends lassen wir uns von den Straßengeräuschen berieseln: Stimmengewirr, aus jeder Ecke eine andere Musik, zwar fällt ein paarmal der Strom aus, davon lassen sich die Leute in den Bars aber nicht vom Feiern abhalten.

Bar in Zentralafrika

So fröhliche und freundliche Menschen...

Missglücktes Überholmanöver

Beim Tagebuch schreiben auf dem Busdach

Flora in Zentralafrika

Am Oubangi-Fluss

Wie immer, wenn wir in einer größeren Stadt sind, wird es hektisch: nach dem Frühstück düsen wir in die Stadt, zunächst zur Polizei, um uns einen „Anwesenheitsstempel" zu holen. Von einer Schweizerin erfahren wir, dass wir uns vor der Abreise wieder einen Stempel holen müssen – Bürokratie, Bürokratie!

Anschließend gehen wir einkaufen, holen gegen Mittag unsere Pässe bei der Polizeistation ab und lassen uns dabei gleich die „Abreisestempel" für morgen verpassen, wieder ein Weg gespart. Es ist glühend heiß, wir lechzen nach einem kalten Getränk, versuchen jedoch erst, Diesel zu bekommen, aber der scheint Mangelware zu sein. Endlich verziehen wir uns auf die schattige Terrasse eines Cafés, treffen dort auf einen deutsch sprechenden Afrikaner: ein Mann aus Kamerun, der in Deutschland Medizin studiert hat und nun mit Hermi über deutsche Politiker diskutiert. Ganz besonders schwärmt der Afrikaner von Franz Josef Strauß... nicht gerade unsere Wellenlänge, aber der Kameruner ist ein interessanter Typ.

Sowohl auf dem Campingplatz als auch in der Stadt sieht man viele Europäer, teils Leute, die wir schon aus Tamanrasset kennen und die über den Tschad gefahren sind. Für so einige, hören wir, war das eine ziemliche Schinderei, ein VW-Bus schaffte an einem Tag mal nur 17 km... Australier mit demselben Fahrzeug wie wir hatten schließlich eine kaputte Kupplung und mussten ihr Auto in der Wüste stehenlassen... was ein Glück, dass wir diesen Stress nicht mitmachen mussten! Bisher haben wir noch niemanden getroffen, der per Schiff gekommen ist, wir scheinen die rühmliche Ausnahme zu bilden.

Am Campingplatz machen wir uns ans Wäschewaschen, die eingeweichten Klamotten in der „Waschmaschine" miefen schon etwas. In der Mittagshitze bearbeiten wir Geschirrhandtücher und sonstiges mit Kernseife, Bürste, Waschmittel und klarem Wasser. Bei hellen Sachen ist das sehr mühsam, bei dunklen sind wir nicht so genau... Nach einer Stunde flüchten wir erschöpft für eine Pause in den Schatten, dann geht's noch mal los. Als die Wäscheleine voll ist, nehmen wir dies als Grund aufzuhören.

Josef repariert mit „unentflammbarem" Holz Hermis Gartenstuhl, verpasst ihm zwei Holzprothesen, um die abgebrochenen Blechfüße zu ersetzen. Eines muss man ihm lassen: gibt man ihm ein Stück Holz in die Hand, zaubert er was Praktisches daraus hervor.

Nachdem stapelweise Ansichtskarten geschrieben sind, komme ich endlich zu der seit Kribi ersehnten Dusche – welche Wohltat, Seife und mengenweise Wasser zu verschwenden! Als wir gerade mit dem Abendessen fertig sind, kommen die Berliner, die beim Anblick der Reste unseres Menüs große Augen machen: denn sie essen fast nur Pellkartoffeln mit Salz, Salz mit Pellkartoffeln...

Abends sitzen wir bei angenehmen Temperaturen unter einem wunderschönen Sternenhimmel, die nebenan grillenden Engländer vertreiben sogar die Moskitos. Martin, Romana und Joll begeben sich in die Stadt auf ein Bier und werden beauftragt, uns ein paar Flaschen des köstlichen Nass mitzubringen. Nach unerwartet kurzer Zeit kommen sie zurück, reden Unverständliches: Christines Tasche ist kaputt, ebenso eine Bierflasche und Josef hat jemandes Kinn ganz knapp verfehlt. Wir lassen Josef erzählen: die drei waren auf dem Nachhauseweg, genau draußen vor dem Tor kam ein Afrikaner mit einer Machete an, schlitzte die Tasche auf, eine Bierflasche ging kaputt. Josef wollte dem Afrikaner einen Kinnhaken verpassen, verfehlte ihn aber, der Kerl rannte davon.

Wir hatten ja schon gehört, dass Diebstähle und Überfälle in Bangui an der Tagesordnung sind, man kann sich kaum auf die Straße trauen. Zum Glück ist niemandem etwas passiert, so lassen wir uns das Bier schmecken, loben Josef, dass er die Flaschen so gut festgehalten hat und raten ihm, bis zum nächsten Überfall noch etwas „Kinnhaken verpassen" zu üben.

Den restlichen Abend wälzen wir Karten und überlegen, ob wir von Zaire aus erst nach Ruanda oder Uganda fahren sollen. Man wird sehen, alles hängt davon ab, wie schnell wir durch Zaire kommen. Erst spät gehen wir ins Bett bzw. aufs Dach, die Leute aus dem englischen Truck schieben (aus Angst vor Überfällen) die ganze Nacht Wache.

Am nächsten Tag fahren Hermi und Joll in die Stadt zum Tanken und Einkaufen. Gegen Mittag bewölkt sich der Himmel, Donnergrollen erklingt, es bricht ein Gewitter mit Sturm los und gießt wie aus Eimern. Im Nu besteht der ganze Campingplatz aus einer einzigen Pfütze, die Zeltbewohner sind wahrlich nicht zu beneiden. Wir verabschieden uns von Martin und Romana, die nach Kinshasa weiter reisen. Die meisten Traveller müssen noch in Bangui bleiben und auf Visa für Zaire warten – gut, dass wir diese rechtzeitig in Kamerun geholt haben.

Als wir uns dem Polizeiposten am Stadtrand nähern, fährt Hermi ganz vorsichtig, um nicht wieder ein Stoppschild zu übersehen, das uns eine Strafe eintragen könnte. Vorsichtshalber bleiben wir hinter einem vollbeladenen Buschtaxi stehen – zum Glück, denn nachdem wir minutenlang Hälse recken, entdecken wir im Straßengraben ein halb vergrabenes Stoppschild, die Haltemarke. Die Formalitäten sind, dank der vorher angefertigten Listen, schnell erledigt, und wir können gen Bambari weiterfahren. Zunächst regnet es noch etwas, was auf der Asphaltstraße aber nichts ausmacht.

Abends sind wir von einer Kinderschar umgeben, die sich begeistert mit dem Inhalt unseres Abfallsacks beschäftigt (Josefs Mühe, den Sack zu vergraben, war vergebens). Während Christine und ich mit der Zubereitung des Abendessens beschäftigt sind, fangen die Kinder, erst schüchtern, aber sehr melodiös, zu singen an, und während des Essens kommen wir in den Genuss eines richtigen Konzerts, begleitet von Tänzen.

Am Morgen hängen zwischen den Bäumen ringsum dicke Nebelschwaden, es sieht richtig gespenstisch aus. Wir fahren weiter Richtung Osten, die nächsten 100 km sind noch Asphaltstraße. Ab Sibut beginnt wieder das Geschaukel der Piste, die durch Gras- und Baumsavanne führt. In den kleinen Dörfern stehen entlang der Straße große Mango- oder Papayabäume, letztere sehen seltsam aus: ein langer dünner Stamm, an dessen Spitze die birnenförmigen Früchte hängen. Vor den Hütten ist oft Baumwolle ausgebreitet, die strahlend weiß leuchtet. Hier in der Gegend gibt es auffallend viele Missionsstationen, zu denen natürlich immer eine Kirche gehört. In manchen Dörfern stehen 10 Hütten und drei Kirchen...

Während wir so durch den Busch düsen, sehen wir zum ersten Mal einen Affen: im Schnelltempo saust er vor uns über die Piste und verschwindet im Gebüsch. In Grimari machen wir eine Pause, gönnen uns ein kühles Getränk, auf dem verlassenen Markt suchen Christine und ich nach Brot und erstehen 10 kleine „Kipf"[12]. Dann geht's weiter Richtung Bambari, zeitweise rüttelts uns ganz schön durch, manchmal wegen Wellblech, meist aber wegen großer Löcher in der Piste, die schwer zu erkennen sind, so dass Hermi oft auf die Schnelle abbremst. Da die Piste so schmal ist, müssen wir bei Gegenverkehr oder überholenden Fahrzeugen meist stehenbleiben, hernach gibt es immer eine riesige Staubwolke, die sich gemütlich auf Spüle, Polstern, und in den

---

[12] Fränkisch für Brötchen

kleinsten Ritzen niederlässt. Zwischendurch machen wir einen Fotostopp an einer mit grünem Gras bestandenen Lichtung, auf der hohe, pilzförmige Termitenbauten stehen. Abends genieße ich, unterm Moskitonetz liegend, den Sternenhimmel und freue mich, die Nacht im Freien bei etwa 28 Grad zu verbringen.

Mit den Berlinern Diethelm und -mar beschließen wir, die Reise durch Zaire gemeinsam fortzusetzen. Ihr Auto ist geländegängiger als unser Bus, daher düsen sie voraus gen Südosten, auf einer immer öfter Furchen und Löcher aufweisenden Piste. Die Dörfer reihen sich aneinander, Leute winken und schreien begeistert, als Josef oben auf der Kiste sitzt. Ringsum ziehen sich weite, mit Bäumen bewachsene Hügelketten hin, über denen die Wolken wie Zuckerwatte stehen.

Vor kurzer Zeit scheinen hier sintflutartige Regenfälle niedergegangen zu sein, wir stehen plötzlich vor einer weggeschwemmten Brücke. Die „Umleitung" führt zu einem etwa 30 m breiten Fluss, die Berliner stehen auf der anderen Seite und winken: „Immer geradeaus!". Hermi gibt Vollgas und – schwank, glucks – tuckern wir durchs Wasser, schnell haben wir wieder festen Boden unter den Rädern. Das heißt: mit der Zeit wird der Boden immer matschiger, einmal bleiben wir mitten in einem Dorf in einem Schlammloch stecken, der Bus sitzt auf. Alle Mann raus und schieben, dabei werden wir von zahlreichen Dorfbewohnern unterstützt. Es geht auch voran – allerdings nicht vorwärts, sondern der Bus rutscht bedrohlich nach rechts in die Furche, droht zu kippen. Hermi gibt Gas, zum Glück erreicht er wieder trockenen Grund – Uff! Das war kein kleiner, sondern ein großer Vorgeschmack auf Zaire...

In den nächsten Stunden haben wir noch öfter mit Wasserpfützen, Schlaglöchern und schmierigen Furchen zu kämpfen. Auf der Strecke treffen wir einen kanadischen Motorradfahrer, der erzählt, vor drei Tagen habe es in Zaire geregnet und die Straßen, v. a. die Brücken, seien absolut katastrophal gewesen. Das klingt nicht gerade verheißungsvoll.

Bei leichtem Nieselregen fahren wir Richtung Bangassou. Die Piste ist weiterhin seifig mit großen Pfützen, die teilweise unerwartet tief sind. Gegen Mittag treffen wir einen Truck mit Engländern, die von Zaire kommen, und auch was sie erzählen, klingt nicht gut: schlechte, nach dem Regen der letzten Tage aufgeweichte Pisten.

Bald erreichen wir das Dorf Kembé, wo eine Polizeikontrolle ansteht, und wir weder Sprit noch Lebensmittel bekommen. Fünf Kilometer nach dem Ort sind wir an Wasserfällen eigentlich mit den Berlinern verabredet, sie sind aber schon weiter gefahren, haben es anscheinend sehr eilig. Wir halten uns eine Weile bei den Fällen auf, klettern auf den Felsen herum. Die Wasserfälle werden von einem See genährt, in dem Hermi und Josef eine Schwimmrunde drehen.

Wir sind nicht mehr weit von der Grenzstation Bangassou entfernt, die Piste hier wurde anscheinend erst kürzlich instandgesetzt, mit 60 - 80 km/h düsen wir dahin. Die Gegend ist hügelig, so dass man von den Anhöhen kilometerweit auf die Wälder hinabschauen kann. Unerwartet früh, bei teilweise wieder blauem Himmel, erreichen wir Bangassou. Als wir uns bei der Polizei melden wollen, erklärt uns ein freundlicher Polizist, sonntags sei alles geschlossen, wir sollten morgen wiederkommen.

Auch an der Tankstelle ist Ruhetag, und so erkundigen wir uns nach einer Mission, wo wir übernachten können. Man schickt uns zur katholischen Mission, wo eine prächtige Kirche steht, umgeben von schönen Häusern und Anlagen. Ein Afrikaner begrüßt uns hoheitsvoll, legt den Finger auf dem Mund: bitte keinen Lärm machen, der Pater Superior schläft. Wir warten, bis ein junger Weißer kommt, der uns erklärt, wir dürften hier nicht übernachten. Auch unsere Bitte, Wasser auffüllen zu dürfen, wird nicht gewährt – aber wenn wir Geld tauschen wollen, dazu ist er gern bereit. Typisch katholische „christliche Nächstenliebe": keine Unterkunft, kein Wasser, aber Geld!

Entrüstet fahren wir davon und erkundigen uns bei einer Polizeikontrolle nach einer anderen Mission. Diesmal werden wir zu den Baptisten geschickt, und hier gefällt es uns: Rasenflächen, Mangobäume, Palmen und wunderschöne rosa, lila und rot blühenden Bäume. Die amerikanischen Missionare sind gastfreundlicher als ihre Kollegen, von unserem Campingplatz haben wir einen wunderschönen Blick über den Oubangi-Fluß und die gegenüber liegenden Wälder von Zaire.

Zwischen Bäumen und Carpenter Shop lassen wir uns gemütlich nieder, wenn wir nicht so viel Angst vor der beginnenden Regenzeit in Zaire hätten, würden wir gerne ein paar Tage hierbleiben und relaxen. Da es in den letzten Tagen auf den Märkten kaum Lebensmittel gab, müssen wir auf ein ausschließlich aus Päckchen und Dosen hergestelltes Essen zurückgreifen: erst

wird aus Wasser und Pulver Milch gemacht, daraus per Päckchen Kartoffelbrei, dazu gibt's Gulasch. Bis auf den ratternden Generator genießen wir die
schöne Umgebung, bewundern den Sternenhimmel. Die Abendunterhaltung
besteht größtenteils aus Spekulationen, ob, wie, wann, und überhaupt wir
durch Zaire kommen – die Schreckensvision ständigen Regens steht vor uns,
aber wahrscheinlich wird alles halb so schlimm, wie wir es uns vorstellen, nur
Hermi ist unverbesserlicher Pessimist.

Da über Nacht wegen der Hitze im Bus die Tür offen bleiben soll, kommt
Hermi auf die glorreiche Idee, eine Einbrecherfalle zu bauen. Er stellt ein
Dieselfässchen aufs Trittbrett der Beifahrertür und meint: „Da hör' mer
gleich, wenn enner in Bus eischdeichd!". Kaum fünf Minuten später, als er
aus dem Bus steigen will, ertönt Gepolter und der Fluch „Scheiße, etzt hat's
mi selber drüberghaut!". Immerhin – die Falle funktioniert! Joll und ich lassen
uns auf dem Dach nieder, hoffend, dass die über uns hängende Regenwolke
weiterziehen möge.

Hermi entdeckt morgens bei der Businspektion mehrere Defekte: Der
Gummipuffer ist hin, der Luftfilter abgerissen und muss geschweißt werden,
wir haben die Hupe verloren, die Scheibenwischer funktionieren auch nicht
mehr richtig... wir werden die Weiterreise deshalb um einen Tag verschieben
müssen. Zum Glück stellt der amerikanische Missionar sein Schweißgerät zur
Verfügung. Während Christine und ich die Zeit mit Spülen, Aufräumen und
Rumsitzen verbringen, schrauben und schweißen die Jungs schwitzend unterm Bus.

Am Morgen wollen wir in die Stadt fahren, um zu tanken und die Ausreiseformalitäten zu erledigen. Wir suchen unsere „Grenzkleidung", sprich einigermaßen saubere Klamotten heraus, Christine bringt das Zaire-Geld sozusagen „hautnah" unter – da ertönt Hermis Ruf: „Wir ham en Platten!". Bis der
Reifen geflickt ist, wird es Mittag, es hat daher keinen Sinn, loszufahren, denn
bis 14 Uhr sind alle Läden, Tankstellen und Büros geschlossen. Also holen
wir Tische und Stühle wieder vom Dach, während die Jungs sich an die Arbeit machen, plagen Christine und ich uns mit Fliegen, Ameisen und sonstigem Getier herum. Dann geht's ans Verabschieden, die Wasserkanister werden nochmals aufgefüllt und wir spenden 20 DM für die Mission, deren
Bewohner so freundlich und hilfsbereit waren.

An der Tankstelle in Bangassou ist mächtig was los, an die 50 Leute warten mit Kanistern, Weinflaschen und sonstigen Behältern, wir reihen uns in die Schlange ein. Hier, in der letzten Ecke Zentralafrikas, ist der Sprit dreimal so teuer wie in Bangui: 300 CFA – aber besser teuer als gar kein Sprit, in Zaire soll die Versorgung mit Diesel miserabel sein. Unsere restlichen 35.000 CFA werden in Diesel investiert, doch es ist noch Platz in den Tanks, was tun? Wieder einmal erweisen sich die mitgeschleppten Kleidersäcke als Retter in der Not: wir verscherbeln für 3.000 CFA drei Hemden, mit Handeln, versteht sich! Von Einheimischen erfahren wir, dass die Berliner schon vor zwei Tagen nach Zaire übergesetzt haben, was uns ziemlich ärgert, so sind wir auf der schwierigen Strecke ganz alleine unterwegs.

Als wir zum Polizeibüro kommen, schüttelt uns ein Beamter kräftig die Hände, teilt jedoch bedauernd mit, dass die Büros lediglich von 6.30 Uhr bis 13.30 Uhr geöffnet seien, d. h. wir haben heute keine Chance mehr, die Ausreisestempel zu bekommen. Auch der Zoll hat zu, so müssen wir noch eine Nacht in der Mission verbringen, wo wir zum dritten Mal heute die Sitzgelegenheiten auspacken, einen guten Tee trinken und uns über den immer blauer werdenden Himmel freuen. Wenn das Wetter so bleibt, kann die Fahrt durch Zaire ja nicht so schlimm werden! Eigentlich schade, dass wir nicht länger in Zentralafrika bleiben können, denn schön ist es hier, die Landschaft, das Klima und besonders die sehr freundlichen Menschen.

Während wir Mädels uns ein neues Rezept für die Zubereitung des Schweinefleischs aus der Dose überlegen, unternehmen Joll und Hermi einen Ausflug an den Fluss und werden von einem Afrikaner zur Fahrt im Einbaum eingeladen. Krampfhaft versuchten die beiden, in dem wackligen Gefährt das Gleichgewicht zu halten, umklammerten ihre Fotoapparate. Ab und zu musste Josef mit einer Blechdose Wasser aus dem Boot schöpfen, und Hermi verlor fast seine Schuhe, als er nach einem Aufsitzer den Einbaum anschieben musste. Der „Kapitän" des Einbaums stattet uns am Abend einen Besuch ab, nach einer Weile unbekümmerten Plauderns macht er diskret darauf aufmerksam, dass er für die Fahrt ein Geschenk erwartet. Mit einem Kuli und Seife ist er sehr zufrieden.

Am nächsten Tag sind wir gegen 10 Uhr in der Stadt beim Polizeibüro, nach einiger Zeit kommt langsam eine Frau an, die sich hinter dem Schreibtisch niederlässt und umständlich anfängt, unsere Daten in ein Buch einzutragen.

Man kann ihr kaum dabei zusehen, Buchstabe für Buchstabe malt sie ab, das kann ja dauern, bis sie fertig ist! Die Angaben im Pass genügen ihr nicht, sie will auch die Namen der Eltern, den Geburtsnamen der Mutter wissen. Damit es etwas schneller geht, ändern wir so umständliche Namen wie „Hedwig" ins leichter verständliche „Anna" um. Schließlich werden die Pässe mit drei Stempeln versehen – schön gemächlich, versteht sich – der „commissionaire" unterschreibt, damit hat sich's endlich.

Nun geht's zum Zoll, die Abfertigung geht hier schneller, bei andauerndem Nieselregen begeben wir uns zum Anlegeplatz der Fähre. Zwei Lkws warten dort bereits, wir erfahren, dass das Übersetzen 2.000 CFA kosten soll. Da wir nur mehr 1.000 CFA haben, sollen wir dies und ein T-Shirt geben. Doch zunächst muss die Fähre vom anderen Ufer geholt werden: Hermi baut unsere beiden Batterien aus, holt einen Dieselkanister und zusammen mit zwei Afrikanern rudert er im Einbaum ans andere Ufer. Es dauert eine Weile, bis das altersschwache Gefährt endlich läuft und langsam angetuckert kommt. Drüben haben sowohl Passagiere als auch Fahrzeuge offensichtlich auf uns dumme Touristen gewartet, die Batterie und Diesel spendieren, und ihnen Gelegenheit geben, kostenlos den Fluss zu überqueren. Die ganze Fähre ist voller Frauen, die alle möglichen Waren in Körben auf dem Kopf transportieren.

Sehr vertrauenerweckend sieht das Boot nicht gerade aus, ist verrostet, die Ladefläche besteht aus alten Holzplanken, zwischen denen große Lücken klaffen. Der Zufahrtsweg ist abschüssig und vor allem schmierig, als Hermi da mehr runterrutscht als fährt, wird mir ganz schwach im Magen. Und schon fangen die Schwierigkeiten an: angesichts der wackeligen Auffahrtsplanken gibt Hermi zu wenig Gas, der hintere Teil des Busses sitzt auf. Schieben nutzt nichts, der Bus muss hochgebockt werden, wir legen Bretter unter, so geht's. Da steht nun unser braves Wüstenschiff auf dem klapprigen Kahn – wie es sich wohl im Urwald bewähren wird?

Zaire

Die Anlegestelle am Zaire-Ufer sieht nicht besonders vertrauenerweckend aus, zwar ist ein kleiner Streifen betoniert, aber die Auffahrt ist sehr steil und lehmig. Hermi gibt voll Gas, die ersten Meter geht es gut, aber dann wird der Bus immer langsamer – oh nein, jetzt ist er manövrierunfähig, rutscht rückwärts auf den Fluss zu! Kurz vor dem Ufer kann Hermi stoppen, meine Nerven! Erst beim dritten Versuch, unter beängstigendem Schwanken, schafft unser Gefährt die Auffahrt. Vor lauter Aufregung habe ich heftiges Herzklopfen – wenn das auf den kommenden 1600 km Zaire-Pisten so weiter geht…

Im nahen Dorf Ndu stehen die Formalitäten an, zwei Polizisten in Zivil registrieren uns. Der eine zählt die Seiten im Reisepass, während sein Kollege unsere Daten in eine Liste einträgt. Wir müssen eine Devisenerklärung ausfüllen, unser Geld wird von den Beamten nachgezählt. Endlich erhalten wir die Stempel und können weiterfahren.

Von einem Regenschauer am Morgen ist die Piste – eher ein schmaler Waldweg – total glatt. Da ist nur eine Höchstgeschwindigkeit von 20 km/h drin, und auch das nicht immer, denn bald tauchen die ersten Hindernisse auf: ein umgestürzter Baum versperrt den Weg und muss weggeräumt werden.

Außerdem weist die Piste oft tiefe Rinnen und Löcher auf, in denen wir beängstigend schief drin hängen. Christine und ich steigen aus und versuchen, den Bus an der Seite zu stützen. Als Hermi anfährt, schleudert er plötzlich auf unsere Seite zu, Josef schreit „Weg, weg!" – wäre das Auto gekippt, hätte es uns Mädels unter sich begraben.

Ein Stück weiter steht ein Baum im Weg, der Wald ist zu dicht, als dass wir seitlich ausweichen könnten. Josef wird, auf dem Busdach stehend, an das Hindernis herangefahren. Er klettert auf den Baum, Hermi fährt weg, Josef sägt die störenden Äste ab, wir Mädels schleppen sie an den Pistenrand und Josef wird wieder von seinem luftigen Plätzchen abgeholt. Ein paar Meter weiter kommt eine große Wasserpfütze, die sehr tief und morastig ist, da läuft einem das Wasser in die Gummistiefel. Also Schaufeln raus, Abflussgräben anlegen, langsam läuft das Wasser ab und wir können weiterfahren.

Abenteuerlich sind die Brücken: vier oder fünf nebeneinander liegende Baumstämme mit mehr oder weniger großen Zwischenräumen. Es ist jedes Mal Präzisionsarbeit, über diese rutschigen Dinger zu kommen: Josef stellt sich auf die andere Seite der Brücke und schaut, ob Hermi auch genau auf den Stämmen fährt und nicht in irgendeinem Loch hängenbleibt. Ich kann gar nicht zusehen, presse die Hände vor die Augen, immer darauf gefasst, dass es gleich „Platsch" macht und unser Bus im Wasser liegt... So groß Christines und mein Vertrauen in Hermis Fahrkünste auch sind – bei Brücken steigen wir lieber aus und gehen zu Fuß rüber.

Einmal sind die Zwischenräume der Baumstämme so breit, dass wir sie aus Furcht vor dem Steckenbleiben mit Sandblechen belegen. Hermi kann immer nur ein kurzes Stück vorwärts fahren, die Bleche biegen sich unter der Last des Busses durch, der hintere Reifen steht einmal nur noch halb auf dem Baumstamm – ich komme aus dem Zittern gar nicht mehr raus! Mit der Zeit kriegen wir zwar etwas Routine, aber trotzdem will das mulmige Gefühl nicht weichen. In einem Dorf besteht die „Straße" nur aus Furchen, heftig schaukelnd manövriert Hermi da durch. An den Seiten finden die Reifen einigermaßen Halt, doch dann wird der Boden zu rutschig. Entsetzt beobachtet Christine, wie der Bus schwankt und umzukippen droht, sie informiert mich, die ich mit geschlossenen Augen dastehe, „Oh Gott, er wackelt, jetzt kippt er, jetzt ist's aus... Nä, noch nid, er schafft's!" Tatsächlich, der Bus steht unversehrt da – aber diesmal war es sehr knapp! Wenn das die ganze Zeit in Zaire so weitergeht... Es herrscht eine angespannte Stimmung, sogar Christine und mir ist das Lachen und Herumalbern vergangen. Ob wir es wohl schaffen, durch dieses Land zu kommen, ohne dass unser Gefährt umfällt, in einen Fluss stürzt oder sonst wie kaputt geht?

Inzwischen hat Josef am Dachständer ein Seil befestigt, an dem wir bei bedrohlicher Neigung des Fahrzeugs mit aller Kraft ziehen. Später wird die Strecke ein bisschen besser, doch wenn es bergab geht, ist das jedes Mal eine Rutschpartie ins Ungewisse. Immer wieder schicken wir besorgte Blicke hinauf zum grauen, wolkenverhangenen Himmel und hoffen innigst, dass es doch nicht regnen möge!

Wir fahren auch nach Einbruch der Dunkelheit weiter, um das trockene Wetter zu nutzen. Etwa 15 km vor Monga bleiben wir auf der rechten Seite in einem sumpfigen Loch stecken, es geht weder vorwärts noch rückwärts. Kaum stehen wir da, ist schon eine Schar Einheimischer zur Stelle, die Hilfe anbieten. Zunächst wird der Morast beiseite geschaufelt, daraufhin neigt sich der Bus jedoch bedrohlich zur Seite... Wir legen Sandbleche unter, hängen uns ans Seil, kommen endlich aus dem Loch heraus – puh!

Vor dem Haus eines Afrikaners bleiben wir stehen, als wir unsere Utensilien zusammensuchen, merken wir, dass eine Schaufel verschwunden ist, wahrscheinlich geklaut. Und das ausgerechnet jetzt, auf dieser Strecke, wo wir die Schaufel so dringend benötigen! Wir stellen die Einheimischen zur Rede, aber keiner will's gewesen sein...

Die Stimmung ist düster: wir haben mindestens noch 400 km so katastrophaler Piste vor uns. Am Beunruhigsten ist, dass wir allein unterwegs sind, mit den Berlinern zu fahren, wäre weitaus einfacher gewesen, man hätte sich gegenseitig helfen können. Mit anderen Travellern ist nicht zu rechnen, da sie ja noch in Bangui auf ihr Visum warten. Wir sind komplett auf uns gestellt, nicht mal einheimische Laster sind in dieser gottverlassenen Ecke unterwegs. Immerhin heitert es ein wenig auf, dass unser „Gastgeber" etwas auf seiner selbst gebauten Gitarre vorspielt.

Morgens um 5 Uhr gilt der erste Blick dem Himmel – zum Glück hat es in der Nacht nicht geregnet. Unser Gastgeber organisiert eine neue Schaufel, während der Wartezeit machen wir mit den Afrikanern Geschäfte: für ein leeres Marmeladenglas tauschen wir drei Eier. Unser Freund spielt auf der Gitarre ein Ständchen, ein kleines Kind klatscht, auf dem Arm seiner Mutter sitzend, dazu in die Hände.

Die Weiterfahrt lässt sich ganz gut an, bis wieder ein Baumstamm halb im Weg liegt. Beim Umfahren neigt sich der Bus beängstigend zur Seite – geht das schon wieder los! Erneut tauchen breite und tiefe Rinnen in der Piste auf, wenn wir da reinfahren, sitzen wir garantiert auf. Also Schaufel her und die Furche mit Erde und Holzstücken füllen, Sandbleche legen, so kommt der Bus ganz gut über die Hürde. Die Brücken sind etwas vertrauenswürdiger als gestern, aber diese verdammt tiefen Furchen! Josef hängt sich ans seitliche Seil, mit den Füßen an der Buswand, und wird beim Weiterfahren durch hohes Gras und Gebüsch geschleift.

So geht es nun drei Tage lang: durch undurchdringlichen Urwald, von frühmorgens bis nach Einbruch der Dunkelheit rumpeln wir im Schneckentempo voran. Die Strecke ist hügelig, bergabwärts und in den Dörfern sind die größten Löcher. Die Piste ist so schmal, dass gerade ein Auto fahren kann – nämlich unseres.

Manchmal geht es ein paar Kilometer gut, dann kommen wieder wassergefüllte Löcher, die oft lang und vor allem tief sind. Jedes Mal heißt es: Abflussgraben anlegen, Schaufeln, Schieben, und das bei feucht-heißen Temperaturen um die 35 Grad. Als wir einmal ganz tief eingesunken sind, wirft sich Josef in die Badehose und beginnt, in der rötlich-braunen Brühe halb unter dem Bus liegend, das Fahrzeug hochzubocken, damit wir die Sandbleche unterlegen können. Doch immer wieder rutscht der Wagenheber im Matsch ab, als wir die Bleche endlich unter den Rädern haben, drehen sie durch. Bei jedem Steckenbleiben sind innerhalb kürzester Zeit mindestens 20 Afrikaner um uns herum, bieten ihre Hilfe an. Sie ziehen am vorne befestigten Seil und einige Male gelingt es uns nur mit ihrer Hilfe, aus den Morastlöchern herauszukommen.

Auch bei den weiteren Brücken und Wasserlöchern weist Josef, in Badehose und total lehmverschmiert, Hermi die Fahrtrichtung an, er sprintet vor dem Bus her – sieht aus wie Tarzan, wenn er im Eiltempo durch den Dschungel fegt, nur der Schrei fehlt... Wir amüsieren uns köstlich bei diesem Anblick, die Stimmung wird mit der Zeit besser. Es gibt zwar immer noch Augenblicke, in denen wir fast verzweifeln, aber angesichts des trockenen Wetters und der Tatsache, dass wir ungefähr 60 km bis 80 km pro Tag vorankommen, sind wir zuversichtlich, die schlechte Strecke heil zu überstehen.

Abends geben wir uns gar keine Mühe, einen Übernachtungsplatz zu suchen, bleiben einfach auf der „Hauptverkehrsstraße" stehen, andere Fahrzeuge sind eh nicht zu erwarten. Daher machen wir es uns mit Gartenmöbeln auf der Piste gemütlich. Doch kaum zu glauben: einmal kommen doch ein paar Lkws angerumpelt. Aber wir können stehenbleiben, die Brummis quetschen sich an der Seite vorbei.

Um nicht ständig stecken zu bleiben, ändert Hermi mit der Zeit sein Fahrverhalten: er fährt nicht mehr langsam, sondern mit größtmöglicher Geschwindigkeit auf die Tümpel zu. Der Bus hüpft und schwankt zwar wie verrückt, wird durch Wasser und rutschigen Boden abgebremst, aber wir kommen oft gut durch. Unsere größte Sorge gilt den Sprittanks, die bei dieser Fahrweise Schaden leiden könnten, man weiß ja nie, ob in den Löchern nicht Steine liegen, die ein Leck schlagen.

Nach der Fähre über den Fluss Uele ist die Piste völlig überschwemmt, und das braune Wasser spritzt so hoch, dass wir für ein paar Sekunden nichts mehr durch die Windschutzscheibe sehen können. Als wir wieder einmal feststecken, kommen zwei Lkws an, die nach uns mit der Fähre übergesetzt haben. Da die Piste so schmal ist, müssen die Lkws warten, bis wir aus dem Schlammloch heraus sind, was den Afrikanern allerdings wenig ausmacht. Als wir weiterfahren, verlieren wir die Brummis bald aus den Augen. Aber es ist ein gutes Gefühl, die Laster hinter sich zu haben, beim nächsten Notfall könnten sie uns helfen.

Wieder eine heftige Brücke: sie ist sowohl für Autos als auch für Züge gedacht. Von den Querbohlen, auf denen der Schienenstrang verlegt ist, sind einige eingebrochen oder fehlen ganz, so dass breite Lücken klaffen. Besonders stabil sieht das Holz auch nicht mehr aus... Die Fahrbahn für Autos wird durch lose daliegende Bretter gebildet, von denen einige fehlen. Wir machen uns daran, die Bretter zusammenzusuchen und gemäß der Spurbreite des Busses auszulegen.

Josef weist Hermi die Fahrtrichtung an, und als er den Rand der Bretter berührt, schnalzt natürlich das andere Ende nach oben... aber beim Weiterfahren gibt sich das wieder. Teilweise rutschen die feuchten Holzstücke auseinander, so dass die Räder in Zwischenräumen der Bohlen eingeklemmt sind, doch dank der Power unseres Vehikels erreichen wir wieder die Bretterspur.

Und immer weiter: Wasserlöcher, matschige, glatte Piste – hört denn das nie auf?! Zwischendurch regnet es mal, was zu schlimmsten Befürchtungen Anlass gibt. Hermi ist zu bewundern, wie er in den sich aneinander reihenden brenzligen Situationen die Nerven behält und weiterfährt. Mir schwirrt nur ein Gedanke durch den Kopf: hoffentlich geht alles gut! Vor lauter Sorge haben wir kaum einen Blick für die Umgebung, einen still dahinfließenden Fluss, der von dichtem, leuchtend grünem Wald gesäumt wird.

Auch wenn der Urwald menschenleer erscheint, es leben doch Leute hier. Die Afrikaner kommen zu Fuß oder mit dem Fahrrad etwa so schnell voran wie wir. In jedem Dorf werden uns Lebensmittel angeboten: Papayas, Bananen, Ananas, Eier. Für 35 Pfennig kaufen wir einem Kind Unmengen von Obst ab, einmal tauschen wir eine Ananas gegen eine leere Bierflasche. Die Menschen hier sind so arm, ihre Kleidung ist meist völlig zerschlissen und für alles und jedes, das unsereiner mit sich führt, sei es nun eine leere Konservendose oder ein Marmeladenglas, finden sie Verwendung.

Bei einer Mission hören wir, es sei eine der größeren Brücken eingestürzt, die allerdings demnächst repariert werden soll. „Demnächst" – oh je, wir können uns vorstellen, was das heißt... Bald sind wir an der kaputten Brücke angekommen. In etwa 20 m Höhe über dem Wasser liegen da fünf Baumstämme, von denen der äußerste so morsch ist, dass er bedrohlich wackelt, als Hermi darüber läuft. Der Stamm daneben ist in der Hälfte abgebrochen, dann kommt erst mal gar nichts als Blick auf den Fluss, die restlichen drei Stämme sehen auch nicht vertrauenerweckend aus.

Hier ist vor ein paar Tagen ein Laster in den Fluss gestürzt, dies ist der Anlass, die schon seit längerer Zeit als unsicher geltende Brücke endlich zu reparieren. Das soll angeblich morgen geschehen, nach unseren bisherigen Erfahrungen mit afrikanischer Planung und Pünktlichkeit haben wir zwar Zweifel, aber angesichts der morschen Baumstämme wollen wir das Überqueren nicht riskieren. Außerdem tut uns ein Tag Ruhe bestimmt gut, und unser leidgeprüfter Bus kann wieder flott gemacht werden. Wir fragen Einheimische, ob sie die Berliner gesehen haben – die haben es tatsächlich gewagt, über die marode Brücke zu fahren! Ziemlich schnell wird es finster, wir genießen nach den Strapazen des heutigen Tages unser Abendessen, das wir draußen in Gesellschaft von Tausenden von Faltern und Libellen einnehmen.

Am nächsten Morgen haben wir genügend Zeit zum Frühstücken, zur Feier des Tages werden die letzten Eier in die Pfanne gehauen. Daneben steht die Kaffeekanne, bei dem Duft kann ich es kaum erwarten, dass die edle Flüssigkeit endlich durchgelaufen ist, schüttle ungeduldig den Filter – und kippe den halben Kaffeesatz über die guten Spiegeleier... jetzt sehen sie aus wie gepfeffert, leider schmecken sie nicht so...

Bald rückt tatsächlich das Reparaturkommando an: zwei Raupen, mehrere Lkws und ungefähr 40 Leute, die die Bauarbeiten mit lauten Diskussionen begleiten. Von der anderen Seite des Flusses klingen Axtschläge herüber. Hermi und Josef nutzen die Wartezeit, um kleinere Schäden am Bus zu beheben, die Bremsen nachzustellen. Christine und ich sind damit beschäftigt, wie die Luchse auf Werkzeug und sonstige draußen befindliche Utensilien aufzupassen. Zu Hermis großem Ärger stellen wir fest, dass unser großer Wagenheber verschwunden ist, wahrscheinlich haben wir ihn mal bei Dunkelheit in einem Schlammloch liegengelassen.

An der Brücke ist man richtig aktiv, der morsche Baumstamm wird weggerissen, frisch gefällte Bäume werden herangeschleppt und von einem Ufer zum anderen gelegt, die Enden mit Erde bedeckt. Am Nachmittag heißt es „Fini!"! Wir sind nun die Versuchskarnickel für die neue Konstruktion, mal sehen, ob sie hält... unter den neugierigen Blicken der versammelten Afrikaner fahren wir vorsichtig über die Brücke – sie hält und die Afrikaner spenden Beifall (für unseren Mut oder für die eigene Arbeit?).

Nun ist der Weg frei nach Buta, abgesehen von ein paar Unebenheiten der Piste und Brücken, die wohl auch bald das Zeitliche segnen werden, kommen wir mit der unglaublichen Geschwindigkeit von 40 bis 50 km/h voran.

Afrikaner, die hier unterwegs sind, springen bei unserem Anblick meist panisch in den Busch. Bei fast jedem Dorf rennen Hühner oder Hunde über die Straße, Hermi muss oft bremsen, um nicht ein so dummes Vieh zu erwischen. Bei Einbruch der Dunkelheit erreichen wir Buta, bei einer Mission können wir übernachten. Die Stimmung ist gelöst heute Abend, wir plaudern lange, rufen uns die Erlebnisse der vergangenen Tage noch einmal ins Gedächtnis. Später wird's kühl (28 Grad), das erste Mal seit Tagen schlafe ich wieder auf dem Dach, zwar unter bedrohlichen Regenwolken, aber immerhin angenehmer als im stickigen Bus.

Morgens wird uns frisches Weißbrot von einem jungen Afrikaner gebracht. Bei der Missionarin können wir Geld tauschen und begeben uns ins „Zentrum", um Lebensmittel zu erstehen. Buta bietet einen trostlosen Anblick: Häuser europäischen Stils, die von früherem Wohlstand des Ortes zeugen, jetzt aber sehr heruntergekommen sind. Der von einem Portugiesen geführte Laden hat nur Stoffe, Seife etc., aber keine frischen Waren, und außer teurem portugiesischem Wein auch keine Getränke. Es gibt hier weder eine Bar noch ein Restaurant noch einen Markt. Der Portugiese bietet an, uns aus seinem persönlichen Vorrat an Bier ein paar Flaschen zu verkaufen. Aus der Tiefkühltruhe holt er drei gefrorene Biere, die schnell auftauen und sofort getrunken werden müssen, denn die Flaschen sind wertvoll und dürfen nicht mitgenommen werden.

So kehren wir unverrichteter Dinge zur Mission zurück, die einzige Ausbeute ist das in eine Feldflasche umgefüllte Bier für die wartende Christine. Sie hat inzwischen mit dem Waschen der von den letzten Tagen recht mitgenommenen Klamotten angefangen. Auch der Bus wird einer gründlichen Reinigung unterzogen, doch der rote Lehm, den wir mit unseren Gummistiefeln auf den Teppich gebracht haben, ist hartnäckig. Gegen Abend unterziehen auch wir uns einem gründlichen Waschgang aus dem Wasserkanister, sitzen dann in den Gartenstühlen und freuen uns über den knallblauen Himmel (der uns hoffentlich noch einige Tage erhalten bleibt).

Auf dem Weg nach Kisangani ist die Piste immer noch ein schmaler Waldweg mit Löchern, die man schlecht erkennen kann, wir rumpeln oft unversehens hinein. Je näher wir der Stadt kommen, umso mehr Leute sind am Pistenrand unterwegs. Kisangani, das frühere Stanleyville, ist die wichtigste Stadt im Norden Zaires – auch wenn sie nicht so aussieht. Leere Straßen, baufällige Häuser, die Stadt wirkt wie ausgestorben. Beim Hotel Olympia treffen wir die Berliner, Dietmar erklärt, warum sie vorausgefahren sind: Diethelm hat sich nämlich in Bangui in eine Engländerin verliebt, mit der er sich in Kisangani verabredet hatte, deshalb wollte er nicht auf uns warten. Als Dietmar vom Überqueren der morschen Brücke erzählt, sieht man ihm jetzt noch den Angstschweiß, der auf seiner Stirn gestanden haben muss, an, der Ärmste! Da hat er sich mit Müh' und Not zwei Monate Urlaub genommen, und dann gerät er in diesen kostbaren Wochen an einen Reisegefährten, der ihm fast nur Stress bringt.

Nachdem wir unsere 170[13] Zaire für die Übernachtung berappt haben, stellen wir uns im Hof des Hotels unter Bäumen und Palmen zu zwei deutschen Fahrzeugen und dem Hanomag der Berliner. Vom Kochen in der Bus-Sauna völlig schweißüberströmt, eile ich unter die Dusche, die ziemlich versifft ist, sowas hab' ich in meinem Leben noch nicht gesehen, und wir sind in Afrika ja in puncto Sauberkeit nicht gerade verwöhnt worden. Zum Glück ist die Beleuchtung schwach, so dass man nicht in die Ecken und Winkel sehen kann und einem so der Anblick von allerlei ekelhaftem Getier erspart bleibt. Hauptsache, die Dusche funktioniert, mit Badeschuhen, geschlossenen Augen und zugehaltener Nase lässt es sich hier zumindest fünf Minuten aushalten und den lauwarmen Wasserstrahl genießen, der den Schmutz und Schweiß der vergangenen Tage abspült.

Bei einem Bier in der Bar des Hotels lernen wir weitere Traveller kennen: Inge und Armin aus Tübingen, die bereits seit über einem Jahr per Anhalter unterwegs sind, auch Dietmar gesellt sich zu uns. Nach so vielen Tagen, die

---

[13] 1 DM = 15 Zaire

wir unter uns gewesen sind, tut es richtig gut, wieder Leute zu treffen und von deren Erlebnissen zu hören.

Am nächsten Tag entdeckt Hermi beim Säubern des Luftfilters, dass ein Schlauch abgerissen ist, d. h. der Motor hat statt Luft Staub angesaugt und das wahrscheinlich nicht wenig bei der staubigen Piste, die wir gestern längere Zeit gefahren sind. Uns Laien erklärt Hermi, dass der Motor durch den eingedrungenen Staub evtl. in nächster Zeit kaputtgehen bzw. Unmengen von Öl brauchen wird. Falls sich diese Befürchtung bewahrheitet, kommen wir mit dem Bus wohl gerade noch bis Kenia und müssen dort sehen, ob wir ihn verkaufen können. Das wäre natürlich fatal, denn ab Ostafrika wird ja erst der schönste Teil der Reise beginnen – und wie sollen wir weiter nach Kapstadt kommen? Hermi ist völlig fertig mit den Nerven, uns allen sitzt der Schreck in den Gliedern, unsere ganze Hoffnung konzentriert sich darauf, dass das Malheur erst abends passiert ist und der Motor nicht sehr viel Staub abbekommen hat. Doch das wird sich erst im Verlauf der weiteren Reise herausstellen...

Auch das in Bangassou geschweißte Teil des Filters ist wieder abgerissen, Hermi und ich machen uns auf die Suche nach einer Werkstatt. Ein Afrikaner führt uns zu einem kleinen Bau, wo an einem Tisch ein krummer Schraubstock angebracht ist. Mit umständlichen Erklärungen und großem Zeitaufwand wurschteln fünf Leute am Luftfilter herum, Hermi möchte ihnen am liebsten das Werkzeug aus den Händen reißen und das Ganze selber machen. Nach einer Stunde ist es schließlich geschafft, man präsentiert uns die Rechnung in Höhe von 400 Zaire – das ist ungünstig, denn wir haben nur noch 128 Zaire. Wieder muss verhandelt werden, doch schließlich heißt es „Ca va", mit den 128 Zaire ist die Sache erledigt. Wahrscheinlich hat man uns auch bei diesem Preis noch übers Ohr gehauen... Hermi ist fast den ganzen Nachmittag damit beschäftigt, den Filter einzubauen, seine Sorgen sieht man der in Falten gelegten Stirn genau an.

Wir verabschieden uns von den anderen Travellern und fahren, begleitet von einem Afrikaner, der uns Sprit verschaffen will, in die Stadt. Doch als wir hören, dass der Liter Diesel fast 4 DM kosten soll, lassen wir das Ganze sein, falls nichts schiefgeht, müssten wir mit unseren Vorräten bis Uganda kommen. Wir fragen noch bei einigen Tankstellen nach, doch Diesel bekommt man hier nur auf dem Schwarzmarkt.

Auf den ersten Kilometern in Zaire

Die „Hauptstraße"

Typische Brücken

Hoffentlich kippt der Bus nicht…

Kaputte Brücke

Zur Erholung auf ein kaltes Bier in die Bar!

Außerhalb von Kisangani finden wir vor: ordentliche, schlaglochfreie Teerstraße, allerdings nur 25 km lang, dann beginnt wieder die Piste, die vom Regen der vergangenen Nacht noch glatt ist, bei Wellblechpassagen rutschen wir ziemlich hin und her. Oft rumpeln wir in nicht rechtzeitig erkennbare Löcher, aber gegen die Strecke im Norden ist das harmlos. Der Wald ist nicht mehr so dicht wie auf der bisherigen Strecke, Bambuswald wird von einzelnen hohen Bäumen mit dichtem Gebüsch zwischendurch abgelöst. Die Gegend wird immer hügeliger, die Piste zieht sich vor uns hin wie eine Achterbahn. Vor einer Brücke werden wir angehalten, auf der anderen Seite stehen voll beladene Lkws, deren Fahrer auf der Brücke herumlaufen und die beschädigten Bohlen begutachten. Beim Darüberfahren wackeln und krachen sie bedenklich, sogar das Eisengeländer schwankt.

Mittags erreichen wir ein größeres Dorf und sehen vor einer Bar (wo sonst?) den Hanomag der Berliner stehen. Da halt' mer doch gleich und genehmigen uns auch ein kühles Getränk. Ein Dorf mag noch so ärmlich sein und am Ende der Welt liegen: einen Kühlschrank mit Bier und Coca Cola gibt es (außer in Nord-Zaire) überall... Eine so urige Kneipe wie hier haben wir jedoch selten gesehen: die Wände des Innenhofes sind toll bemalt. Hier spielt eine Affen-Band mit elektrischen Gitarren, tanzt ein Elefant mit einer Schildkröte, ein Affe mit einem Zebra.

Auf einem weiteren Gemälde ist ein Baum zu sehen, der soeben angesägt wird. Der Baum steht an einem Fluss, in dem ein Krokodil wartet, an Land unter dem Baum sitzt ein Löwe, im Baum selbst ringelt sich eine Schlange um den Ast und am Stamm hängt ein Typ, der nicht weiß, wohin er nun soll... Das Ganze in bunten Farben und mit Liebe zum Detail gemalt, ein richtiges Kunstwerk.

Im weiteren Verlauf ist die Piste ganz gut, breit und relativ schnell befahrbar, bis am Nachmittag kräftige Regenschauer einsetzen. Etwa 40 km vor Epulu, dem heutigen Ziel der Etappe, kommt die Erinnerung an die ersten drei Tage in Zaire auf, doch die Wasserlöcher erweisen sich als einigermaßen harmlos. Immer öfter sehen wir nun am Straßenrand Pygmäen, die allerdings sehr scheu sind und bei unserem Herannahen blitzschnell im Gebüsch verschwinden. Gleichzeitig mit den Berlinern kommen wir an der Epulu Fangstation an, die an einem breiten, von kleinen Wasserfällen durchsetzten Fluss liegt. Abends wird es ziemlich kühl und feucht, vom Fluss her dringt monotones

Rauschen des über die Felsen schießenden Wassers, begleitet vom Zirpen und Singen der Vögel in den Bäumen.

Wir besuchen die berühmten Tiere der Fangstation, die Okapis, angeblich die letzten frei lebenden Exemplare ihrer Art. Ein Waldweg führt zum Gehege, wo die beiden Tiere mit Fressen beschäftigt sind. Seltsam sehen sie aus, wie eine Mischung aus Giraffe und Zebra, mit kurzem Hals, das Hinterteil ist gestreift, dazu haben sie Micky-Maus-Ohren.

Auf der Strecke nach Mambasa ist die Piste wieder von tiefen Rinnen durchsetzt. Hermi versucht, auf den höher gelegenen Erdhaufen zu fahren, rutscht aber ab – wir sitzen fest! Also wieder rein in die Gummistiefel, anschieben. Zentimeterweise geht's voran, schließlich sind wir draußen und Hermi meint: „Schö hat sich der Bus rausgwühlt!" Christine und ich werfen uns vielsagende Blicke zu und denken an den Satz aus dem Geburtstagsgedicht, der immer noch Gültigkeit hat: „Hermi lobt die Power seines Mercedes über alles, außerdem hat er ja uns – im Falle eines Falles!".

Zum Glück geht's dann problemlos weiter, zwar tauchen noch ab und zu Wasserlöcher auf, die uns an die ersten Schreckenstage von Zaire erinnern, aber nicht so überdimensional sind. In Mambasa verschaffen wir uns durch den Verkauf von T-Shirts etwas Geld, anschließend fahren wir durch Wald, der aber teilweise schon durch Savanne abgelöst wird. Einmal sehen wir vor uns zwei Affen, die die Straße überqueren, es sind ziemlich große Tiere, wie Hermi feststellt: „Ä Aff, fast so groß wie ich!".

Ca. 60 km nach Mambasa erreichen wir das Dorf Lolwa, wo sich eine amerikanische Mission als Übernachtungsplatz anbietet. Wieder einmal stellen wir fest, dass die Missionare sich doch immer die schönsten Plätze aussuchen: kleine Häuser, gepflegter Rasen und Bäume, wunderbarer Ausblick. Die Amerikanerin erzählt, dass sie oft Trucks hier haben und gerade dabei sind, einen neuen Campingplatz anzulegen. Als ich später auf dem Dach liege, ist es wunderschön, in den hell leuchtenden Mond zu gucken.

In Komanda geht es auf die Piste nach Süden, inzwischen haben wir den Tropenwald verlassen, es tut gut, wieder mal richtig weit über die in verschiedenen Grüns leuchtenden Hügel schauen zu können. Wir fahren auf Berge zu, deren Gipfel von Wolkengebilden verborgen sind. Was sich da so majestätisch erhebt, ist das Ruwenzori-Gebirge, dessen Anblick bei den Jungs sofort Bergsteiger-Ambitionen hervorruft.

Die Suche nach einem Übernachtungsplatz ist langwierig, denn auf geschlagenen 35 km fahren wir ununterbrochen durch bewohntes Gebiet. Bei einem Bäcker erstehen wir im Tausch gegen zwei Hemden „Ostereierbrot": große Fladen, deren Oberseite wie nebeneinander stehende Eier aussieht – sehr passend für den morgigen Ostersonntag! Bei Beni entdecken wir einen einladenden Campingplatz: unter einem Baum, dessen Äste voller Webervogelnester hängen. Eine Menge knallgelb gefiederter Vögel fliegt hin und her und zwitschert laut vor sich hin.

Die letzten 70 km durch Zaire – ein gutes Gefühl! Die Piste führt durch den Virunga Nationalpark, Schilder machen darauf aufmerksam, dass Elefanten „Vorfahrt" haben. Von Elefanten ist im hohen Gras nichts zu sehen, aber es gibt bunte Vögel, Eidechsen krabbeln am Straßenrand, einmal steht vor uns ein Rudel Gazellen auf der Piste. Die Tiere äugen neugierig-ängstlich zu uns her, bleiben unentschlossen stehen, gehen wieder ein Stück weiter. Schließlich, nachdem die Tiere uns noch ein paarmal ihre entzückenden Hinterteile gezeigt haben und vor dem Bus hergelaufen sind, verschwinden sie im Busch. An der Zaire-Grenze, bei der Abgabe der Devisenerklärung, wird's uns etwas mulmig, wir haben ja offiziell keinen Pfennig Geld getauscht, nur schwarz bzw. über Kleiderverkauf. Doch der Beamte nimmt es hin, wir bekommen unsere Stempel. Abschließend wird der Bus begutachtet, die Afrikaner sind wieder einmal sehr beeindruckt von unserer Einrichtung, „C'est magnifique!" murmelt einer atemlos. Ein Gendarmerieposten noch, dem wir einen Kuli zustecken – damit ist das Abenteuer Zaire beendet, dem Himmel sei Dank, dass es gut gegangen ist!

Uganda / Ruanda

Nach einiger Wartezeit vor dem Schlagbaum erfahren wir, dass der Immigration Officer über die Osterfeiertage nachhause gefahren ist und erst morgen oder übermorgen oder auch erst in einer Woche wiederkommt... Wir müssen daher an der Grenze übernachten und schlagen unser Lager am Fuße eines grasbewachsenen Hügels auf.

Am nächsten Tag schauen wir immer mal zum Office und erhalten jedes Mal die gleiche Antwort: „Officer? Maybe he comes!" So vergeht der Tag bis endlich am Nachmittag der Beamte kommt und die üblichen Formalitäten erledigt werden.

Wir wollen heute noch zum Lake Idi Amin und düsen eine komfortable Asphaltstraße (wie ungewohnt!) entlang, auch der Linksverkehr ist etwas gewöhnungsbedürftig. Die Leute am Straßenrand sind recht schreckhaft, flüchten vor uns oder antworten nicht, wenn wir nach dem Weg fragen. Auf dem Weg nach Katwe hält uns ein Afrikaner an und bittet darum, mitgenommen zu werden: „My luggage is there!". Die „luggage" besteht aus: Frau, drei Kindern, zwei Taschen und einem Riesenbündel Bananen. Na ja, nur herein damit!

In der Umgebung grasen Kühe mit riesigen spitzen Hörnern, in der Ferne sieht man schon die glitzernde Fläche des Sees, von grünen Wiesen umgeben, dahinter die Berge mit düsteren Wolken darüber. Bald setzen wir unsere Fahrgäste ab und fahren weiter nach Katwe. Im Ort gibt es kaum noch die traditionellen Lehmhütten mit Strohdach, sondern Steinhäuser und Wellblechhütten. Wir passieren einen Kratersee, der ebenfalls von Wiesen eingerahmt ist, im See befinden sich abgesteckte Rechtecke, die, wie wir später erfahren, der Salzgewinnung dienen. Die Einheimischen schleppen das Salz in 50-kg-Säcken auf dem Kopf die steilen Hügel hinauf auf den Markt.

In Katwe steuern wir als erstes die Tankstelle an und Christine checkt den illegalen Geldtausch. Zunächst will der Mann nur 800 Shilling für einen Dollar geben, wir wissen aber, dass der Kurs derzeit 1.000 Sh. beträgt... die wir schließlich auch bekommen und als erstes mit dem erstandenen Geld unsere Tanks auffüllen.

Auf der Suche nach einer Bar landen wir in den hintersten Gassen des Ortes und hören plötzlich Musik aus einer Kneipe schallen. Auf der Veranda des Hauses hängt ein Transparent: Ruwenzori-Disco! Sie besteht aus einem riesigen, fast leeren Raum mit ohrenbetäubend lauter Musik, als wir hören, dass (warmes) Bier 5 DM kosten soll, lehnen wir dankend ab – da halten wir uns lieber an Pfefferminztee.

Als Übernachtungsplatz steuern wir ein Camp mit schmucken Häusern, Vorgärten, sauberen Straßen und heller Straßenbeleuchtung an. Es ist von einem Zaun umgeben und von Afrikanern bewacht. Wir fragen den Wachtposten, ob wir hier übernachten könnten, denn man hat uns abgeraten, in Uganda einfach so in der Pampa zu stehen. Der Wachtposten verschwindet, um einen Europäer zu holen und siehe da, wer kommt: einer der Deutschen, die wir nachmittags schon getroffen hatten. Er kann allerdings nicht entscheiden, ob wir hier bleiben dürfen, denn das Grundstück gehört einem Ugander, dem Direktor der hiesigen Salzfabrik, er muss erst um Erlaubnis gefragt werden.

Da der Direktor aber nicht da ist, meinen die Landsleute, wir könnten uns auf jeden Fall auf das Fabrikgelände stellen, da sei das Auto bewacht und keiner würde uns stören. Von den drei Deutschen werden wir zu einem Bier eingeladen. Sie kennen natürlich die einzige Kneipe am Platze, die kaltes Bier zu einem annehmbaren Preis hat. Sieben Bier werden auf den Tisch gestellt und erst mal auf unsere glückliche Ankunft in Uganda angestoßen. Die drei sind Berater in der hiesigen Salzfabrik, und versuchen, den afrikanischen Arbeitern Disziplin beizubringen. Sie raten uns, im Umgang mit den Ugandern sehr höflich und zurückhaltend zu sein. Auch sollen bestimmte Ausdrücke vermieden werden, z. B. nicht die Worte „Schwarze" oder „Weiße" verwenden, da dies des Öfteren verstanden wird, sondern stattdessen „Dunkelgrüne" und „Hellgrüne". Für alles und jedes müsse man um Erlaubnis bitten, dies gilt besonders für die Salzfabrik, der Direktor legt großen Wert darauf, dass man auf ihn hört... aber behandelt man ihn richtig, soll er recht großzügig sein.

Wir lassen uns ein bisschen von den Verhältnissen hier erzählen, die sich seit dem Sturz Amins noch nicht sehr stabilisiert haben. Überall sind Polizeikontrollen zu erwarten, die Beamten greifen angeblich schnell zur Waffe... das sind ja nette Aussichten! Mitten in der Erzählung taucht ein salopp gekleideter Afrikaner mit Brille in der Kneipe auf, schnell springen die drei Kollegen auf und begrüßen ihn herzlich. Wir ahnen Böses – tatsächlich, das ist der Direktor, der sich fürchterlich darüber aufregt, dass wir unseren Bus vor seiner Fabrik abgestellt haben. Der Mann hält uns eine Standpauke: wieso wir so etwas tun, ohne zu fragen, in unserem Auto könnte ja eine Bombe sein, die die Fabrik in die Luft sprengt, und morgen sind wir dann weg, und die Europäer fliegen morgen auch nachhause, und er steht dann da mit der kaputten Fabrik... so geht das eine Weile. Der Deutsche versucht, ihn zu beruhigen, entschuldigt sich tausendmal, das gefällt dem Ugander, auf einmal ist er wie ausgewechselt, schüttelt uns die Hände, ist superfreundlich, und als wir zusammen noch ein Bier trinken, entschuldigt ER sich, dass er so geschimpft hat. Schließlich bietet er uns sogar an, in einem Haus im Camp zu übernachten. Da sagen wir nicht nein!

Morgens gönnen wir uns eine wohltuende Dusche, man kann sich kaum vom warmen Wasserstrahl trennen. Im Dorf gehen wir einkaufen, endlich wieder frische Lebensmittel, Tomaten, Fisch, Brot! Auf der Straße staksen haufenweise Marabus herum, große, seltsam aussehende Vögel mit roten Flügeln und behaartem Hals, mit dem langen Schnabel picken sie am Straßenrand Abfälle auf.

Am See sehen wir Flusspferde, sie brummen, schnaufen, tauchen ab und zu ein Stück aus dem Wasser auf. Bei Sonnenschein düsen wir weiter durch Nationalparkgebiet, sehen Gazellen. Wieder kommen wir an einem runden Kratersee vorbei, die Landschaft ist wunderschön, man kann ewig weit über die Savanne schauen, in der Ferne sind Gebirgsketten erkennbar. Später gibt es weite Teeplantagen und große Flächen mit Bananenstauden. Ein paar Polizeikontrollen bringen wir locker hinter uns, nach ein bisschen Palavern werden wir weitergewunken. Zwischendurch regnet es mal in Strömen, aber das macht uns bei Asphaltstraße ja nichts aus!

In Bushenyi biegen wir auf die Piste nach Kabale ab, die sich in Windungen den Berg entlang zieht, im Tal fließt ein kleiner Fluss, der fast ganz mit Papyrus zugewachsen ist, eingefasst von grünen Hügelketten. Als wir nachmittags auf einem freien Platz neben der Piste kampieren, stehen mindestens 30 Afrikaner um den Bus rum. Bis ans Fenster kommen die Zuschauer heran, als Hermi seine Filmkamera in die Hand nimmt, flüchten sie – aber nur ein paar Meter weiter. Während des Essens plagen uns die Moskitos gehörig, trotz langer Kleidung kriege ich innerhalb einer Stunde etwa 20 Stiche ab, durch die Hose durch. Nicht mal pinkeln kann man in Ruhe, auch dabei gehen die Stechmücken auf einen los.

Da im Bus massenhaft Moskitos sind, verziehe ich mich zum Schlafen lieber unters Moskitonetz auf dem Dach. Doch die Ruhe wird in der Nacht jäh durch Regentropfen gestört – Mist! Weder Josef noch ich haben Lust, runterzugehen, Josef holt die Plane aus der Kiste, die wir mit vereinten Kräften (und inzwischen pitschnass) übers Moskitonetz spannen. Die Plane hängt bald durch... eigentlich sind wir ja doof, könnten schon lange im Trockenen sein, liegen aber immer noch in den nassen Schlafsäcken und kichern bei der Vorstellung, dass irgendwann wahrscheinlich 10 Liter Wasser auf uns herunterstürzen.

In Kabale gehen wir zur Bank, damit wir zumindest einen kleinen Betrag offiziell getauschten Geldes nachweisen können. Bei der Bank heißt es warten, erst ist der zuständige Sachbearbeiter nicht da, dann muss auf das Geldauto gewartet werden und schließlich dauert's, bis Josef alle sieben Unterschriften geleistet hat, das Ganze noch fünfmal kontrolliert wurde.

Da morgen Feiertag ist, ändern wir die geplante Route und beschließen, schon heute nach Ruanda zu fahren, sonst sind die Beamten möglicherweise im Urlaub und wir müssen wieder einen Tag an der Grenze verbringen. An der Grenzstation Katuna sind die Formalitäten (ausnahmsweise) schnell erledigt, auch auf der ruandischen Seite geht es flott.

In Kigali sehen wir nach langer Zeit wieder einmal eine Ampel. Auf dem Weg zur Centre Ville erklimmen wir steile Straßen, als wir einen Europäer nach einem Campingplatz fragen, meint er, sowas gebe es hier nicht, aber wir könnten den Bus bei seinem Haus abstellen. Er arbeitet als Berater für ländliche Entwicklung und erzählt über die Verhältnisse hier: Ruanda ist wirtschaftlich gesehen kein großes Licht, exportiert nur etwas Tee und Kaffee. Die Anbaufläche ist zu klein, um die Selbstversorgung zu garantieren, viele Lebensmittel müssen über Kenia eingeführt werden und sind dementsprechend teuer.

Wir erfahren von ihm, dass seit neuestem in Kenia eine Straßengebühr erhoben wird, angeblich 500 DM pro Woche – wenn das stimmt, können wir den für länger geplanten Aufenthalt in Kenia vergessen. Christine rechnet unsere bisherigen Reise- und Spritkosten aus – in den ersten drei Monaten haben wir relativ billig gelebt, durchschnittlich 260 DM Lebenshaltungskosten pro Monat. Für nicht einmal 600 DM Spritkosten sind wir immerhin 11 000 km weit gekommen.

Zum Kivu-See düsen wir auf einer nagelneuen Teerstraße, in Kurven geht es steil bergauf, herrliche Ausblicke bieten sich: im Tal ein kleiner Fluss, der in der Trockenzeit sicher ein Rinnsal ist, jetzt aber breit und vom aufgewirbelten Schlamm braun gefärbt an grünen Wiesen vorbei fließt. An den Hängen der Berge breiten sich Felder mit Bananenstauden aus, dann wieder Wiesen, kleine Flächen mit Wald. Alle Grünschattierungen sind vertreten, vom Dunkel des Waldes bis zum Hellgrün der Bananenstauden.

Jede der vielen Kurven, die wir fahren, eröffnet einen neuen Ausblick auf die Vielfalt der Landschaft, und je höher wir hinaufkommen, umso weiter erstreckt sich der Blick. Über den Tälern ziehen Wolkenfetzen dahin, die die Spitzen der Hügel oft verdecken. Am Straßenrand transportieren die vielen Fußgänger auf dem Kopf alles Mögliche: große Töpfe, Holz, auf dem Markt eingekaufte Lebensmittel. Viele schützen sich und ihre Waren vor dem ab und zu einsetzenden Regen mit Regenschirmen.

Ganz in der Ferne zeigt sich ein Stückchen blassblauer Himmel – und siehe da, es befindet sich genau über dem Kivu-See! Ein paar Sonnenstrahlen wagen sich heraus und glitzern auf der weiten Wasserfläche, an den Ufern erstreckt sich Wald, schön ist es hier! Wir schlagen den Weg zum Seeufer ein, um das Hotel „Edelweiß" zu suchen, wo man lt. Reiseführer campen darf. Die Uferpromenade von Gisenyi wird von Palmen gesäumt und dahinter reiht sich Villa an Villa, mit Rundbögen, Erkern, von Gärten mit bunt blühender üppiger Vegetation umgeben. Staunend fahren wir an all der Pracht vorbei, am Ende der Straße stehen wir vor der Zaire-Grenze – da wollen wir denn doch nicht mehr hin!

Wir fragen Einheimische nach dem „Edelweiß", bekommen aber keine Antwort, stattdessen kommen Händler, die Souvenirs wie Elfenbeinschnitzerei, Holzmasken, Malachitschmuck und Schlangenhäute anbieten, angestürmt. Im Hotel erklärt man uns, dass in ganz Gisenyi Camping verboten sei. Der Präfekt der Stadt scheint ganz wild darauf zu sein, diese Unart, im Zelt oder im Auto zu schlafen, zu unterbinden. Man empfiehlt uns, zur presbyterianischen Mission, die oben am Berg liegt, zu fahren. Doch auch hier ist Camping verboten, man muss sich ein Zimmer zu 300 Franc pro Person mieten, sonst darf man bei der Mission nicht übernachten. Oh je, wenn das so läuft, können wir die erträumte Erholungswoche hier am See vergessen.

Wir überlegen eine Weile, ob wir zum Übernachten rausfahren sollen, aber da wir von dem Entwicklungshelfer in Kigali erfahren haben, dass die Polizei in Ruanda sehr korrekt und die Strafen hoch sind, geben wir den Plan auf und beschließen, die Nacht bei der Mission zu verbringen. Das drückt die Stimmung: wie haben wir uns auf Ostafrika gefreut, und nun gibt's in jedem Land ein anderes Problem, das uns den Aufenthalt verdirbt: hier in Ruanda können wir wegen des Campingverbots nicht bleiben, sich in Uganda länger aufzuhalten, ist uns wegen der politischen Lage und den vielen Kontrollen suspekt, und wenn wir jetzt schon nach Kenia fahren, kostet uns die Straßengebühr womöglich Hunderte von Mark.

So beschließen wir, uns noch einen Tag hier aufzuhalten, hoffentlich ist wenigstens schönes Wetter! Danach in Ruhengeri etwas zu bleiben, nach Kampala bzw. Entebbe und anschließend nach Kenia. Falls die Straßengebühren wirklich so hoch sind, müssen wir nach ein paar Tagen eben für einen Tag nach Uganda oder Tansania ausreisen, um noch mal eine kostenlose Woche in Kenia zu ergattern. Ist das alles kompliziert!

Am nächsten Tag fahren wir runter zum See, um ein paar Bilder von der Idylle zu machen, wenn wir schon nicht länger bleiben können. Am Strand erspähen wir zwei Leute mit Rucksäcken. Als wir uns den beiden nähern, meint Christine „Die kenn' mer doch!" – tatsächlich, es sind Armin und Inge, die wir im Hotel Olympia in Kisangani kennengelernt haben. Sie sind heute Morgen von Goma (Zaire) herübergekommen. Während wir am Strand sitzen und Neuigkeiten austauschen, kommen drei weitere Deutsche heran. Sie sind Sportlehrer (sehen auch so aus: durchtrainiert, geschniegelt, mit Lacoste-Hemden...) und halten sich drei Wochen hier auf, um einen Lehrgang zu leiten. Von ihnen erfahren wir, die seit ewigen Zeiten keine Zeitung mehr gesehen haben, was in der Welt vorgeht: die UdSSR hat einen neuen Regierungschef im jugendlichen Alter von 53 Jahren. Der Winter in Deutschland war sehr lange, Ostern war verregnet... was für ein Glück, dass wir in Afrika sind!

Inge will das „Edelweiß" fotografieren, da es ihrer Ansicht nach zu europäisch wirkt, engagiert sie mittels Zigarette einen Afrikaner, der sich davor stellen muss, damit man auf dem Foto auch sieht, dass das Ganze in Afrika steht, „des glaubt mir daheim sonst kein Mensch!".

Die beiden fahren mit uns nach Ruhengeri, wie wir sind auch sie von der Landschaft, den vielen Bergen und dem Grün begeistert: „wie bei uns im Allgäu!". Josef klärt uns auf, dass entlang der Straße Eukalyptusbäume stehen, Christine ist ganz enttäuscht, dass keine Hustenbonbons dranhängen... das wäre nämlich sehr nützlich für unseren Hermi, der schon seit Tagen mit einer Erkältung kämpft und erbärmlich hustet.

Da uns Traveller von der landschaftlichen Schönheit der Strecke Kisoro-Kabale in Uganda vorgeschwärmt haben, beschließen wir, zum 25 km entfernten Grenzort Cyanika zu fahren. Vorbei an Feldern mit Mais, Bohnen, Kartoffeln, und Bananen biegen wir zum Lac Bulera ab, der von einer zauberhaften Hügellandschaft umgeben ist.

Auf unserer Seite ist das Seeufer steinig, an den Rändern mit Schilf bewachsen. Afrikaner sitzen teils in ihren Einbäumen, die an einer Anlegestelle befestigt sind, teils auf Steinen am Ufer, einige stehen im flachen Wasser und füllen ihre Wasserkanister auf. Die Wasserfläche ist durch kleine Wellen ständig in Bewegung und glänzt dunkelblau, fast schwarz.

Nach diesem kurzen Abstecher bringen wir die letzten Kilometer zur Grenzstation hinter uns, hier geht es ruandisch-korrekt zu: ein ordnungsgemäßer, rot-weiß gestrichener Schlagbaum, saubere und ordentliche Büros. Der Polizist und der Zollbeamte, der umständlich unser Carnet abstempelt, sind sehr nett, in Uganda müssen wir uns wohl auf weniger freundliche Beamte einstellen.

Der himmelweite Unterschied zwischen Ruanda und Uganda macht sich schnell bemerkbar: die Teerstraße hört auf, steinige Piste beginnt und ein grober Holzbalken als Schlagbaum gebietet Halt. Das Zollgebäude ist verlassen, ein Mann führt uns zu einer Kneipe, wo mehrere Beamte am Tresen sitzen. Einer von ihnen begleitet uns zur Grenzstation. Er macht einen etwas seltsamen Eindruck, der sich bestätigt, als er das Carnet in die Finger bekommt: der Typ weiß überhaupt nicht, was er damit anfangen soll, blättert lustlos die Pässe durch und meint schließlich, er habe keinen Stempel da, wir müssten auf einen anderen Officer warten und in Kisoro zur Polizei – das ist uns höchst suspekt. Wir packen unsere Unterlagen wieder zusammen, kehren zum Bus zurück und überlegen, ob wir nach Ruanda zurückfahren sollen. Aber auch dort ist niemand zu sehen, es ist Mittagszeit. Wir warten zwei Stunden, dann kommen die ruandischen Beamten und fragen, was los ist. Als wir ihnen die Sache erklären, lächeln sie geringschätzig und meinen, es sei kein Problem, wieder in Ruanda einzureisen – was wir auch tun und nach Ruhengeri zurückfahren. Tja, da haben wir also heute einen richtig schönen Tagesausflug gemacht...

Am nächsten Tag geht es zurück nach Kigali und weiter zur Uganda-Grenze. Der Beamte beim Zoll ist offensichtlich betrunken, er stiert vor sich hin, kann kaum reden. Ins Carnet haut er den Stempel an die falsche Stelle. Als wir ihn darauf aufmerksam machen, fragt er drohend, ob wir wohl besser wüssten, was er zu tun habe… Wir sind froh, endlich aus dem Büro draußen zu sein, erledigen noch die letzte Formalität bei der Polizei. Puh, in diesem Land sind die Beamten wirklich unberechenbar! Im Norden soll es alle 10 km Straßenkontrollen geben, wenn die Polizisten angetrunken sind, gehen sie womöglich etwas leichtsinnig mit ihren Waffen um... bei dem Gedanken wird uns recht unbehaglich zumute. Folglich lautet der Plan: im Schnelltempo durch bis Kampala, vielleicht noch drei Tage in Entebbe am Victoriasee bleiben, Post abholen und dann nichts wie ab nach Kenia.

Auf dem Weg nach Norden kommen wir durch Mbarara, wieder geht's vorbei an Bananenstauden und riesigen Flächen mit Papyrus. Unterwegs sehen wir auf der Straße einen Strich, am Straßenrand ein Schild „Uganda Equator", zum ersten Mal passieren wir bewusst den Äquator (mit dem Schiff sind wir ja schon zweimal „drübergefahren").

Die Straße, der man bisher noch die Zerstörungen aus dem Krieg ansah (und fühlte), wird nun besser, in Christine und mir regt sich leise Hoffnung, dass wir vielleicht vor 12 Uhr in Kampala ankommen und unsere Post abholen können... Doch jetzt folgt ein Police Check dem anderen, wobei uns immer die gleichen Fragen gestellt werden: „How are you? Where do you come from? Where do you go? How is Uganda?". Die Polizisten sind entgegen unserer Erwartung sehr freundlich. Gegen 11 Uhr kündigt sich Kampala an: entlang der Straße eine Hütte nach der anderen, Bars, Läden, auf einem Hügel sehen wir schon von weitem Hochhäuser und halten uns mangels Hinweisschildern an diese Richtung. In Stadt und Umgebung sind noch die Folgen des vor sechs Jahren zu Ende gegangenen Krieges sichtbar, alles sieht verfallen aus, die Straße wimmelt von Schlaglöchern. Der Stadtverkehr ist chaotisch, Laster, Autos, Fußgänger schieben sich langsam voran.

Nach einigem Fragen finden wir die Obote Avenue und die dort befindliche deutsche Botschaft, vor der Eingangstür steht einer vom Bundesgrenzschutz mit Maschinenpistole. Hocherfreut nehmen wir einige Briefe entgegen, wie schön, nach sechs Wochen wieder einmal etwas von zuhause zu lesen!

Da der Campingplatz in Kampala verwaist ist, fahren wir nach Entebbe. Hier stehen Häuser, die früher anscheinend von wohlhabenden Menschen bewohnt wurden, jetzt aber sehr vernachlässigt aussehen. Was dem Ort ein freundliches Aussehen verleiht, sind die überall angelegten und anscheinend noch gepflegten Rasenflächen.

Wir fahren ein wenig herum, am See entlang zum Flughafen, gehen in der „Lido Disco" am Ufer ein Bier trinken und lassen uns nicht weit davon am Strand nieder. Umgeben von Grashügeln sind wir hier ungestört, obwohl die Straße zum Flughafen gleich nebenan vorbeiführt. Kaum stehen die Sitzgelegenheiten draußen, genießen wir eine Ananas – die sind so groß, die würden niemals in eine Konservendose passen!

Gegen Abend kommt ein Ungar vorbei, er meint, wir könnten ruhig hier campen, dies sei erlaubt und auch relativ sicher. So verbringen wir einen angenehmen Abend, nebenan das Rauschen der Wellen des Sees, der frische Wind hält die Moskitos ab, herrlichen Sternenhimmel haben wir.

Wir genießen es, mal nicht unterwegs zu sein, frühstücken ausgiebig, bewundern den leise plätschernden See. Nach einem relaxten Vormittag ist Bildung angesagt: Besuch des Botanischen Gartens! Es gibt viele Arten von Palmen, Urwaldbäume, an denen Lianen herabhängen, dichte Efeugewächse winden sich an den Stämmen empor, zwischen den Bäumen, im oberen Blattwerk, tummeln sich Affen mit schwarzem Fell, weißem Gesicht und einem langen buschigen Schwanz. Vielerlei Arten tropischer Sträucher und Blumen finden sich, mit Blüten in allen Farben. Auch eine Yuccapalme sehen wir, die unvermeidlichen Bananenstauden, Mangobäume, Zypressen.

Nach einer Stunde Rumlaufen sind wir einhellig der Meinung, uns ein Bier verdient zu haben, welches wir in der Stranddisco einnehmen. Den restlichen Nachmittag verbringen wir mit Erdnüsse rösten, Wasser auffüllen beim ungarischen Nachbarn, lesen, faulenzen.

Es ist richtiges Ferienwetter, blauer Himmel, Sonnenschein – ideal für ein Sonnenbad – aber da wir schon nach einer halben Stunde rot gefärbt sind, verziehen wir uns bald in den Schatten. Es ist herrlich, den Tag zu vertrödeln, die Wärme und das Rauschen der Wellen zu genießen. Schade, dass man nicht baden kann, hier soll der See von Bilharziose verseucht sein.

Ab und zu tummeln sich Einheimische in und am Wasser, sie lächeln uns freundlich zu, verkaufen Fisch, den wir uns bei untergehender Sonne schmecken lassen. Nachdem auch die Reste der gestrigen Ananas verspeist sind, sitzen wir, rundum zufrieden, da. Hermi guckt durchs Fernglas auf die wie Watte aussehenden Wolken und beobachtet Vögel, die im Sturzflug aufs Wasser sausen und sich ihre Fischmahlzeit holen.

Allerdings ist es mit seiner Ruhe vorbei, als er entdeckt, dass Josef gestern, als der Spülenabfluss verstopft war, die zum Bad führende Leitung abgeschnitten hat (er ist meiner flehentlichen Bitte „Josef, mach doch was!" gefolgt). So rieselt nun das Wasser aus der Spüle direkt neben der Beifahrertür auf den Boden und bildet einen hübschen See... Hermi schlägt die Hände über dem Kopf zusammen, aber Josef argumentiert: „Jetzt liffts wenigstens ab!".

Da es draußen schnell finster und kühl wird, verziehen wir uns in den Bus, plaudern, bis uns Klopfen an der Tür aufschreckt. Draußen stehen zwei Afrikaner, mit Taschenlampe und Funkgerät in der Hand. Sie seien von der Security und möchten unsere Papiere sehen. Angeblich hätten wir uns bei der Polizei melden sollen („for your own security"), doch wir versichern ihnen, wir fühlten uns sicher genug, und als wir von Uganda schwärmen, wie schön es hier doch sei, sind sie zufrieden und ziehen ab. Inzwischen sind Tausende von Fliegen im Bus, da geh' ich aufs Dach! Wieder mal ist sternenübersäter Himmel, von der Disco tönt Musik herüber, es ist ja Samstagabend, Michael Jacksons „Thriller" schallt in die Nacht.

Nach drei Tagen Faulenzen am Victoriasee geht es zurück nach Kampala, geraume Zeit holpern wir auf Umleitungen und Schlaglochpisten voran, oft halten wir bei Police Checks, werden aber nur locker kontrolliert oder gleich weitergewunken. In Jinja irren wir herum, es gibt keinerlei Hinweisschilder. Nach dem Weg zu fragen, ist meist nicht ergiebig, denn Hermi stoppt oft unvermittelt bei einem Passanten, reißt das Fenster auf und brüllt ihm den gesuchten Ort („Tororo???") entgegen. Die Leute gucken daraufhin verschreckt und stammeln „yes", was sich aber meist als falsch herausstellt.

Wir kommen durch ein Teeanbaugebiet, inmitten der weitläufigen Felder sieht man oft Farmen. Vor der Abzweigung nach Busia hält uns ein Polizist an, der mitgenommen werden will, also fahren wir, wie schon einige Male vorher, mit Polizeischutz weiter.

Die Uganda-Grenze kündigt sich durch Fahnenstange und Zäune an, nach kurzer Wartezeit wird unser Carnet abgestempelt, auch die Pässe erhalten wir schnell zurück, unser Aufenthalt in Uganda ist beendet.

Kenia

Hinter einem Tor sind schon die Büros der kenianischen Grenze, Lastwagen stehen kreuz und quer herum, Leute kommen und gehen. Im Immigration Office begrüßt man uns mit einem fröhlichen „Jambo!", dann beginnt die übliche Prozedur: Kärtchen ausfüllen, Fragen nach Aufenthaltsdauer und Finanzen beantworten. Im nebenan liegenden kleinen Büro des Zolls kramt ein hektischer Beamter in einer Schublade herum, knallt uns die Deklarationsformulare hin und meint, wir sollten das ausfüllen, egal wo, von ihm aus aufm Klo, aber wir sollten aus seinem Büro verschwinden... ein netter Empfang!

Als wir mit den ausgefüllten Formularen wieder vorsprechen, ist er plötzlich die Freundlichkeit selbst, doch als es darum geht, das Carnet abzustempeln, gibt es Komplikationen. Er begutachtet unseren Bus und meint, für ein so großes Fahrzeug müssten wir Straßengebühr zahlen. Wir protestieren natürlich, unter den Grenzbeamten wird eine hitzige Diskussion in Suaheli geführt, doch sie bestehen auf ihrer Gebühr.

Während Christine und Hermi mit ihnen verhandeln, begebe ich mich nach draußen und werde Zeugin eines höchst merkwürdigen Vorgangs: Ein Polizist begibt sich zur Fahnenstange, schaut auf die Uhr und gibt mit der Trillerpfeife ein Signal. Daraufhin stoppt urplötzlich das ganze Gewusel, während der Polizist die Kenia-Flagge einholt, bleiben alle Leute stocksteif stehen, es herrscht Stille. Als die Fahne unten ist, ertönt wieder ein Pfiff und alle setzen sich gleichzeitig in Bewegung, reden, lärmen, laufen weiter. Sowas habe ich noch nicht erlebt, erfahre von Hermi, dass diese Prozedur bei der Bundeswehr tagtäglich praktiziert wird.

Wir erspähen Bekannte, vier Bremer, ächzend unter ihrem Gepäck kommen sie heran. Sie konnten ihre Fahrzeuge in Kisangani verkaufen, flogen nach Ruanda, fuhren nach Uganda – und zwar mit Diethelm, der ihnen für die Mitfahrgelegenheit über 600 km ganze 120 $ abknöpfte. Dietmar hatte sich bereits vorher abgesetzt und war mit dem Zug nach Nairobi gereist.

Christine hat in zähen Verhandlungen den Stempel fürs Carnet erkämpft und um die Straßengebühr gefeilscht, eigentlich sollen wir 50 DM pro Woche Aufenthalt zahlen, dem setzen wir die Behauptung entgegen, dass die erste Woche frei sei. Als wir erzählen, wir hätten sowieso nur 30 DM Bargeld, zeigt sich der Beamte zufrieden und wir merken erst jetzt, dass er nur ein kleines privates Geschäft machen will... Immerhin stellt er uns eine Quittung für „bezahlte Straßengebühr" aus. Bevor wir losfahren können, inspiziert ein Beamter den Bus, offensichtlich sucht er nach verstecktem Geld, schaut sogar in den Kissenbezügen – erfolglos natürlich, denn auf die Idee, unser Chemieklo auseinander zu schrauben, kommt er natürlich nicht – ein todsicheres Versteck! Als die Aktion beendet ist, können wir endlich weiter: hurra, wir sind in Kenia!

Die Freude ist besonders groß, da wir von den Bremern erfahren haben, dass Zaire seine Grenzen geschlossen hat, es werden keine Visa mehr erteilt, da im Juni Wahlen sind. Die ganzen Leute, die über den Sudan oder Tschad gekommen sind und schon zu unserer Zeit in Bangui am Campingplatz waren, sitzen immer noch dort fest – gut, dass wir so hartnäckig waren und das Visum schon in Kamerun geholt haben. Zwei Monate Warten in Bangui, da kann ich mir was Schöneres vorstellen, z. B. jetzt in Kenia zu sein und damit den strapaziösesten Teil der Reise hinter sich zu haben – was sind wir doch für Glückspilze!

Geplant ist zunächst der Besuch des Nakuru-Sees, anschließend machen wir uns ein paar schöne Tage in Nairobi, dann kommen unsere Freunde Moni und Kurt aus München eingeflogen.

Bei der Fahrt bewundern wir die wunderschöne Landschaft: über die Ebene verstreut liegen Dörfer mit Rundhütten, meist von blühenden Hecken eingerahmt. Dazwischen Felder mit Mais und Sisal, überall sind Afrikaner emsig mit hacken und jäten beschäftigt. In der Ferne liegen Hügelketten, die hinter dem Wolkenschleier nur schemenhaft erkennbar sind, bis dorthin breiten sich grüne Wiesen aus, alles wirkt sehr gepflegt, kein Abfall liegt rum.

Kurz vor Kisumu überqueren wir (mal wieder) den Äquator, im Ort wird Hermi zum Geldtauschen losgeschickt. Endlich in Besitz der einheimischen Währung, machen wir uns auf die Suche nach einer Hupe, klappern mehrere Geschäfte ab, die meist von Indern betrieben werden. Sie scheinen nicht schlecht damit zu verdienen, wie die goldene, mit Diamanten besetzte Uhr eines dieser Ladeninhaber zeigt.

Auf einem Schrottplatz gibt es endlich Hupen, Hermi und Josef streiten sich eine halbe Stunde lang darum, ob wir eine 24-Volt- oder eine 12-Volt-Hupe brauchen. Schließlich werden beide Typen ausprobiert, und Josef behält mit seiner Behauptung „Mir ham ä 24-Vold Anlage, aber 12 Vold nimmt's bloß ab!" recht: Endlich haben wir das Teil, das beim Fahren in Afrika genauso wichtig wie die Bremse ist!

Die Installation der neuen Hupe ist nicht so einfach: entweder geht sie gar nicht, oder sie hupt, ohne dass man auf den Schalter gedrückt hat, manchmal ertönt ununterbrochenes Hupen... Hermi flucht, tüftelt, schließlich wird mit einem Alu-Teil eine Art Isolierung gebaut, daraufhin ist die Hupe endlich funktionsfähig. Zwar erinnert der Ton stark an das klapprige Auto der „Waltons", aber Hauptsache, sie gibt überhaupt Geräusche von sich.

In der Stadt erstehen wir eine Tafel Schokolade, die in Nullkommanix weggefuttert wird... trotz ihres hohen Alters ist sie nach wochenlanger Abstinenz ein Genuss! Im Supermarkt bewundern wir die vielen Köstlichkeiten, alles was uns schon knapp geworden ist, gibt es hier zu annehmbaren Preisen. Also kaufen wir ein, vom Keks über Mückenspray bis hin zu Briefpapier und Teppichbürste. Es macht Spaß, durch die Stadt zu schlendern, es gibt Eiscafés, Buch- und Klamottenläden, ganz verdutzt betrachten wir einen auf dem Gehsteig aufgestellten Abfalleimer. Meines Wissens ist dies das erste Mal, dass wir so etwas in Afrika sehen.

Auf dem Weg nach Nakuru entdecken wir einen Markt – uns gehen die Augen über angesichts des reichhaltigen Angebots an Obst und Gemüse. Nach Wochen mit Marmeladebroten und Dosenessen freuen wir uns auf frische Lebensmittel. Im Supermarkt gibt es (bezahlbare) Butter, Frühstücksspeck: da kriegt man jetzt schon Appetit aufs Abendessen und das morgige Frühstück!

Am Nachmittag nähern wir uns einer bedrohlich aussehenden Wolkenwand, es fängt an zu gießen, sogar durch die Dachluken tropft Wasser herein, so dass wir Auffanggefäße aufstellen müssen. Bei so einem Wetter lässt man sich am besten mit einem guten Tee am Wohnzimmertisch nieder und freut sich erneut, in Kenia zu sein! Wir probieren die heute erstandene Butter – ich hab' noch nie ein Butterbrot so genossen wie dieses!

Bei der Weiterfahrt Richtung Nakuru zeigt sich die Sonne, wir fahren durch tolle Landschaft, an Wiesen und Feldern mit Zuckerrohr vorbei. Auf einmal, als wir mit 60 km/h dahin brausen, tut's einen Knall – wieder mal ein Reifen hinten geplatzt, Hermi meint, die alten Teile halten die flotte Fahrgeschwindigkeit nicht mehr aus.

Vor dem Parkeingang in Nakuru sehen wir Antilopen grasen, Affen ziehen langsam über die Straße, sitzen im Gras. Kurz vor dem Tor eine Überraschung: Armin springt hinter einem Busch hervor und hüpft freudestrahlend vor dem Bus herum, auch Inge taucht auf. Die beiden warten auf eine Mitfahrgelegenheit, wir laden sie ein und die erste Safari beginnt.

Wir beobachten Antilopen, massige Tiere mit oft nur einem Horn und einem eindrucksvollen Bart, am Seeufer stehen Hunderte von Flamingos, rosarot leuchtend, in Scharen im Wasser, fischen mit ihren langen Schnäbeln. Auch Pelikane und die hässlichen Marabus stehen herum, vor uns laufen zierliche Impalas, die elegante, weite Sprünge machen, zudem Warzenschweine, die beim Herannahen des Busses schnell die Flucht ergreifen. An einem Hang entdecken wir Wasserbüffel, schwarze Kolosse mit geschwungenen Hörnern, die angriffslustig dreinschauen. Ständig gibt es neue Tiere zu bewundern. Josef kennt sich sehr gut in der Tierwelt aus, zeigt uns Perlhühner sowie vielerlei Arten von Vögeln.

In der „Lion Hill Bar" machen wir eine Bierpause, von dort bietet sich ein wunderschöner Blick auf See und Park mit den mächtigen Schirmakazien. Immer wieder kommen Touristen an, deren Aussehen uns zum Kichern bringt: sie alle sind lächerlich safarimäßig gekleidet, in Khaki von Kopf bis Fuß, wahrscheinlich auch noch die Unterwäsche... Wenn alle Zwei-Wochen-Touristen so rumlaufen, denken die Afrikaner bestimmt: die spinnen, die Europäer!

Nach einem Regenguss fahren wir weiter, immer am See entlang, werden einige Male von Autos mit Khaki-Touristen überholt, die im Eiltempo dahin rasen. Wie man dabei Tiere entdecken und beobachten kann, ist mir ein Rätsel. Im Wald turnen Paviane auf den Bäumen herum, überall gegenwärtig sind Rudel von Gazellen, eine Giraffe spaziert vor uns her.

Die Erwartung auf Nairobi (und vor allem auf die Post) treibt uns am nächsten Tag schon früh morgens aus den Betten. Die Straße führt über lange Kilometer bergauf und bergab, wir nähern uns dem Ostafrikanischen Graben (Rift Valley). In den Seen im Tal spiegeln sich die umliegenden Berge und der blaue Himmel mit seinen Schäfchenwolken.

Beim Stopp an einem View Point werden wir von Händlern bestürmt, die Holzmasken, -elefanten, -hippos und ähnliches anbieten. An einem Strauch hängen Pelzmützen aus Schafwolle, das Ideale für Touristen, die nach zweiwöchigem Urlaub in Kenia ins winterliche Deutschland zurückkehren; auch schöne weiche Schaffelle werden angeboten. Die Preise sind uns jedoch zu hoch, als wir aufbrechen, rennt uns der Händler mit dem Fell nach und verkauft es schließlich für 20 DM, Josef tauscht Souvenirs gegen eine lange Unterhose.

In guter Laune erreichen wir Nairobi, obwohl es schon 13 Uhr ist, machen wir uns auf den Weg zur Botschaft, staunen über die breiten Highways mit den blumengeschmückten Round abouts, die vielen Hochhäuser, den großen gepflegten City Park mit seinen Blumenbeeten. Schließlich kommen wir auf den Uhuru Highway, in der Nähe befindet sich die deutsche Botschaft.

Voller Spannung treten wir ein, heute geht's nicht nur um die Post allein, wir haben ja eine Anlaufadresse, Freunde meiner Patentante. Dieter Winter[14] arbeitet bei der Botschaft und lebt seit einem Dreivierteljahr mit seiner Familie hier. Wir haben den Auftrag erhalten, ihm und der Familie Grüße aus Deutschland zu bestellen – eine etwas seltsame Situation, da wir die Leute gar nicht kennen. Aber Dieter und seine Frau Heidi sollen sehr gastfreundlich sein, wir hegen die leise Hoffnung, dass wir bis zu Monis und Kurts Ankunft bei ihnen im Hof kampieren und (was noch viel angenehmer wäre!) ihre Waschmaschine benutzen können.

Zum Glück ist noch Besuchszeit, schließlich kommt ein dunkelhaariger Mann, schnieke in Anzug und Krawatte, fragt: „Wo ist der Besuch aus Deutschland?". Wir stellen uns vor, Dieter lädt uns ein, mit ihm nachhause zu fahren. Runda ist ein nobles Viertel, das von Polizei und Security bewacht wird. Vor einem weißen Haus, das von einem riesigen Garten umgeben ist, parken wir den Bus im Hof, als wir zögernd aussteigen, kommt Heidi heraus und heißt uns willkommen. Wir sind zunächst nur am Staunen über das komfortable Domizil, registrieren etwas befremdet die vergitterten Fenster und die ebenfalls vergitterte Terrasse.

Der das Haus umgebende Garten mit seinen Blumenbeeten, Bäumen, dem Gemüsegarten und dem gepflegten Rasen ist wunderschön, gleich hinter dem Zaun beginnen Kaffeefelder. Heidi serviert uns draußen Kaffee, dabei werden unsere Zugehörigkeiten geklärt, schließlich haben Winters nicht mit sechs Leuten gerechnet, sondern nur von meiner Tante gehört, dass ich irgendwann in Nairobi auftauchen würde. Weil alles so schnell ging, haben wir

---

[14] Name geändert

auch Inge und Armin mitgebracht, von denen ich allerdings erwarte, dass sie sich einen anderen Aufenthaltsort suchen. Zwar hat Heidi ihnen ein Gästezimmer angeboten, aber bald kommt ja unser Besuch, und acht Leute zu beherbergen, möchte ich Heidi nicht zumuten. Wir sind schon glücklich, dass wir einige Tage hier im Hof campen können.

Plaudernd vergeht der Nachmittag, wir sitzen in der Sonne im Garten, Josef und Hermi spielen Tischtennis, Armin und Inge suchen aus unseren Altkleidersäcken passende Klamotten für sich aus, ihnen ist in Zaire fast alles geklaut worden. Heidi erzählt, dass es ziemlich schwierig sei, nach Deutschland zu telefonieren, sie jedoch hatte das Glück, eine Direktleitung zu ergattern. Nun beginnt eine große Telefonaktion, wie schön, wieder mal eine heimatliche Stimme zu hören!

Beim Abendessen ist es ein komisches Gefühl, sich von James, dem Hausboy, bedienen zu lassen. Mittlerweile sind auch die Söhne Marco und Eric eingetroffen, mit denen wir den Abend verbringen, da Heidi und Dieter eingeladen sind. Bei spanischem Wein, Süßigkeiten, Chips und der Videoaufzeichnung vom Starkbieranstich auf dem Nockherberg lässt sich's gut aushalten.

Den hier üblichen Sicherheitsvorkehrungen stehen wir etwas verständnislos gegenüber: vergitterte Fenster und Türen, der Schlaftrakt noch mal extra abgesichert. Außerdem gibt es einen Nachtwächter, einen Wachhund und zu guter Letzt auch noch eine Alarmanlage. In dieser Gegend wird angeblich so oft eingebrochen, dass der Aufwand nötig ist. Uns, die wir meist mitten in der Prärie stehen und oft nicht einmal die Tür verriegeln, kommt diese Ängstlichkeit etwas lächerlich vor.

Anderntags wird die große Wäsche in Angriff genommen, bergeweise holen Christine und ich die Klamotten aus dem Bus, die von Heidi mit einem halb entsetzten, halb amüsierten Gesichtsausdruck entgegengenommen werden. Sie muss uns für totale Schmutzfinke halten, dass wir nach der Ankunft nicht sofort unter die Dusche gestürzt sind, nahm sie mit höchstem Erstaunen zur Kenntnis, sie meint, für sie wäre so ein Leben „ohne Zivilisation" nichts und kann nicht verstehen, dass es nach zwei Wochen ohne Dusche auf einen Tag mehr oder weniger auch nicht ankommt.

Hier, wo wir nach Monaten mal wieder mitbekommen, wie eigentlich das „normale" Leben abläuft, wird uns erst bewusst, wie sehr wir uns schon an den Lebensstil unterwegs gewöhnt haben, dass wir auf Dinge wie tägliche Dusche oder eine Toilette mit Wasserspülung verzichten können. Natürlich freuen wir uns über die Bequemlichkeit einer Waschmaschine und über die kulinarische Versorgung hier, aber man kann auch ohne Nutella leben und die Reiserlebnisse gleichen den Verzicht auf so manche „zivilisatorische Errungenschaft" bei weitem aus.

Heidi erzählt von ihren Umstellungsschwierigkeiten, sie hat oft Heimweh und vermisst die in Deutschland übliche große Auswahl an Lebensmitteln. Es gibt keine Frischwurst, keine Äpfel… Ich muss an die Einheimischen denken, die sich meist nur Maisbrei, am Feiertag vielleicht mal Kochbananen leisten können, ganz zu schweigen von der Armut, die wir in Zaire und Zentralafrika gesehen haben.

Zu einem Grillfest kommen weitere Gäste: eine Freundin von Marco sowie eine ältere Frau, deren Mann ebenfalls bei der Botschaft arbeitet. Sie ist mit den Nerven total runter, hielt es alleine in ihrem Haus nicht mehr aus, uns kommt sie etwas hysterisch vor. Sie erzählt, dass sie jeden zweiten Tag einen neuen Koch oder Nachtwächter braucht, die Leute taugen angeblich alle nichts. Sie äußert sich sehr abfällig über die Afrikaner und misstraut ihnen offensichtlich – kein Wunder, dass die Angestellten alle wieder gehen.

Ein herrlicher Duft nach Grillfleisch durchzieht das Haus, auf der Terrasse ist eingedeckt, Tomaten-, Bohnen- und Kartoffelsalat stehen bereit. Armin und Inge greifen überreichlich zu, dass es mir schon peinlich ist, sie benehmen sich, als seien sie hier zuhause.

Nach vielem Erzählen von der Reise hören wir um Mitternacht Deutsche Welle, andächtig sitzen alle da und horchen auf die Neuigkeiten aus Deutschland – wie weit das alles weg ist, eigentlich so unwichtig. Nachdem der Wetterbericht noch Schnee angekündigt hat, verziehen wir uns ins Bett, froh um die Gewissheit, dass bei uns morgen die Sonne scheinen und es warm sein wird.

Am Morgen sitzen nur wir Gäste um den Frühstückstisch, Heidi ist beim Yoga. Wir haben die anspruchsvolle Aufgabe, für die Damen der Yoga-Gruppe belegte Brötchen zuzubereiten und Kaffee zu kochen. Letzteres erweist sich als schwierig, da es für eine Weile keinen Strom gibt – aber da können wir weiterhelfen: bei uns im Bus kommt die Energie aus dem Gashahn!

Nairobi ist die sauberste und angenehmste Stadt, die wir bisher in Afrika gesehen haben, man fühlt sich fast nach Europa versetzt. Zwischen den vielen modernen Gebäuden sind überall Grünanlagen, im Zentrum reihen sich Läden, Cafés und Souvenirstände aneinander. In einem Buchladen verbringen wir geraume Zeit, begeben uns dann ins Café des Hotels Stanley, hier ist der Treffpunkt für Traveller, es sitzt sich gemütlich, um die vorbei flanierenden Fußgänger zu beobachten.

Am nächsten Tag fordere ich Armin und Inge auf, sich endlich nach einer anderen Unterkunft umzusehen, da ja bald unser Besuch ankommt. Ich bin ziemlich sauer, dass sich die beiden so ungeniert eingenistet haben und die Gastfreundschaft der Winters als Selbstverständlichkeit ansehen. Doch sie haben wohl so etwas erwartet und Heidi schon gefragt, ob sie noch einige Tage bleiben könnten, was sie ihnen auch erlaubt hat. Die beiden, vor allem Inge, die Sozialpädagogin, verstehen unter „sozial" offensichtlich, die Gutmütigkeit anderer Leute auszunutzen.

Am 1. Mai geht es zum Flughafen, in der kleinen Halle mit Reisebüros und Imbissecken warten viele Inder und Europäer. Endlich kommen Kurt und Moni, beide schwer bepackt mit Tüten und Taschen. Auf der Fahrt nach Runda gibt's für die beiden gleich ein kenianisches Begrüßungsbier. Moni starrt mit aufgerissenen Augen aus dem Fenster: „Die sind alle so schwarz hier, ich muss sie immer wieder angucken!" oder „Guck mal, ein Necher auf'm Fahrrad!". Von Heidi erfahren wir, dass sich Inge und Armin auf den Campingplatz verzogen haben – na endlich!

Am Nachmittag machen wir mit den Neuankömmlingen einen Ausflug in den Nairobi National Park, sehen Gazellen, Strauße, Giraffen, Büffel, ein Rhino. Gut versteckt im hohen Gras liegen zwei Löwenmännchen mit prächtigen Mähnen. Die Herren sind sehr faul, blinzeln in die untergehende Sonne und haben für uns kaum einen Blick übrig. Dieter fährt näher heran, eine Löwendame erhebt sich kurz – da wird mir doch etwas mulmig, aber zum Glück legt sie sich gleich wieder hin – die Tiere sind so riesig!

Hermi, der sich in den letzten Tagen nicht wohlgefühlt hat und anscheinend immer noch an der in Uganda eingefangenen Grippe leidet, ist am Abend wieder gut drauf und erzählt wie ein Wasserfall von seiner Arbeit, womit er große Lachstürme erntet. Heidi möchte unseren Josef als Hausboy behalten, bei gleicher Kost und Arbeit wie James, doch Josef versichert, in diesem Falle sei der Hund zum Hungertod verurteilt... Wir verbringen den Abend beim importierten Weißbier, Heidi ist ganz hin und weg von der mitgebrachten Schokolade und Salami.

Moni und ich teilen uns später das Bus-Ehebett, wir reden lange und sie ist ganz aufgedreht von dem vielen Neuen, das sie hier schon gesehen und erzählt bekommen hat. In der Nacht träumt sie, sie bade im Indischen Ozean – dabei ist das nur der Regen, der durch das offene Fenster auf ihre Füße tropft...

Am Morgen brechen wir zu einer einwöchigen Safari ins Samburugebiet im Norden auf. Hermi leidet an Magen-Darm-Problemen, er verzieht sich ins hintere Bett und Josef chauffiert auf Irrwegen durch Nairobi. Auf der Fahrt über Thika und Nyeri staunt Moni über die Hütten, vor denen Schafe und Ziegen rumlaufen, über die vielen Frauen entlang der Straße, die ihre schweren Lasten auf dem Kopf transportieren, ein Anblick, der uns schon selbstverständlich geworden ist.

An eingezäuntem Grasland und kleinen Ansiedlungen vorbei, erreichen wir Nanyuki, dann beginnt eine Berg- und Talfahrt durch steppenmäßige Landschaft mit hohem Gras, Sträuchern, Dornbüschen und niedrigen Bäumen. Dies setzt sich im Nationalpark fort, bald werden die Fotoapparate gezückt und angestrengt rechts und links in Gras gestarrt, Josef Scharfauge erspäht als erster Tiere: die zierlichen Impalas. Dann ein Aufschrei: „Elefant links!". Tatsächlich, da bewegt sich was rötlich-braunes, massiges zwischen Büschen und Bäumen, Josef fährt darauf zu: ein Elefant mit langen Stoßzähnen, mit dem Rüssel zupft das Ungetüm Blätter vom Baum und schiebt sie sich genüsslich in den Schlund. Dabei wedelt der Elefant ständig mit den großen Ohren, von uns lässt er sich nicht stören.

Wir bekommen Giraffen zu sehen, die ebenfalls gerade ihr Mittagessen einnehmen. Sie haben ein schön gezeichnetes Fell, aus dem Reiseführer erfahren wir, dass dies die seltene Art der Netzgiraffen ist. Die Tiere sind sehr scheu, nähert man sich ihnen, zeigen sie einem das Hinterteil und flüchten, den langen Hals weit vorgestreckt, mit staksigen Schritten. Später sehen wir noch mehr Giraffen, alle möglichen Arten von Gazellen, zum ersten Mal auch die langhalsigen Gerenuks. Dann erspähen wir eine Elefantenherde, die unter Bäumen im Schatten steht und sich mit den großen Ohren Kühlung zufächelt. Zwei Elefantenbullen tragen einen Kampf aus, die beiden stehen sich gegenüber, gucken sich erst nur an, gehen dann mit den Köpfen aufeinander los, einer versucht den anderen zurückzudrängen. Beim Kampf wird viel Staub aufgewirbelt, die zwei Riesen schieben sich hin und her, bis schließlich einer den Rückzug antritt. Eine Horde Paviane aller Größen kreuzt unseren Weg, einige mit Jungen, die sich am Rücken der Mutter festklammern.

Die Samburu River Lodge liegt inmitten blühender Blumenbeete, von der Terrasse hat man Aussicht auf den Fluss, die abgrenzende Mauer ist mit dem Hinweisschild „Danger, crocodiles!" versehen – ob die bis hier hoch krabbeln? Ein Angestellter erklärt uns, dass ab 18 Uhr das Flussufer beleuchtet wird, so dass man die Krokodile, die sich um diese Zeit auf den Sandbänken aufhalten, beobachten kann. Der Kellner zeigt uns einen am gegenüberliegenden Ufer stehenden Baum: dort wird am Abend ein Stück Fleisch auf einen Ast gehängt, das einen Leoparden anlocken soll. Josef erspäht abends als erster den Leoparden, der am Baumstamm hochklettert und sich langsam auf das Fleisch zubewegt. An den Krokodilen vorbei läuft eine Hyäne, holt sich eine nicht zu definierende Beute, schaut sich lauernd um und flüchtet wieder in den Schatten der Umgebung.

Am nächsten Tag fahren wir am Fluss entlang, entdecken einen Elefanten, der gerade ein Bad nimmt. Außer Elefanten sind noch Giraffen, Gazellen, Antilopen, Vögel mit blaurot schillerndem Gefieder zu sehen, eine Familie Warzenschweine läuft am Pistenrand entlang. Große Zebraherden weiden in der Steppe, die von unserer Annäherung nichts halten und im Galopp davon stürmen.

Die Leute vom Stamm der Samburu sind traditionell gekleidet, haben auffallenden Kopfschmuck und große Löcher in den Ohren, in denen manchmal 15 Ohrringe oder Ketten hängen. Die Frauen tragen bunt bedruckte Tücher, während die Männer meist nur mit grauen Lendenschurzen bekleidet sind, dafür ist deren Gesichtsbemalung bunter. Oft halten wir an, um Fotos zu machen, die Mädels oder jungen Krieger geben sich nicht mit den von Moni verteilten Bonbons und Luftballons zufrieden, sie wollen Geld sehen.

An unserem Übernachtungsplatz bekommen wir Besuch von Einheimischen, die uns entgeistert fragen, ob wir denn wirklich hier schlafen wollen, es treiben sich doch Elefanten, Löwen und Büffel hier herum... also aufpassen und zum Pinkeln nicht zu weit in die Büsche gehen!

Bei Hermi brauchen wir uns keine Sorgen zu machen, dass er sich zu weit entfernt, denn so dringend, wie's bei ihm ist, kann er gar nicht weit laufen, er wickelt das Klopapier schon auf dem Weg in die Büsche ab. Wir sind mittlerweile ernstlich besorgt: Hermis Magen behält kaum noch etwas bei sich, entweder spuckt er gleich nach dem Essen, oder es rutscht mit dem Durchfall wieder heraus. Am schlimmsten sind seine allabendlichen Hustenanfälle, er kriegt dann kaum noch Luft. Wir beschließen deshalb, nach Nairobi zurück zu fahren, dort kann sich Hermi bei Heidi ins Gästezimmer legen und sich mal richtig auskurieren, das Geschüttel auf der Fahrt ist seiner Gesundung nicht gerade zuträglich.

Moni, die heute Nacht Hunderte von Moskitostichen[15] in Gesicht, Hals und Unterarme gekriegt hat und ganz verschwollen aussieht, will ab jetzt lieber im Bus schlafen. Ob sie wohl nur vor den blutrünstigen Moskitos oder auch vor den sagenhaften Löwen Muffe hat? Josef, Kurt und ich nächtigen dagegen mutig, die laue Luft und den Sternenhimmel genießend, auf dem Dach.

Zurück in Nairobi, lassen wir Hermis Krankenpflege-Utensilien (Kamillentee und Zwieback) da - der arme Kranke wird jetzt eine Woche unter Heidis fürsorglicher Pflege bleiben, während wir an die Küste fahren. Nach der Stadt beginnt die Einöde: meilenweit kann man schauen, auf Wiesen, Felder, niedrige Dornbüsche. Später wird die Ebene von Bergen gesäumt, entlang der Straße stehen oft Baobabs, riesige, graue Bäume, die mit ihren kahlen Ästen wie abgestorben wirken. Bald erreichen wir den Eingang des Tsavo Nationalparks, Mtito Andel. Der Park ist unübersichtlich, Gras und Gebüsch sind nach der Regenzeit so hoch, dass man Tiere kaum erkennen kann. Außer einer einzigen Gazelle sehen wir in der ersten Stunde nichts – rein gar nichts! An einem Wasserloch tauchen ein paar Zebras und Giraffen auf, und Josef Adlerauge entdeckt sage und schreibe drei Elefanten, deren rotbraune Farbe sich kaum vom Boden unterscheidet.

An einer Lodge machen wir eine Pause, lassen uns auf der Terrasse nieder und haben Aussicht auf ein Wasserloch, darum schart sich eine Büffelherde. Einige Tiere trinken, suhlen sich, fressen, andere liegen faul im Gras. Es ist wie im Kino: wir lehnen uns in den bequemen Sesseln zurück, trinken Bier und lassen die Parade von massigen Büffeln an uns vorbeiziehen. Etwas

---

[15] Ein Moskito brachte wahrscheinlich die Malaria mit, an der sie im folgenden August erkrankte…

weiter weg entdecken wir einen Elefanten, der gemütlich vor sich hin frisst. Vor unseren Tischen klettert ein kleines graues Tier auf der Brüstung herum: sieht aus wie ein überdimensionaler Hamster. Das Tier ist ein Klippschliefer und ist nicht, wie vermutet, ein Nagetier, sondern ein Huftier, d. h. er ist dem Elefanten näher als dem Hamster. Der Klippschliefer läuft ganz ungeniert vor uns herum, auch die schon beobachteten Vögel mit dem blau schillernden Gefieder kommen nah her.

Wir übernachten bei einem Camp Site, das sich schon wieder außerhalb des Parks befindet. Ein paar halb verfallene offene Hütten stehen herum, am Toilettenhäuschen tummeln sich Eidechsen und sonstiges Kleingetier. Wir sind die einzigen Besucher, genießen die Sternennacht und schauen hinauf zum Vollmond.

Zu früher Morgenstunde weckt mich heftiges Gewackel, Klicken und Wortfetzen: Kurt fotografiert anscheinend den Sonnenaufgang. Zunächst ignoriere ich den störenden Lärm, aber als ich mich dazu aufraffe, die Augen aufzumachen, sehe ich keinen Sonnenaufgang – sondern in der Ferne ragt aus der Savanne ein Berg, dessen Gipfel eine weiße Schneehaube trägt – der Kilimandjaro.

Bei dem Anblick bin ich plötzlich hellwach, der majestätische Kilimandjaro in der Morgenluft ist so überwältigend schön, dass mir der Gedanke durch den Kopf geht: alleine um dieses Bildes willen hat sich die Reise nach Afrika gelohnt! Fasziniert starre ich, auf dem Busdach hockend, in die Ferne, beobachte, wie sich ein weißes Wolkenband immer höher schiebt und die rötlich leuchtenden Sonnenstrahlen verschluckt, bald decken die Wolken den schneebedeckten Gipfel des Kilimandjaro ganz zu.

Ein Pavian stattet mir auf dem Dach einen Besuch ab, andere umkreisen den Bus und verspeisen die herumliegenden Reste unserer gestrigen Nachtisch-Ananas. Im Tsavo Park sehen wir kaum noch Tiere, fahren deshalb Richtung Mombasa weiter. Der Küstenstadt sieht man deutlich den arabischen Einfluss an.

Von Mombasa Island aus begeben wir uns zur Fähre, die den Süden mit Mombasa verbindet. Kaum sind wir an der Anlegestelle angekommen, haben die Fahrkarten erstanden, können wir auch schon auf das Boot fahren... ja sind wir denn noch in Afrika, keine Wartezeit, so schnell und problemlos kann das ablaufen! Nach dem Übersetzen sind es nur 20 km bis Tiwi Beach, auf einem schmalen Waldweg gelangen wir zur Twiga Lodge. Oberhalb des Sandstrands am Campingplatz stehen Palmen, traumhaft schön – nichts wie ab ins Wasser. Dies ist ein historischer Moment, es ist die erste Begegnung mit dem Indischen Ozean.

Am Abend sehen wir hinaus auf das vom Mond schwach beleuchtete Meer, genießen Meeres- und Palmenrauschen – ach, das Leben ist so schön! Es hat 31 Grad, der Schlafsack erübrigt sich. Christine und Moni kämpfen im Bus mit Moskitoschwärmen, da lob' ich mir meinen luftigen Schlafplatz auf dem Dach, durch das Moskitonetz vor den blutrünstigen Saugern geschützt.

Ein paar Tage Faulenzen sind angesagt, Schwimmen, Lesen, Ratschen, Gucken und Genießen. Moni und Christine schlafen im Zelt, da sie sich nicht mehr von den Moskitoschwärmen im Bus piesacken lassen wollen.

Eines Abends reagiert Moni richtig hysterisch, als Christine, die vor dem Zelt Schritte vernimmt, sagt: „Da draußen is enner!" Moni denkt, sie spricht von einem Moskito, greift in panischer Angst nach dem Autan, „Oh, da muss ich mich gleich eischmier, zumindest G'sicht und Arm'!", worauf Christine meint: „Meenst, des schreckt den Typ ab?". Nachdem das Missverständnis aufgeklärt ist, tönt schallendes Gelächter herüber, die beiden beruhigen sich nur langsam. Mitten in die Stille sagt Moni dann seufzend: „Ich musste erst 85[16] werden, bevor ich das erste Mal im Zelt schlafen kann", was Christine zu einem erneuten Lachanfall reizt.

Ähnlich lustig, wie es am Abend bei Moni und Christine zuging, beginnt für uns, bzw. für Kurt und mich, der Tag: Josef sitzt frühmorgens auf der Kiste und schlägt wutentbrannt mit einem Stock auf Zweige und Blätter des neben uns stehenden Baumes ein. Soll das seine neue sportliche Morgenbetätigung sein? Den Grund seines Unmuts erfahren wir gleich: „Ä Aff hat runnergschifft! Ich lang' auf mein' Schlafsack, alles nass und glibberich... so eine Sauerei!". Normalerweise bin ich ja morgens nicht so gut aufgelegt, aber diese Nachricht entlockt mir doch ein schadenfrohes Kichern. Ich hatte allerdings nur Glück: der Affe hat auch ein größeres Geschäft gemacht, hatte aber harten Stuhlgang, so dass das Häufchen vom Moskitonetz aufgefangen wurde.

---

[16] Sie meinte natürlich, es musste bis zum Jahr 1985 dauern, bis sie das erste Mal im Zelt übernachtet

Bei der schweißtreibenden Hitze ist Baden ein Muss, durch das seichte Wasser stapfen wir hinaus, wo die weiß sprühende Gischt der Brandung gegen das Korallenriff schlägt. Allerdings trauen wir uns (wegen der Haie) nicht, weit hinauszuschwimmen, lassen uns von Wellen, die langsam heran rollen, überspülen. Schließlich heißt es jedoch, die Küste zu verlassen, damit noch genügend Zeit für Kurts Kilimandjaro-Tour bleibt.

Auf dem Rückweg wollen wir uns Mombasa mit dem berühmten Fort Jesus ansehen. Am Eingang sitzt ein Afrikaner, der uns prüfend anschaut und dann „Fuffzehn Schilling pro Person!" sagt – mei, ein deutsch sprechender Afrikaner! Schon draußen hatte uns ein Junge mit hoher Stimme (Josef meinte, das sei ein Eunuch gewesen...) auf Deutsch angesprochen.

Der Rundgang durchs Fort in der Mittagshitze ist anstrengend, nachdem wir eine halbe Stunde zwischen alten Steinen, Schießscharten und Kanonen herumgelaufen sind und uns eine Ausstellung über Handwerkszeug und Hausratgegenstände aus früheren Jahrhunderten angeschaut haben, beschließen wir den Ausflug mit einem Besuch der „High Level Toilet".

Wir spazieren noch ein wenig durch die Stadt, in den engen Gassen steht die Luft, beiderseits ragen alte, etwas heruntergekommene Häuser auf. Die Gerüche, die aus Läden und Häusern dringen, sind auch nicht gerade verlockend, Abfall liegt herum, die Leute gaffen uns neugierig an. Von der einstigen Pracht Mombasas zeugen nur noch an einigen Häusern die reich verzierten Holzportale und Balkone.

Unterwegs begleitet uns wieder die Eintönigkeit der Steppe zu beiden Seiten der Straße, nur unterbrochen durch mächtige Baobabs und Dornbüsche. Gleich neben der Straße, die durch den Tsavo Park führt, steht später ein rotbraunes Ungetüm von Elefant mit gelben Stoßzähnen, der in gemächlichem Tempo Blätter von den Bäumen pflückt. Josef hält an, steigt aus und geht immer näher an den Elefanten heran. Dem passt das gar nicht, plötzlich stellt er drohend die Ohren und macht ein paar Schritte in unsere Richtung - da springt der Josef aber schleunigst in den Bus und macht ihn startklar. Die schnelle Flucht hat den Dickhäuter schon beruhigt, er widmet sich wieder seinem Fressen.

Zurück in Nairobi wirkt Hermi relativ fit und ist richtig redselig: „Gell Heidi, im Schlafzimmer ham' mer heut schwer gwürcht!".

Teeplantage

Haarewaschen mit Publikum

Lake Nakuru Nationalpark

Katze im Nairobi National Park

Bei den Samburu im Norden Kenias

Am Indischen Ozean

Als Dieter daraufhin erstaunt guckt, beeilt sich Heidi zu erklären: „Wir ham zusammen Bilder und Batiken aufgehängt!".

Die Batiken stammen von einem befreundeten Afrikaner, wir beauftragen den Mann, uns bis nächste Woche auch welche zu fertigen, die Moni und Kurt nach Deutschland mitnehmen können. Jeder will ein anderes Motiv, der eine ein Massaipaar, der nächste einen Markt, Josef möchte einen großen Kochtopf auf seiner Batik haben.

Die Preise auszuhandeln nimmt einige Zeit in Anspruch, doch es stellt sich heraus, dass wir genau das haben, was sich der Mann wünscht: Kleidung. Angeblich sind ihm seine ganzen Sachen gestohlen worden, und er und seine Frau haben jetzt nichts mehr anzuziehen... gut, dass wir ganze Säcke voll dabei haben! Die Klamotten werden begutachtet und dafür ein Preis angesetzt. Nur für den Einkauf der Farben zahlen wir in bar, der Rest wird mit Textilien abgegolten, was für beide Seiten ein zufriedenstellendes Geschäft ist. Allerdings bin ich mir ziemlich sicher, dass die Hosen und Shirts in einer Woche auf dem Markt in Nairobi hängen und zum Dreifachen des heutigen Preises verkauft werden...

Als wir uns morgens mit herzlichem Dank von der Familie verabschieden, hat der Gärtner Joseph schon das Hoftor geöffnet. Beim Davonfahren winken wir eifrig – doch was ist das? Genau am Tor stirbt der Motor plötzlich ab, Josef trampelt auf der Kupplung herum, aber es tut sich nichts! Wie Hermi schnell feststellt, ist das Kupplungsgestänge ausgehängt, wir rollen wieder in den Hof zurück. Heidi biegt sich vor Lachen und meint: „Ihr hättet ja gleich sagen können, dass ihr noch ä weng dableiben wollt!"

Zunächst sieht es so aus, als könne der Defekt schnell behoben werden, doch unsere Zuversicht schwindet, als Hermi feststellt, dass eine Kugel vom Gestänge abgebrochen ist, es muss entweder geschweißt werden oder wir müssen ein Ersatzteil besorgen. Die Jungs klappern die ganze Stadt ab, kommen erst nachmittags mit dem Ersatzteil zurück – also noch eine Übernachtung in Nairobi. Man kann nichts planen in Afrika...

Am nächsten Morgen nehmen wir wirklich unser „Henkers-Frühstück" ein, verabschieden uns, Joseph macht schnell das Tor hinter uns zu, nicht, dass wir noch mal zurückkommen! Die Familie ist sicher froh, wieder mal ihre Ruhe zu haben, wenn auch unser Besuch eine Abwechslung in ihrem kenianischen Alltag war.

Auf den letzten 200 km durch Kenia ändert sich die Landschaft nur wenig: Savanne, Schirmakazien, Dorngebüsch bestimmen das Bild, eingerahmt von Hügelketten. In Namanga treffen wir auf Massaifrauen, in rote Tücher, die bis zum Knie reichen gehüllt, meist große, dürre Gestalten. Beim Anblick ihrer Ohren schüttelt's mich, denn sie haben im Ohrläppchen markgroße Löcher. Die Frauen bieten Schmuck an: Ringe, Halsketten aus bunten Glasperlen sowie Kalebassen.

Am Schlagbaum treffen wir auf Schweizer, die gerade aus Tansania kommen, und nützliche Informationen zum Schwarzmarktkurs geben. Sie schwärmen von der Serengeti, worauf Hermi (der bisher noch keine Löwen gesehen hat) mit leuchtenden Augen fragt: „Sieht mer Löwen?" und zur Antwort bekommt: „Muscht aufpasse, dass'd net drüber fährst!". Im Immigration Office füllen wir Kärtchen aus, geben die Deklaration beim Zoll ab, kein Mensch kontrolliert nach – und wir machten uns tausend Gedanken, wie wir unser Geld verstecken! Ohne Probleme verlassen wir Kenia.

Tansania

Innerhalb kürzester Zeit haben wir vom Immigration Office die Stempel im Pass, man schickt uns nach nebenan zum Zoll, ein Beamter stempelt eilig die Deklarationen ab und verlangt 60 $ Straßengebühr. Das hatten wir schon erwartet und überlegt, wie wir es umgehen könnten, z. B., dass wir kein Bargeld haben und erst in Arusha zahlen können. Doch der Beamte lehnt dies kurz und bündig ab, wir sollen ihm einen Traveller Scheck geben, was über 60 Dollar ist, bekommen wir in tansanischen Shilling zurück – natürlich nur zum offiziellen Kurs von 17 Shilling pro Dollar[17]. Es bleibt nichts anderes übrig, als zu zahlen.

Wir fahren durch Weideland mit weiten Grasflächen und Feldblumen, ab und zu erheben sich Schirmakazien, in deren Ästen die grauen runden Nester der Webervögel hängen. Ringsum erheben sich sanft geschwungene Hügelketten, der Grasbewuchs ist von einer solchen Gleichmäßigkeit, als sei über die Hänge eine Samtdecke gebreitet. Wir passieren Viehherden, die meist von Kindern gehütet werden, Esel trotten am Straßenrand entlang. Einmal sehen wir Strauße, die bei unserem Näherkommen die Flucht ergreifen. Bald erhebt sich vor uns ein großer Berg, dessen Gipfel von schneeweißen Wolkengebilden im sonst blauen Himmel verdeckt ist, der Mount Meru. Dann kommen große Maisfelder, weitläufige Flächen voller Bananenstauden, Kaffeeplantagen, die Felder sind meist von Hecken oder kleinen Baumgruppen begrenzt. In all dem Grün leuchten rote, lila und weiße Blüten hervor, Ananasstauden stehen am Wegrand.

Immer wieder sieht man die hochgewachsenen Massai in ihren roten Tüchern, mit dem typischen, bunten Glasperlenschmuck um den Hals, den Speer in der Hand. In den Dörfern bieten sie Lebensmittel und Souvenirs auf den Märkten an.

Vor Arusha macht sich die „Zivilisation" durch kreuz- und quer gespannte Stromleitungen bemerkbar. Zum Übernachten wurde uns die Greek School empfohlen, auf der Suche nach dem Direktor kommen wir an einen weitläufigen Sportplatz und schmucken Häuschen mit Veranda, Blumengarten und blühenden Hecken vorbei. Ein freundlicher Grieche begrüßt uns mit der

---

[17] Auf dem Schwarzmarkt jedoch bekommt man für den US$ etwa 100 bis 115 Shilling...

Frage „You are Germans?". Er lädt uns in sein Haus ein, bietet Bier an, wir ratschen eine Weile und bekommen frisch vom Baum gepflückte Zitronen geschenkt. Der Grieche begleitet uns zum Bus, lotst uns an Kuhweiden vorbei zu einer Gruppe von Häusern, von denen uns eines zur Verfügung gestellt wird.

Das Haus ist geräumig, in einem Riesenbadezimmer steht einsam eine Badewanne, die allerdings ziemlich versifft ist. Auch die Waschbecken weisen eine bräunliche Verfärbung auf, in der Küche tummeln sich fröhlich die Ameisen. Hier, in der Nähe der Kuhställe, duftet es nicht gerade nach Chanel No. 5. Kurt, Josef und ich auf dem Busdach werden vom Muhen der Kühe und dem ländlichen Geruch nachts eine Weile wachgehalten.

In Arusha füllen wir Vorräte auf und suchen nach einer Möglichkeit, schwarz Geld zu tauschen. Einmal winken uns aus einem überholenden Taxi zwei Männer und deuten mit der üblichen Handbewegung die Bereitschaft zum Geldtausch an. Wir folgen dem Auto, es gibt lebhafte Diskussionen, ob wir bei den Afrikanern den Tausch riskieren sollen, es könnte ja eine Falle der Polizei sein.

Mir ist mulmig zumute, aber Christine nimmt die Sache in die Hand. Eilig werden 50 $ aus dem Versteck geholt, die Afrikaner beteuern immer wieder, sie seien nicht von der Polizei, und angesichts ihrer Nervosität glauben wir ihnen schließlich. Nachdem wir 5.000 Sh. bekommen haben (zunächst „verrechnen" sie sich um 100 Sh. zu ihren Gunsten) verschwinden die beiden blitzschnell und auch wir machen uns schleunigst aus dem Staub.

Auf dem Weg zum Kilimandjaro führt eine schmale Asphaltstraße an Kaffee- und Maisfeldern vorbei. Josef geht unterwegs einkaufen und ersteht auf dem Markt 10 kg Reis („Ganz billich!")[18], dann fahren wir weiter nach Marangu. Hier hat es stark geregnet, der Boden am Straßenrand ist aufgeweicht und von kleinen Bächen durchzogen.

Ab Himo geht's bergauf, wir bewundern die üppige Vegetation: Bananen- und Ananasstauden, Kaffeepflanzungen, Sisal, uns unbekannte Strauch- und Baumarten, immer wieder das gewölbte Laubwerk der Schirmakazien. Die Strecke ist sehr kurvenreich, beim Zurückschauen dehnt sich eine endlose dunstige Ebene bis zu den Bergen im Hintergrund aus. Neben der Straße fällt die Böschung steil ab, am Hang ragen hohe Bäume auf, ein kleiner Fluss

---

[18] Leider stellt sich heraus, dass der „billiche Reis" zur Hälfte aus Steinen besteht…

schickt sein Wasser über Felsen und Geröll. Am Marangu Hotel angekommen, wo man Kilimandjaro-Touren buchen kann, fragen wir nach dem Preis für Aufstieg, Führer etc. – es soll 80 \$[19] pro Person kosten, ein Witz!

Weiter geht's zum Kibo Hotel, es liegt sehr malerisch am Berg, schon in den Anfängen des tropischen Regenwaldes, umgeben von hohen Bäumen mit herabhängenden Lianen. Im Hotel sind Bilder von der Erstbesteigung des Kilimandjaro ausgestellt, Schnappschüsse von strahlenden Touristen am Gipfel. Hier bekommen wir die Auskunft, bei einem Preis von 90 \$ seien Führer, Verpflegung und Übernachtung enthalten, dazu komme jedoch noch die Eintrittsgebühr für den Kilimandjaro National Park.

Kopfschüttelnd verlassen wir das Hotel – die spinnen ja! Letzte Möglichkeit: am Gate fragen und selbst organisieren. Wir erklimmen weiter den Berg und erreichen den Eingang des Nationalparks. Schön ist es hier, auf einer großen Wiese am Hang stehen moderne Holzhäuser mit bis zum Boden gezogenem Dach und Glasfassaden. Im Booking Office treffen wir einen Deutschen, der gerade die Tour hinter sich hat und vom Aufstieg berichtet. Da es in den letzten Tagen viel geregnet hat, versank man fast bis zu den Knöcheln im Schlamm, und mit der knappen Luft in 5000 m Höhe hatte er ziemlich zu kämpfen. Bis zum Uhuru Peak aufzusteigen, sei derzeit fast unmöglich, da viel Schnee liege.

Christine errechnet nach seinen Angaben die Kosten für Eintritt, Übernachtung, Versicherung, Führer und Träger. Das in Shilling zu zahlen, kommt beim Schwarzmarktkurs auf etwa 9 \$ pro Person. Kurt und Josef beschließen, gleich morgen aufzubrechen, Hermis Gesicht ist unbeschreiblich düster... für ihn war die Tour auf den Kilimandjaro eines der wichtigsten Ziele der Reise, nun sind wir hier, doch Hermi ist noch zu geschwächt von der Krankheit, als dass er den anstrengenden Aufstieg wagen könnte.

Während er sich seinem Grimm hingibt, holen Josef und Kurt Stiefel, Rucksäcke, Gaskocher etc. hervor. In meiner Funktion als Küchenchefin teile ich den beiden die Ration für die nächsten fünf Tage zu: Müsli, Milchpulver, Knäckebrot, Wurst, Schweinefleisch, Käse, Suppen. An viele Kleinigkeiten ist zu denken: Besteck, Tassen, Zucker, Salz, Pfeffer, Medikamente – das Wichtigste, Toilettenpapier, wird fast vergessen.

---

[19] Dollarkurs zu diesem Zeitpunkt: 1 US\$ = 3,15 DM

In all dem Durcheinander widme ich mich der Zubereitung des Abendessens, mittlerweile ist es dunkel und hundekalt. Da hatten Christine und ich wohl eine etwas falsche Vorstellung vom Klima hier, wir hatten uns nämlich zuhause ausgemalt, dass wir, während die Jungs auf dem Kilimandjaro sind, uns am Swimming Pool am Fuße des Berges in Liegestühle lümmeln und einen Cuba Libre schlürfen würden... Als wir draußen sitzen, kommt ein Nachtwächter daher, unterhält sich liebenswürdig mit uns, fragt nach Kopfschmerztabletten. Josef überreicht ihm unsere überdimensionalen Magnesiumtabletten und erklärt mit ernstem Gesichtsausdruck, dass man nur eine halbe Tablette alle 8 Stunden nehmen dürfe, mehr sei gefährlich.

Nach dem Essen taucht Hermi aus der Versenkung auf, die ganze Zeit schmollte er und verweigerte jegliche Nahrungsaufnahme. Moni kommentiert Hermis schlaffes Herumliegen mit der Bemerkung „Der is ja scho dood!". Vorher hatte sie anhand von Hermis Husten bereits festgestellt „Dem Hermi sein Husten hört sich so an wie bei Peter!", und als Hermi fragt, an welcher Krankheit Peter litt, gibt Moni die ermutigende Antwort: „Ach, der hat bloß Lungenkrebs g'habt!".

Nun verkündet er lautstark: „Wenn morgen die Sonn' scheint, geh' ich mit nauf!". Wir weisen auf am Kilimandjaro gefundene Skelette hin, zu denen Hermi dann wohl auch gehören wird. Christine erzählt ihm, dass es in Arusha einen Flughafen gibt, von wo aus Hermi bei einer evtl. Lungenentzündung heimgeflogen werden könnte...

„Schnürlregen" am Morgen, dichter Nebel – was für ein mieses Wetter für eine Bergtour! Kurt und Josef bieten in den Gummistiefeln und Friesennerzen, mit Mützen und den vollgepackten Rucksäcken einen abenteuerlichen Anblick. Hermi hat sich entschlossen, abzuwarten und es in etwa zwei Wochen zu probieren.

Als sie weg sind, frühstücken wir erst mal gemütlich und überlegen, was wir in den nächsten Tagen unternehmen könnten. Eines steht fest: hier in der Hundekälte von 15 Grad bleiben wir nicht. Für einen Besuch der Serengeti ist die Zeit zu kurz, wir wälzen Karten und Reiseführer und entscheiden, für einige Tage in den Tarangire Park zu fahren.

Nach einer halben Stunde kommt Kurt zurück, er braucht einen Nachweis über offiziellen Geldtausch, ansonsten wird den beiden der Eintritt verweigert. Christine präpariert (sprich fälscht) fix die Deklaration, aus den 60 $, die wir an der Grenze für die Straßengebühr zahlen mussten, werden 260 $. Kurt eilt zum Gate, diesmal scheint es zu klappen, und so verlassen wir das Kibo Hotel.

Bis nach Moshi verfolgt uns das schlechte Wetter, der Himmel ist wolkenverhangen. Im Ort ist der Markt reichlich ausgestattet: Bohnen, Tomaten, Paprika, Zwiebeln, Knoblauch, Birnen, Bananen und Fleisch, köstlich duftendes und noch dazu spottbilliges Brot wird angeboten – und in Kenia erzählte man uns, es gebe in Tansania nichts zu kaufen!

Wir holpern gen Südwesten, die Straße ist ziemlich schlecht, Wellen durchziehen den Asphalt, wir hüpfen über die Unebenheiten, die kaputten Stoßdämpfer machen sich bemerkbar. Die Umgebung ist schön, weite, grasbestandene Ebene mit nur wenigen Bäumen, das Gras hat eine ungewöhnlich blassgrüne bis fast weiße Farbe. Am späten Nachmittag wird das Wetter besser, die Wolken geben langsam den Blick auf die Berge frei und wir sehen sogar den Gipfel des Kilimandjaro, der von hier aus gar nicht so hoch erscheint.

Die schadhafte Asphaltstraße weicht einer steinigen schmalen Piste, die zum Eingang des Tarangire Parks führt. Das halbhohe Gittertor, auf dem ein Blech-Nashorn prangt, schaut ziemlich verrostet aus. Etwas weiter weg, von hoch wucherndem Gras umgeben, stehen ein paar verfallene Wellblechhütten und Klohäuschen. Auf dem Weg zum Safari Camp sehen wir viele Tiere: Zebra- und Gazellenherden, Giraffen, Elefanten, die sich durch unsere Ankunft gestört fühlen und in den Busch weitermarschieren.

Die Tiere sind sehr scheu, am Zustand der Piste lässt sich erkennen, dass hierher nicht viele Besucher kommen, nur ein schmaler Weg mit einem Grasstreifen in der Mitte führt durch den Park. Im hohen Gras stehen buchstäblich Alleen von riesigen Baobabs, die ausnahmsweise mal nicht grau und kahl, sondern dicht belaubt sind. Die dicken Stämme mit einem Durchmesser von etwa zwei Metern sind oft angenagt, Hermi meint, das käme von Elefanten, die in der Trockenzeit mangels anderer Nahrung die Bäume bearbeiten. Zwischen Baumruinen, kahlen Stämmen und roten Termitenhaufen tummeln sich immer wieder Zebras und Gazellen.

Das Safari Camp wird von John, einem Engländer, geführt, der uns erzählt, dass er früher englische Trucks „from UK to Cape Town" fuhr und jetzt diese Lodge wieder auf Vordermann bringen will. Er äußert sich ziemlich kritisch über Tansania, es gebe viel Korruption und von Dar es Salaam weiß er Horrorstories zu berichten, wenn man nach einer Woche noch nicht ausgeraubt wurde, könne man von Glück reden... am Strand klauten die Leute einem alles vor der Nase weg... das sind ja schöne Aussichten!

Die Terrasse der Lodge bietet einen weiten Blick auf die Steppe mit Baobabs, Akazien und den Fluss, abgesehen vom Surren der Moskitos herrscht eine wohltuende Ruhe. Wir genießen das billige Bier (1,50 DM mit Schwarzmarktkurs) und versuchen, uns der blutrünstigen Moskitos zu erwehren, doch sie stechen durch Strümpfe und Hosen, man weiß gar nicht, wo man zuerst kratzen soll.

Deshalb verziehen wir uns in den Bus und genießen das Abendessen: Bohnengemüse, Tomatensalat, Reis und (weiches!) Fleisch. Dazu schwerer tansanischer Rotwein – so geht's uns gut! Moni und ich übernachten auf dem Dach, es ist wieder mal herrlicher Sternenhimmel, und nach dem vielen Alkohol schlafen wir tief und fest.

Bei strahlend blauem Himmel wird im Schatten des Busses ausgiebig gefrühstückt, wir bekommen Besuch von der vierjährigen Tochter Johns, Sakina. In ihrer roten Latzhose niedlich anzuschauen fragt sie: „Did you hear the lion?“. Moni und ich werden etwas blass, als Hermi bestätigt, dass nachts Löwengebrüll ganz in der Nähe zu hören war…

Bei der Rundfahrt durch den Park kommen wir nur langsam voran. Wegen der hier häufigen Tse-Tse-Fliege halten wir die Fenster geschlossen und schwitzen vor uns hin, es ist unerträglich heiß. Nach einer Brücke geht es den Fluss entlang, doch nach einiger Zeit ist der Weg durch einen Baumstamm versperrt. Da das Gras so hoch ist, sieht man kaum Tiere, abgesehen von ein paar Gazellen, einigen Geiern am Flussufer und wenigen Elefanten. Wir probieren noch andere Wege aus, aber entweder sind sie ganz zugewuchert oder schlammig oder sie enden einfach in der Pampa. Schließlich geben wir auf und fahren zur Lodge zurück. Dort sehen wir mehr Tiere als im Park selbst: eine Gazellenherde hält sich in der Nähe unseres Parkplatzes auf, ebenso Wasserböcke, Dikdiks und Impalas, unten am Fluss kommen Giraffen, Zebras und Gazellen vorbei. Von John erfahren wir, dass der Park früher ein Paradies für Nashörner war, es gab einmal 1000 Stück, inzwischen gibt es nur noch einzelne Exemplare, da sich niemand um den Wildbestand kümmert.

Zurück in Arusha besuchen wir eine von Travellern für den Geldtausch empfohlene Snack Bar. Christine und Hermi verschwinden im Büro, nach einer Viertelstunde kommen sie mit vollen Taschen wieder, pro Dollar haben sie 105 Sh. bekommen, ein superguter Kurs! So ergibt sich ein Spritpreis von 9 Sh., das sind 27 Pfennig, da fällt es leicht, die Dieseltanks aufzufüllen.

Ein weiterer Teil des Geldes wird anschließend im Supermarkt investiert, da unsere Vorräte zur Neige gehen, laden wir den Einkaufswagen voll mit Toilettenpapier, Milch, Nudeln und vielem mehr. Nur die Suche nach Zigaretten ist zunächst vergeblich, die sind zurzeit absolute Mangelware. Doch ein Inder kann uns weiterhelfen, zum Special Price von 1 DM verkauft er uns die einheimischen „Sportsman" – welch passender Name für Zigaretten...

Bei der Griechischen Schule können wir den Bus auf der Wiese vor einem kleinen Haus abstellen, das diesmal etwas sauberer und vor allem weiter vom Kuhstall entfernt ist. Wir bekommen Besuch von zwei Engländern, Nigel und Dominic, die per Anhalter unterwegs sind. Die beiden sind sehr nett und wir vereinbaren, sie in den nächsten Tagen mitzunehmen. Sie finanzieren ihre Reise mit Berichten aus Afrika, in Kenia tat sich eine neue Geldquelle auf: sie arbeiteten als Statisten für den Film „Out of Africa" und saßen in Nairobi mit Robert Redford an der Hotelbar.

Auf dem Weg zum Abholen von Kurt und Josef tut's plötzlich einen Schlag, irgendwas unter dem Bus klappert fürchterlich. Als wir anhalten, stellt sich heraus: bei der Blattfeder vorne rechts sind drei Blätter abgebrochen – so ein Mist! Hermi chauffiert vorsichtig und mit sorgenvoller Miene weiter, ständig ist besorgniserregendes Knacksen von der Blattfeder zu hören. Es wird sicher schwierig, Ersatz zu bekommen, wenn die restlichen Blätter auch noch brechen, müssen wir womöglich aus Deutschland eine komplette Feder schicken lassen.

Langsam tuckern wir gen Kilimandjaro und schon am Gate sehen wir Kurt und Josef stehen, strahlend winken sie und halten uns ihr Zertifikat (in Gold!) entgegen, das bescheinigt, dass sie „successfully climbed the Kilimandjaro (Uhuru Peak)".

Die beiden sind sehr stolz, geben aber zu, dass es nicht einfach war. Als sie bei dichtem Nebel aufbrachen, führte der Weg abwechselnd durch tropischen Regenwald und feuchte Wiesen. Mittags erreichten sie die Mandara-Hütte, gegen 18 Uhr war Schlafenszeit, um bei Sonnenaufgang wieder fit zu sein.

Nach vier Stunden Marsch erreichten sie die Horohibo-Hütte in ca. 3800 m Höhe, wo eine Pause von eineinhalb Tagen angesagt war, um sich besser an die Höhe zu gewöhnen.

Sie vertrieben sich die Zeit mit Spaziergängen und Sonnenbaden, am nächsten Tag ging es zur dritten Hütte, dort begann der anstrengende Aufstieg zum Gipfel. Sie mussten über Geröllfelder laufen, zwei Schritte vor, einer zurück, alle paar Meter eine Pause. Nachts um 1 Uhr wurde zum Gillman's Point aufgebrochen, der bereits als „Gipfelbesteigung" gilt mit seinen 5600 m Höhe und dem Bergsteiger ein silbernes Zertifikat einbringt, dort gab es den Sonnenaufgang zu bewundern. Zwar waren die beiden ziemlich geschafft, dann siegte aber der Ehrgeiz und sie kletterten noch zwei Stunden weiter, bis sie gegen 8 Uhr am Uhuru Peak, dem höchsten Punkt des Kilimandjaro, angelangt waren. Bei -10 Grad standen sie eine Viertelstunde dort oben, dann folgte der Abstieg.

Das Ganze hört sich sehr spannend an, Christine plant, mit Hermi und den beiden Engländern bis zur dritten Hütte zu gehen. Mir ist das zu anstrengend, außerdem habe ich weder feste Schuhe noch warme Kleidung, die dafür unentbehrlich sind.

Hermi erkundigt sich in Arusha nach einer Werkstatt, aber eine Reparatur der Blattfeder ist nur in Dar es Salaam möglich. Ein Inder hat ihm eine Werkstatt empfohlen, so entschließt er sich, das Teil auszubauen, mit einem der öffentlichen Busse die 600 km nach Dar zu fahren und es dort reparieren zu lassen. Über seine Klamotten wirft er den „Grünmann", packt einen Pullover, seine Bandscheibensalbe, Klopapier und Geld ein und fährt per Anhalter in die Stadt, die Blattfeder über der Schulter.

Am nächsten Tag brechen Kurt und Moni auf, ihr Heimflug steht bevor und sie wollen mit dem Bus zurück nach Nairobi. An der Straße finden sie schnell eine Mitfahrgelegenheit, und weg sind sie. Wir sinnieren darüber, wie schnell doch die vier Wochen ihres Besuchs vergangen sind, jetzt ist es schon Ende Mai! Nur noch ein paar Monate, dann wird auch unsere Reise zu Ende sein... vorausgesetzt, Hermi kriegt die Blattfeder, damit wir überhaupt weiter fahren können!

Für uns drei heißt es warten, der Bus steht aufgebockt auf der Wiese, wir sind nicht mobil. Was tun nun? Unser Lesestoff ist erschöpft, ich verfasse lange Briefe an Familie und Freunde. Dann kommen Christine und ich auf die glorreiche Idee, eine Bestandsaufnahme unserer Konserven zu machen, d. h. die Dosen vom rechten Staukasten in den linken zu räumen, sie liebevoll mit einem feuchten Lappen abzuwischen und ihre Zahl gewissenhaft auf einer Liste zu vermerken. Nachdem auch noch der Kühlschrank geputzt ist, riecht's im Bus wie im Krankenhaus, die Cassetten stehen wie eine Eins auf ihrem Platz, fehlt nur noch, dass sie alphabetisch geordnet sind... Josef beschäftigt sich mit Semmelbröselproduktion, als er mit Rucksack zum Bierholen aufbricht, führt Christine seine Arbeit weiter... die reinste Beschäftigungstherapie.

Am nächsten Vormittag kommt ein Taxi auf unseren Garten zu, wie elektrisiert schießen wir hoch, als Josef ruft: „Der Hermi ist da!". Tatsächlich – und sogar mit neuer Blattfeder! Er und Josef machen sich gleich daran, das Teil einzubauen, Christine und ich kramen hektisch in der Tasche herum, die Hermi uns so nebenbei mit den Worten „Da sind Briefe für euch drin" hingelegt hat.

Die Blattfeder-Montage ist nicht so einfach, die Schrauben sind kaum ins zugehörige Loch zu kriegen, Josef stöhnt laut unter der Anstrengung... aber nach drei Stunden Arbeit ist es geschafft, der Bus ist von seinen Wagenheber-Prothesen befreit und steht wieder auf sechs Rädern! Hermi kommt endlich dazu, uns zu erzählen, wie es ihm ergangen ist: Die Busfahrt war nicht so schlimm wie erwartet, in 15 Stunden war er in Dar es Salaam und den ganzen Tag mit einem Afrikaner, den er im Bus kennengelernt hatte, unterwegs. Per Taxi zur Werkstatt, wo man sich unserer Feder annahm, mittags konnte Hermi sie schon wieder abholen. Am Nachmittag streifte er mit dem Afrikaner durch Dar, holte unsere Post (der guute Hermi, dass er daran gedacht hat!), abends um 20 Uhr fuhr der Bus zurück nach Arusha. Außer ab und zu mal dösen, so gut das bei der Schlaglochpiste ging, war das alles, was Hermi in den zwei Tagen an Schlaf abbekam. Seine „Heimkehr" wird mit einem Bier begossen, und abends liegt er schnell flach, was er sich nach zwei durchwachten Nächten redlich verdient hat.

Nächstes Ziel ist der Ngorongoro Krater, wohin wir Nigel und Dominic mitnehmen. Auf dem Weg nach Westen kommen wir durch Savanne, Massais winken, ab und zu sehen wir Zebras und Strauße. Es werden bewaldete Bergketten sichtbar, die Piste führt bergauf. Von einem View Point aus hat man einen weiten Blick über den Manyara-See und die gelbgrüne Steppe.

Auf dem Weg zum Kilimandjaro

Den Gipfel im Blick…

Bus ohne Blattfeder

Im Nogorongo Krater

Ngorongoro

Blütentraum

„Bettler" am Wegesrand

Unter uns am Berghang ist dichter Baumbewuchs in einem leuchtenden Grün, auf einer Lichtung tummelt sich eine Elefantenherde. Weiter auf der Hochebene geht es durch Ackerbaugebiet, am Nachmittag erreichen wir den Eingang des Nationalparks. Wir sind auf Schwierigkeiten gefasst, angeblich soll man die Eintrittsgebühr in Dollars zahlen müssen, doch es werden Shilling angenommen. Aber die Freude war zu früh: mit unserer Devisenerklärung sind die Leute nicht einverstanden, angeblich haben wir für unseren langen Aufenthalt in Tansania viel zu wenig Geld getauscht... Es artet in eine längere Diskussion aus, schließlich tauschen wir noch mal 50 DM zum offiziellen Kurs und können den Rest mit Shilling bezahlen.

Hier oben ist alles bewaldet, mit Moos und Efeu bewachsene Bäume säumen den Weg, auf einer Wiese erspähen wir eine Büffelherde: Das Simba Camp Site ist ein vielversprechender Übernachtungsplatz: mehr Simba als Camp Site, einsam gelegen, abschüssig und mit hohem Gras überwuchert.

Als ich morgens aufwache, ist strahlend blauer Himmel, die Sonne scheint, vom Baum nebenan hängen lange feuchte Moosfäden herab und bewegen sich leise im Wind. Unten im Krater ist alles grau, dichter Nebel versperrt den Blick.

An der Crater Lodge kommt uns ein gelber VW-Bus mit Nürnberger Kennzeichen entgegen, wir freuen uns, mal wieder Landsleute zu treffen. Jürgen und Angelika sind seit September unterwegs, fahren fast die gleiche Route wie wir, außer natürlich die Schiffsreise, sie schaufelten sich dreieinhalb Tage täglich 10-12 Stunden durch den Tschad, hatten ebenfalls ihre Schwierigkeiten mit den Löchern und dem Morast in Zaire. Von dort aus fuhren sie weiter nach Ruanda, Burundi, Tansania, Malawi, Sambia bis zu den Victoria Falls und wieder zurück nach Tansania. Die beiden suchen momentan jemanden, dem sie sich auf der Fahrt in den Krater anschließen können, sie waren zwar schon mal unten, hatten aber ihren Fotoapparat vergessen.

Beim Tourist Office mieten wir einen Land Rover mit Fahrer und los geht's, steil abwärts auf einem steinigen Weg. Der Nebel lichtet sich allmählich und wir haben Ausblick auf den Krater: weite Grasflächen, verschieden große Seen, grüne, sanft ansteigende Kraterhänge, die sich oben im Grau des Nebels verlieren.

Unten angelangt, gibt uns der Fahrer ein paar Verhaltensregeln: nicht aussteigen, keinen Lärm machen, in der Nähe der Tiere nicht übermäßig bewegen.

Zwischen Kakteen mit lila Blüten sehen wir Zebras und Gazellen, die Tiere flüchten nicht gleich wie in anderen Parks, sondern bleiben in der Nähe.

Auf dem See leuchten die Flamingos in rosa, hier sind sie fast noch schöner als in Nakuru, haben eine kräftigere Farbe. In der weiten Ebene weiden Elefanten, riesig große Exemplare mit langen Stoßzähnen. Einer hat seinen Rüssel ganz lässig über einen Stoßzahn gelegt. Die grauen Ungetüme kümmern sich nicht um uns, fressen friedlich und streben dann den Kraterhängen zu. Später sehen wir große Gnuherden und viele Zebras. Die Gnus sind nervöse Tiere, die bei unserem Herankommen davon galoppieren.

Am Hippo Pool machen wir Lunchpause, von den Hippos sind nur Nase und Augen zu sehen, ab und zu vernehmen wir ein dumpfes Brummen. Bei der weiteren Fahrt sehen wir Büffel, die herumstehen, fressen und uns misstrauisch beäugen, dazwischen Hyänen und Füchse.

Später nähern wir uns vorsichtig zwei Nashörnern, ein Muttertier und ein Junges. Die Mutter liegt im Gras, steht bald auf und wittert zu unserer Seite. Der Führer erklärt uns leise, dies sei ein „black rhino", es sieht beeindruckend aus mit dem langen spitzen Horn.

Wir sind über fünf Stunden im Krater unterwegs und begeistert von den vielen Tieren – aber leider lässt sich kein Löwe blicken. Zurück geht's wieder eine steinige, steile Piste den Kraterrand hinauf und wir besuchen noch den Gedenkstein für Michael Grzimek.

Die Nürnberger schildern uns die Serengeti als nicht so besonders, außerdem wird der Eintritt dort rigoros in Dollars kassiert. Daraufhin beschließen wir, Serengeti ausfallen zu lassen (große Erleichterung bei Christine und mir, so ersparen wir uns den anstrengenden Anfahrtsweg, und langsam reicht's mit Safari) und stattdessen den Lake Manyara Park zu besuchen.

Dort fahren wir durch dichten Wald und sehen viele, meist junge Elefanten, die im Gänsemarsch dahinziehen. Die Landschaft ist herrlich, die Wege dagegen schlecht. Am See tummeln sich massenweise Zebras, Gnus und Warzenschweine, am Ufer grast eine Herde Büffel.

Der Wald weicht dichtem Buschland, zu Hermis großem Bedauern entdecken wir auch hier keine Löwen. Am Fluss liegen Hippos faul in der Sonne, dazwischen Enten, Pelikane und andere Wasservögel. Auf dem Weg zur Straße begegnen uns viele Zebras, Gazellen und die so schreckhaften Giraffen, die bei unserem Anblick davonlaufen.

Am nächsten Tag geht es zurück Richtung Arusha, die nächste Bergtour steht an. Wir sind mit Angelika und Jürgen am Marangu-Hotel verabredet, die beiden werden mit Hermi, Christine, Nigel und Dominic auf den Kilimandjaro gehen. Christine stellt die Ausrüstung zusammen: es werden 40 (!) Eier gekocht, Lebensmittel, Regenmäntel, Tabletten und sonstiges in den Rucksäcken verstaut. Alle paar Minuten erklingt: „"Josef, habt ihr... dabei ghabt?"", „Josef, langt der Zucker?", „Josef, wie viel Unterhosen hast du mitgenomme?". Was wären wir ohne die guten Ratschläge unseres Josef...

Morgens ist der Berg wolkenverhangen, aber immerhin regnet es nicht und ist auch nicht so kalt wie bei Josefs und Kurts Aufstieg. Am Gate gibt es den üblichen Ärger mit der Deklaration, nach über einer Stunde Streit wird sie endlich akzeptiert. Während Nigel und Dominic bedächtig ihre Rucksäcke packen, stehen alle anderen schon kletterfertig herum, Hermi in seinen Wanderstiefeln wirkt wild entschlossen, die Schlamm-, Stein- und Geröllfelder festen Schrittes zu bezwingen. Jedenfalls ist er jetzt gesundheitlich wieder so fit, dass die Tour klappen könnte, kein Vergleich zu seinem Zustand vor zwei Wochen. Josef erteilt zum mindestens 27. Mal gute Ratschläge, ein letztes Winken, und sie marschieren los.

Josef und ich verbringen die nächsten Tage auf dem Campingplatz hinter dem Hotel, der von Hecken und Bäumen gesäumt ist und sehr saubere Toiletten und Duschen hat. Gleich hinter dem Platz beginnen Bananenpflanzungen, die hellgrünen Blätter der Stauden heben sich vom wunderbar blauen Himmel ab, wir genießen den Blick auf den Mount Meru. Jeder frönt seiner Lieblingsbeschäftigung: Josef geht auf Fotosafari, ich genieße ein Sonnenbad. Hin und wieder werden Hausarbeiten getätigt: Wäsche waschen, Kühlschrank putzen. Wir verfahren nach dem Motto: wer nichts zu tun hat, schafft sich Arbeit! Die Inneneinrichtung wird geputzt, der Bus glänzt wie schon lange nicht mehr.

Eines Abends verfällt Josef auf die glorreiche Idee, Omelettes zu machen. Er schlägt Eier mit Salz und Pfeffer, rührt ungeduldig mit der Gabel dauernd in den Eiern herum – bis die ganze Schüssel umkippt und sich der Eiermatsch über Tisch, Polster, Teppich und Josefs Bein ergießt. Also wieder putzen und waschen...

Als wir zum Einkaufen nach Moshi fahren, wundern wir uns, was wohl oben auf dem Dach so klappert... auf einmal sehe ich durchs Seitenfenster, dass unsere Stangen fürs Vordach herabhängen. Schnell anhalten, was für eine Bescherung: fast alle Alu-Halterungen des Dachständers sind abgebrochen, er hängt schräg nach links. Ein Teil der Lasten muss vom Dach herunter, Benzinkanister und Sandbleche werden in den Bus verfrachtet, dann beginnt Josef mit einer provisorischen Reparatur. Um uns herum stehen wieder einmal Scharen von Kindern, nach etwa zwei Stunden ist die notdürftige Befestigung mit Draht beendet.

Am nächsten Nachmittag fahren wir zum Gate, um die Bergsteiger abzuholen. Sie sehen sonnenverbrannt aus, sind trotz der Mühen stolz, es geschafft zu haben: Hermi, Nigel und Dominic waren ganz oben am Uhuru Peak, die anderen am Gillman's Point. Besonders Hermi ist sehr gut drauf, freut sich riesig, dass er sein großes Ziel erreicht hat!

In Arusha reparieren Hermi und Josef den Dachständer indem sie auf beiden Seiten jeweils zwei Sandbleche festschrauben – hoffentlich hält's!

Eines Nachmittags bekommen wir Besuch: die Schweizer mit dem VW-Bus, die wir im Niger trafen und die nach Abidjan weiterreisten, um von dort aus mit einem Schiff nach Douala zu gelangen. Sie erzählen, dass sie für den Transport des Busses auf einem Frachter 4.000 Franken zahlten, sie selbst mussten nach Douala fliegen.

Als wir von unserem Glück mit der Banniere erzählen, wollen sie es nicht glauben. Sie sind mit einem gefälschten Visum durch Zaire gereist, haben Ruanda, Burundi und Tansania besucht und alles, was gut und teuer ist, mitgemacht: die Gorillas in Ruanda, sämtliche Parks in Tansania und immer mit US-$ bezahlt, müssen die Kohle haben!

Wir machen uns auf den Weg nach Dar es Salaam. Zunächst ist die Straße noch gut, führt durch Steppe, unter dem dürren Gras und den Dornbüschen leuchtet die rote Erde hervor, bald sind die Umrisse der Usambara-Berge erkennbar. Wie immer sind viele Leute am Straßenrand unterwegs, Frauen in gelbgrün bedruckten Tüchern, meist ein Baby auf dem Rücken.

Man merkt an der Temperatur, dass wir uns dem Meer nähern, es wird wärmer. Auf der Fahrt nach Korongwe kommen wir ins Sisal-Anbaugebiet: in langen geraden Reihen stehen die etwa einen Meter hohen Gewächse, längliche, mattgrüne Blätter wachsen fast senkrecht empor. Kilometerweit dehnen sich die Pflanzungen aus, immer wieder sehen wir Arbeiter, die mit der Machete die Blätter abhacken, bündeln, am Feldrand stapeln.

Wir holpern auf der „Hauptverkehrsstraße" dahin: sie ist ziemlich schmal, der Asphalt von Schlaglöchern durchsetzt. In vier Stunden kommen wir gerade mal 140 km weit... Ab Korongwe ändert sich die Landschaft, Maisfelder wechseln ab mit Buschland, dazwischen Bananenstauden, deren große Blätter mit dem roten Staub der Piste bedeckt sind.

Die Strecke ist weiterhin schlecht, doch sieht man überall Arbeiter, die mit der Instandsetzung beschäftigt sind. Mal heben sie am Straßenrand Gräben aus, mal füllen sie die Schlaglöcher mit Erde auf oder verbreitern die Piste. Von ihren Bemühungen merken wir jedoch kaum was, es klappert und scheppert weiter. Manche Arbeiter sitzen auf der von der Sonne aufgeheizten Straße, mir wäre das angesichts der unversehens heran donnernden Laster zu gefährlich. Nicht nur die Arbeiter sind so sorglos, einmal sehen wir ein kleines Kind von vielleicht zwei Jahren ganz ungeniert auf der Straße laufen. Es registriert uns erst, als wir neben ihm anhalten und sucht erschrocken das Weite.

In Mbwewe wollen wir unseren Augen kaum trauen: Marktstände mit Ananas! Seit Nairobi mussten wir auf den so liebgewordenen Nachtisch verzichten, hier gibt es sie endlich wieder. Wir erstehen vier Stück der gelben, duftenden Früchte – heute ist das Menü wieder perfekt.

Das Küstengebiet macht sich durch typische Vegetation bemerkbar: viele Palmen und Papayabäume. Am Stadtrand von Dar es Salaam biegen wir zum Kunduchi Beach Hotel ab. Leider dürfen wir nicht campen, daher geht es weiter zum Silversands Hotel. Es befindet sich noch im Bau, dementsprechend sieht es in der Umgebung aus: Steine liegen herum, alles wirkt unaufgeräumt, aber vor uns schimmert und rauscht das Meer, gleich am Campingplatz beginnt der Strand.

Am nächsten Tag begeben wir uns in die Stadt, Dar macht gar keinen schlechten Eindruck, ein buntes Gemisch aus kolonialem, arabischem und neuerem (sprich phantasielosem) Baustil. Die alten Häuser bestehen meist aus zwei- oder dreistöckigen Bauten, von den blassen Fassaden bröckelt oft der Putz ab, zerbrochene Fensterscheiben, brüchige Balkone, wo auf den Wäscheleinen die Kleider flattern.

Abgesehen von herumliegendem Abfall und Steinen ist es recht malerisch, den geschwungenen Portalen und verzierten Balkonen sieht man ihre frühere Pracht noch ein bisschen an. In verwinkelten Hinterhöfen führen Treppen zu den Wohnungen empor. Und das Geschäft scheint zu blühen: ein Laden reiht sich an den anderen, Snack Bars, Friseure, Kleiderläden. Ein buntes Bevölkerungsgemisch ist unterwegs, Afrikaner mit Käppi, dunkelhäutige Araber mit lang wallenden weißen Gewändern, wenige Europäer, sehr viele Inder, die ja hier die Geschäftswelt beherrschen.

Bei der deutschen Botschaft weiß der Afrikaner hinter dem schusssicheren Glas nichts von postlagernden Briefen, deshalb ruft er einen Angestellten: Wolfgang begrüßt uns freundlich und erkundigt sich nach unseren Reiseerlebnissen.

Er berichtet von Versorgungsproblemen in Tansania, als er vor eineinhalb Jahren hier ankam, seien alle Läden geschlossen gewesen, es gab nichts außer Zigaretten, die sind dafür jetzt Mangelware. Wir stimmen seufzend zu, daraufhin bietet er an, uns über seinen Tennis-Club Kippen zu organisieren. Wir sollen am Montagabend wieder vorbeikommen, er lädt uns zu sich nachhause auf ein deutsches Bier ein – da sagen wir nicht nein!

Ein Supermarkt bietet neben Plastikschüsseln Fruchtsäfte, Nudeln, Gewürze, Möbelpolitur, aber leider nicht das, was wir brauchen, nämlich Zucker und Brot. Bei der Mercedes-Niederlassung erkundigen wir uns nach Stoßdämpfern, doch es gibt hier keine Ersatzteile. Nicht mal ein Inder kann helfen, so schaukeln wir weiterhin mit kaputten Stoßdämpfern durch die Gegend.

Die Samora Avenue ist die belebteste Straße der Innenstadt, bei der Snack Bar „Salamander" kann man draußen sitzen, was den Vorteil hat, dass wir den Bus im Auge behalten können. Wir genießen Softeis mit Nüssen, Dominic und Nigel verdrücken, ohne mit der Wimper zu zucken, jeder vier Portionen. Zu meinem Kaffee wird eine Schüssel Zucker serviert, was Hermi auf die glorreiche Idee bringt, eine Plastiktüte zu holen, um den Zucker mitzunehmen. Gesagt, getan. Sobald der Kellner außer Sichtweite ist, wird der Zucker in die Tüte geschüttet – leider rieselt er durch ein Loch auf den Fußboden.

Gegen Abend sind wir wieder am Strand, werfen uns in die Badeklamotten, nichts wie ab in die Fluten! Hier ist es schöner zum Baden als in Twiga Lodge, der weiße Sandstrand liegt nicht so voller Seegras und auch das Wasser ist frei davon. Das Meer hat eine angenehm erfrischende Temperatur, sanft schaukelnde Wellen. Am Abend sitzen wir unterm sternübersäten Himmel beim Kenia-Tee, labern über Gott und die Welt, ein laues Lüftchen weht.

Die nächsten Tage genießen wir Sonne und Meer, das alle halbe Stunde eine andere Farbe annimmt, einmal grün, dann hell-, dann wieder dunkelblau schimmert. Während wir uns im Sand aalen, legen wir eine Gedenkminute für die arbeitende Menschheit ein, die jetzt bestimmt ein verregnetes Wochenende vor sich hat. Allerdings können wir nicht nur faulenzen, es ist noch Wäsche von der Kilimandjaro-Tour zu waschen, Geschirrtücher zu bürsten, aber die werden wohl nie mehr ihren Grauschleier verlieren. Nigel ergattert in der Stadt frische Lebensmittel wie Butter, Käse und ein paar Tomaten, Josef kauft morgens am Strand Fische für das Abendmenü. Die lauen Abende verbringen wir mit Kniffel spielen, für Hermi ist es ein Leichtes, das Kniffelspiel auf Englisch zu übersetzen: „Need I schmaller Straß?".

Nach den Strandtagen haben wir wieder in der Stadt zu tun: Nigel erkundigt sich nach einem Schiff nach Sansibar, Dominic tauscht Geld beim Friseur[20]. Da wir noch „offizielles" Geld brauchen, geht Josef zur Bank und bringt eine wunderbar zum Fälschen geeignete Deklaration mit. Aus den tatsächlich getauschten 10 Dollar werden flugs 100 Dollar gemacht. Wir unterhalten uns währenddessen mit Landsleuten aus Miltenberg, die erstaunt feststellen: „Mit so einem Auto kann man auch durch Afrika fahren?!".

Bei der deutschen Botschaft treffen wir Wolfgang, er düst mit dem Motorrad voraus zu sich nachhause. Quer durch einen Golfplatz, vorbei an Villen, eine staubige Piste entlang. Hermi fährt dicht hinter ihm her, bis wir ihn bitten, doch mehr Abstand zu halten – denn sollten wir Wolfgang von seinem Motorrad runterholen, wäre es nix mit gutem deutschem Bier...

Es ist eine schöne Wohngegend, nicht so edel wie Runda, dafür natürlicher, afrikanischer. Am Eingangstor dieselbe Prozedur wie in Kenia: hupen, der Gärtner kommt angerannt und öffnet. Der Kiesweg führt auf einen flachen, gelb gestrichenen Bungalow zu, der von Rasen, Bäumen und Bananenstauden umgeben ist. Wolfgangs Frau, Carmen, heißt uns herzlich willkommen und wir lassen uns auf der Terrasse nieder, Wolfgang serviert uns etliche Flaschen Bier.

Erfreulicherweise werden wir eingeladen, hier im Garten zu übernachten. Carmen und Wolfgang leben seit eineinhalb Jahren hier, beiden gefällt es sehr gut, auch wenn es oft Versorgungsschwierigkeiten gibt. Wie die Familie in Nairobi lassen sie sich einen Großteil der Lebensmittel und sonstige Waren

---

[20] In Tansania tätigen nicht nur Banken Geldgeschäfte...

per Schiff schicken. Und auch hier sind Fenster und Türen mit Gittern gesichert. Als Carmen und Wolfgang einmal eine Woche verreist waren, wurde eingebrochen, als sie zurückkamen, stand die Tür offen und Wertgegenstände waren im Wohnzimmer gestapelt, der damalige Nachtwächter hatte das organisiert, am nächsten Abend sollten die Sachen weggeschafft werden.

Wolfgang schleppt ein Bier nach dem anderen an und wird fast böse, als wir langsam den Konsum verweigern - das norddeutsche Bier ist um einiges stärker als das ostafrikanische Gebräu, an das wir gewöhnt sind. Gegen Mitternacht, unter dem Staunen der Hausbewohner, baut Josef das Moskitonetz auf dem Busdach auf und wir genießen das Vogelzirpen und die angenehme Kühle der Nacht.

In den folgenden Tagen stehen einige Erledigungen wie Visaverlängerung an, bei der uns Wolfgang mit einem Empfehlungsschreiben behilflich ist. Auf einem Markt in der Nähe werden Souvenirs wie Korallen und vielerlei Arten und Größen von Muscheln angeboten. Wir erstehen einige Sachen und bezahlen mit T-Shirts.

Die Nachmittage verbringen wir mit Wolfgang und Carmen im Yacht Club, am Strand des Clubgeländes schaukelt ein Boot neben dem anderen, Katamarane, Wolfgang geht surfen. Am Sandstrand liegen wir in der Sonne und schmökern in Carmens Zeitschriften und diversen Klatschblättern – endlich weiß man mal wieder, was bei Caroline, Diana und Silvia los ist…

Das Meer hat wenig Wellen, es lässt es sich gut schwimmen oder auf dem Rücken liegend, die Arme hinter dem Kopf verschränkt, in den blauen Himmel schauen. Beim Sonnenuntergang verschwindet der rote Ball hinter kleinen Wolken und sinkt bald ins Meer.

Abends kochen wir mit Carmen, als Küchenchefin bin ich ja immer auf der Suche nach neuen Rezepten und lerne die Zubereitung eines klassischen spanischen Gerichts:

Tortilla

Zutaten: *5 große Kartoffeln*
              2 mittelgroße Zwiebeln
              4 Eier
              viel Salz und Öl

Kartoffeln schälen und in dünne Scheiben schneiden, zusammen mit den Zwiebeln in viel Öl braten bis sie weich sind, etwas abkühlen lassen. Die Kartoffeln mit den verquirlten Eiern gut mischen. In einer Pfanne etwas Öl erhitzen, die Mischung hineingeben, kräftig salzen und etwa 8 Minuten braten, erscheinen an den Pfannenrändern Blasen, die Tortilla umdrehen: Teller auf die Pfanne legen, festhalten, die Pfanne umdrehen, die Tortilla vom Teller wieder in die Pfanne gleiten lassen, die zweite Seite braten.

Trotz der zwischendurch auftretenden Stromausfälle, während derer wir uns mit romantischem Kerzenlicht behelfen, macht das Kochen Spaß und die Tortillas schmecken super! Das Gericht wird in Zukunft sicher häufiger auf unserer Speisekarte stehen.

Morgens beim Aufwachen sehe ich über dem Moskitonetz grünes Laubwerk und Kokospalmen, deren Blätter einen schönen Kontrast zum tiefen Blau des Himmels bilden. Die Idylle wird einmal durch lautstarkes Geschrei gestört: Wolfgang motzt das Hausmädchen an, sie schreit zurück. Wie sich herausstellt, hat er ihr fristlos gekündigt – es bleibt uns leider nichts anderes übrig, als das Geschirr nun selber abzuspülen. Carmen seufzt, sie hätte das Mädchen gerne bis zum Urlaub in einer Woche behalten, jetzt bleibt ihr die ganze Hausarbeit. Immerhin hat sie uns, wir wechseln uns beim Bügeln ab.

Eines Nachmittags unternehmen wir einen Ausflug zur Insel Mbudya, bepackt mit Handtüchern, Fotoapparaten, Flossen, Taucherbrille und Kühlbox wandern wir über feuchten Sand und durch kleine Pfützen, um die kleinen Motorboote zu erreichen, die uns zur Insel bringen.

Als wir alle, ohne das Boot umzukippen, auf den Sitzbänken Platz genommen haben, wartet der Fahrer auf eine fünfköpfige indische Familie. Die Frau trägt die typische indische Kleidung, hat Schmuck im Nasenflügel, Ringe an Fingern und um eine Zehe. Die Töchter sind mehr europäisch gekleidet, tragen die prachtvollen schwarzen Haare zu dicken Zöpfen geflochten.

Nach einer Viertelstunde Fahrt erreichen wir Mbudya und bewundern den weißen Sandstrand, weiter landeinwärts beginnt Gebüsch, auch Laubbäume und große dicke Baobabs stehen dort. Ein atemberaubender Blick aufs Meer: das Wasser ist glasklar, der sandige Untergrund lässt es in einem zarten Hellgrün erscheinen, das dann urplötzlich in tiefblau übergeht, wo der Meeresboden mit Gras bedeckt ist.

Wir lassen uns am Strand nieder, lesen, Hermi packt seine Unterwasser-Fotoausrüstung aus, und auch Josef geht auf Fotosafari. Ein wunderbarer Tag, in der Sonne liegen, im glasklaren Wasser planschen, das Meer bewundern, den Wellen zuhören... wenn's nach mir ginge, würden wir den Aufenthalt noch um einige Tage verlängern. Hermi zieht es dagegen weiter, ihm ist das zu langweilig. Josef hat leider schlechte Nachrichten von zuhause: ein Familienmitglied ist erkrankt, er hat beschlossen, bald heim zu fliegen.

Nach den entspannten Tagen mit Carmen und Wolfgang ist es an der Zeit, unsere im ganzen Haus verstreuten Utensilien zusammenzusuchen. Josef räumt seine Sachen aus dem Bus und packt sie mitsamt unseren Souvenirs in einen von Wolfgang geliehenen Koffer. Carmen versorgt uns reichlich mit Lebensmitteln, dann sind wir startbereit, müssen leider, leider Abschied nehmen. Schön war's bei den beiden, hoffentlich treffen wir uns wieder mal. Wir sind doch Glückspilze, dass wir immer so liebe Leute kennenlernen!

On the road again, ungewohnt ist das wieder. Im Eiltempo saust die Landschaft vorbei, Mais und Sisalfelder, hoch aufragende Papayabäume mit ihrem nackten Stamm, Bananenstauden. Hin und wieder stoßen wir auf ungewöhnliche Hindernisse: eine Kuhherde, die von Soldaten auf der Straße vorangetrieben wird. Ob das wohl die Verpflegung der hiesigen Armee ist?

Die Strecke führt durch den Mikumi Nationalpark, wir sehen Gazellen, Zebras, Giraffen, Elefanten und Büffel – und alles ohne Eintrittsgebühr! Um endlich den heiß ersehnten Löwen zu finden, möchte Hermi weiter in den Nationalpark fahren, aber wir geben das Vorhaben auf, da Campen hier nicht erlaubt ist.

Wir gewöhnen uns langsam an den Gedanken, dass Josef uns in einigen Tagen verlassen wird, er fährt bis zur tansanischen Grenze mit, da wir für die Ausreise seine Devisendeklaration brauchen (er hat „am meisten" getauscht), dann kehrt er nach Dar zurück und wird mit Wolfgang in einigen Tagen nach Deutschland fliegen.

In Richtung Mbeya weicht die mit hohem Gras bewachsene Savanne kahler, ausgedörrter Steppe mit wenig grünem Gebüsch. Wir nähern uns einem Höhenzug, bald geht es steil aufwärts. Der einzige Farbtupfer in dieser öden Gegend sind kleine, kaum einen Meter hohe Baobabs mit leuchtend rosa Blüten. Eine weitere Abwechslung auf der langen Fahrt bieten die oft auf der Straße sitzenden Paviane, die sich durch Autos nicht aus der Ruhe bringen lassen. Je weiter wir in die Berge kommen, desto grüner wird die Umgebung, durchs Tal führt ein Flusslauf, dessen trockenes Bett mit Steinen und Geröll gefüllt ist.

In Mbeya erkundigen wir uns nach Diesel und erhalten die Auskunft, es gebe seit einigen Tagen die Verordnung, dass Touristen nur gegen Vorlage der Devisendeklaration Sprit erhalten. Ein Glück, dass wir Josef und sein Papier mit den 950 DM noch dabei haben! Wir tanken randvoll, denn in Malawi soll Diesel 2 DM pro Liter kosten. Die umstehenden Afrikaner zeigen sich sehr interessiert an unseren Cassetten, wir verkaufen eine für 120 Shilling Es vergehen keine fünf Minuten, da kommt schon der nächste Interessent. Wieder 120 Shilling und eine leiernde Cassette weniger.

Zur Malawi-Grenze geht es bergauf und bergab, sie bietet faszinierende Ausblicke auf weite Wälder und grüne Berge, im Süden ist schon die Wasserfläche des Malawisees zu erkennen. In Kyela beim Zoll sammelt der Beamte die Deklarationen ein – ohne einen Blick auf die Papiere zu werfen, dabei haben wir uns solche Mühe mit dem Fälschen gegeben! Hermi bringt Josef ins Dorf zur Busstation, es heißt sich verabschieden: „Josef, war schön mit dir, tschüs, mach's gut!".

Christine und ich erledigen die restlichen Ausreiseformalitäten, in ein Buch eintragen, Formulare ausfüllen, wir warten auf Hermi. Endlich hören wir das vertraute Röhren des Busses, Josef ist gut abgeliefert und hat sich gleich auf den Markt begeben, um seine heiß geliebten Bananen zu erstehen. Wir bekommen die Ausreisestempel in den Pass und ins Carnet. Bye bye, schönes Tansania.

Malawi

Auf dem Weg zur Grenzstation fahren wir auf einer schmalen Piste, umgeben von riesigen, dicht beieinander stehenden Bananenstauden. Vor uns hängt ein Lkw halb im Graben, Hermi manövriert vorsichtig an ihm vorbei, wir geraten in Schieflage, rutschen, beim Auffahren auf die Piste schiebt es den Bus auf die falsche Seite, Hermi gibt Gas, dann haben wir wieder festen Boden unter den Rädern. Nach dieser kurzen Episode bin ich mir sicher: durch Zaire fahre ich nie wieder... diese kurze Rutschpartie hat die unangenehmsten Erinnerungen wachgerufen.

Danach geht's problemlos weiter auf steiniger Piste, über viele Brücken, bergauf, bergab. Schließlich kommen wir an einen großen Fluss, hier begrüßt uns das Schild „Welcome in Malawi".

Zwischen Mangobäumen und Bananenstauden stehen Hütten, die oft von einem Zaun umgeben sind. Um die Häuser gibt es kleine, auf einen Steinsockel gebaute runde Strohhütten, die wohl als Speicher dienen. Fast bei jeder der kleinen Ansiedlungen befindet sich ein Wasserhahn, der im Umkreis von ca. 2 m betoniert ist und eine Abflussrinne hat – das haben wir bisher noch nirgends gesehen.

Kinder und Jugendliche in blauer oder grüner Schuluniform winken lebhaft, Frauen in den typischen bunt bedruckten Baumwolltüchern transportieren Holzbündel, Krüge oder Körbe auf dem Kopf. Als wir in einem Dorf nach dem Immigration Office fragen, geraten wir an den zuständigen Beamten, der gerade auf dem Heimweg ist. Er schickt uns weiter nach Koronga, wo wir bei der Polizei übernachten sollen, dort gebe es „no robbers". Trotz Dunkelheit und Hunger fahren wir weiter und erreichen bald die Stadt, deren Zufahrt durch einen Zaun versperrt ist. Der Wachtposten notiert gewissenhaft Autokennzeichen, Herkunftsland und will tatsächlich die Uhrzeit unserer Abfahrt aus Deutschland wissen.

Da das Büro schon geschlossen ist, dürfen wir unser Fahrzeug im Hof abstellen, ein etwas ungünstiger Platz zum Übernachten, so mitten im Dorf vor der Polizeistation... wo soll man da zum Pinkeln hingehen?!

Beim Frühstück ist es sehr ungewohnt, dass Josef nicht mehr da ist... es wird beschlossen, dass sich das morgendliche Abspülen bei nur drei Personen

erübrigt. Dann ziehen wir mit Pässen und Carnet zum Office, wie es in Malawi vorgeschrieben ist, tragen wir Mädels kniebedeckende Röcke[21].
Wieder einmal Kärtchen ausfüllen, Finanzen angeben. Die Beamten sind schick angezogen, der Zöllner sogar mit schwarzem Anzug, Krawatte und blütenweißem Hemd. In Koronga gibt es Erstaunliches zu sehen: Hinweisschilder zu Post, Polizei und Bank, schmucke Häuschen mit sauberen Glasfenstern und Blumengarten, echt ungewohnt für Afrika! Die Leute am Straßenrand winken, des Öfteren sehen wir Männer mit Anzug und Krawatte zu Fuß oder auf dem Fahrrad.
Weiter geht's Richtung Süden, auf einer säuberlich ausgebesserten Asphaltstraße. Links taucht der Malawisee auf, seine Farbe ist intensiv blau, am ganzen Ufer entlang Sandstrand. Im Westen erstrecken sich dicht bewaldete Berge, mit dem blauen Himmel darüber ist das ein traumhaftes Bild.
Bei Chitimba biegen wir auf eine Piste ab, die zur Livingstonia-Mission führt. Es geht steinig und steil aufwärts, und die erste der ca. 20 Serpentinen lässt zweifeln, ob wir uns die Strecke wirklich zumuten wollen. Doch der Ausblick von dort oben muss herrlich sein... wir klettern also hoch, eine Haarnadelkurve nach der anderen, manchmal schwankt der Bus bedrohlich, wenn Steine im Weg liegen, dann wieder Löcher... und nebenan der steile Abhang, ohne irgendeine Sicherung. An vielen Stellen sind Erdrutsche und Steinschläge erkennbar, bei Regenzeit möchte ich hier nicht fahren.
Aber die Aussicht ist wirklich toll, je höher wir kommen, umso schöner! Nach etwa einer Stunde erreichen wir die letzte Kurve. Ab hier wird die Piste breiter und gut befahrbar, an Backsteinhäusern vorbei düsen wir in Richtung Mission. Ein Hinweisschild lotst uns zum Rest House, wir kommen am Livingstone Hospital vorbei und durch einen schönen Pinienhain.
Bei den Manchewe-Wasserfällen begeben wir uns auf einem schmalen Pfad zu den Fällen, als noch Gebüsch und Bäume die Sicht versperren, hören wir schon das Rauschen des Wassers. Eine Treppe führt über Baumwurzeln und Steine nach unten, die Fälle stürzen in mehreren Stufen herab, es bilden sich Wassernebel.

---

[21] In Ermangelung eines solchen Kleidungsstückes in meiner eigenen Garderobe, muss ich mit einem weinroten Exemplar aus unserem Altkleidersack vorlieb nehmen.

Zeit für eine Pause: Tisch und Stühle werden aufgestellt, wir Mädels vertauschen die ungewohnten Röcke gegen was Bequemeres und setzen uns in die Sonne. Die Ruhe ist jedoch nicht von langer Dauer, Hermi macht sich, nachdem er ein Sonnenbad auf dem Busdach genommen hat, daran, den Luftfilter zu säubern.

Es herrscht reger Fußgängerverkehr, Leute kommen vorbei, manche wünschen „Good afternoon". Eine Frau erschrickt total, als ich sie grüße und macht schnell einen Knicks. Wie schon in Zaire, scheint es hier üblich zu sein, auf jede Frage oder Bemerkung „thank you" zu sagen – die Afrikaner sind halt höfliche Leute.

In Mzuzu, der Bezirkshauptstadt des Nordens, ist alles beflaggt: Läden, Häuser, sogar der Supermarkt. Da stopp' mer doch, gucken, was der zu bieten hat, Christine meint: „Vielleicht sogar südafrikanischen Rotwein?" Den gibt's tatsächlich, allerdings zum unerschwinglichen Preis von 25 DM pro Zweiliterflasche. Auch deutscher Wein ist im Angebot sowie weitere Spezialitäten wie Kekse, Brot, Butter. Angesichts des reichhaltigen Angebots möchte man in Kaufrausch verfallen… aber Hermi hat ein striktes Spargebot erlassen, damit das Geld bis Südafrika reicht...

Nächstes Ziel ist Nkatha Bay, wo es einen schönen kostenlosen Campingplatz am See geben soll. Die gute Straße führt durch welliges Hügelland mit Bäumen und Bananenstauden, bald sehen wir die schimmernde Fläche des Sees. Im Dorf fahren wir am Fußballplatz, kleinen Backsteinhäusern, dem Gefängnis und der Polizeistation vorbei. Schließlich treffen wir auf die im Reiseführer beschriebene Brücke, die Überfahrt verbietet leider ein Schild „Road closed".

Von einem Wächter erfahren wir, dass die Brücke nur noch 2 t Gewicht verträgt, nach kurzer Inspektion bestätigt Hermi diese Aussage. Enttäuschung macht sich breit, wir fragen einen Polizisten, wo noch eine Campinggelegenheit am See ist, werden zur Polizeistation geschickt, wo uns ein Beamter umständlich erklärt, wir sollten am Fußballplatz übernachten.

Eine Erkundungsfahrt außerhalb des Dorfes ergibt auch keine andere Campmöglichkeit, also parken wir zwischen Fußballplatz und Strand. Kaum stehen wir, ist natürlich schon die Kinderschar, die bisher Fußball spielte, um den Bus versammelt und guckt. Zu gutem Tee und Keksen lassen wir uns draußen nieder, einige kleine Zuschauer lümmeln im Sand. Am Strand wuchert Gras und Gebüsch, schmale Boote liegen am Seeufer, ein paar Jungs waschen sich oder flicken ihre Fischernetze. Schade, dass uns die Zufahrt zum Campingplatz verwehrt ist, denn abends stellt sich wieder mal die lästige Frage: was tun? Kniffel spielen und schreiben...

Am nächsten Tag fragen wir einen Beamten bei der Polizeistation, ob wir hier unsere Wasserkanister auffüllen dürfen. Er grinst breit und meint, dafür müsse er erst eine Permission einholen, kommt mit einem Vorgesetzten wieder. Mit Begeisterung zeigen die beiden uns den Wasserhahn, und während wir die Kanister füllen, kommen kleine Kinder aus den umliegenden Häusern gestürzt, tollen auf dem Rasen umher und schreien lauthals „Hello". Die Polizisten sind wirklich außerordentlich freundlich, als wir einen auf der Straße grüßen, steht der sogar stramm.

Auf dem Weg zum Markt bemerken wir die sauber gefegten Vorplätze der Häuser, dies wird von weiß gekleideten jungen Männern erledigt, die wir auch in den umliegenden Gärten arbeiten sehen. Da wir bei einer solchen Gruppe einen mit Knüppel bewaffneten Aufseher bemerken, schließen wir, dass es sich bei den Reinigungstrupps um Sträflinge des hiesigen Gefängnisses handelt.

Die Strecke nach Nkotakota führt an kleinen Dörfern durch einen Wald, in dem die Bäume in akkuraten Reihen stehen. Es sind Kautschukbäume, ihre Rinde ist eingeschnitten und von einer schrägen Bahn tropft langsam der Kautschuk in die unten aufgestellten Becher. Die Baumreihen sind mit Jahreszahlen beschriftet. Bald kommen weite Flächen mit hohem gelbem Gras, Maisfelder, zur Linken schimmert der See, dessen Ufer mit Schilf bestanden ist.

Bei Chintheche weisen uns mehrere Coca-Cola- und Carlsberg-Beer-Schilder auf „Chintheche Inn" hin, wir erreichen eine nagelneue Ferienanlage: leuchtend weiß gestrichene Gebäude, auf dem Rasen Tische, Stühle und Liegestühle. Kein schlechter Platz zum Urlaubmachen, rasch kommt ein dienstbeflissener Angestellter und fragt nach unseren Wünschen. Leider kostet Campen an diesem Traumstrand 10 Kwacha[22] pro Person, mit Handeln ist leider nix drin, also fahren wir weiter.

Ständig halten wir Ausschau nach einem Weg zum Seeufer, aber entweder stehen am Strand Hütten oder das Gras und Gebüsch ist undurchdringlich.

---

[22] 1 Kwacha = 1,72 DM

Dabei sieht der See so verlockend aus: herrliches Blau, die Gipfel der Wellen von weißer Gischt gekrönt, schöner Sandstrand. Als wir so sehnsüchtig auf den See blicken, fällt uns plötzlich auf, dass in der Ferne dichte schwarze, wie Rauchwolken aussehende Gebilde über der Wasserfläche hängen, was das wohl sein mag? Wir rätseln hin und her, bei einer Pinkelpause fragt Hermi einen Jungen nach diesen schwarzen Wolken und erhält die Antwort: „Lake Flies", riesige Fliegenschwärme.

Ein solcher Schwarm nähert sich einem dicht belaubten Mangobaum am Seeufer, so dass man nach kurzer Zeit kaum mehr grün, sondern nur noch eine schwarze Wolke sieht. In dem heimgesuchten Dorf stehen die Leute mit Körben, wedeln, schlagen um sich, auch kommen uns haufenweise Kinder, Jugendliche in Schuluniform und Frauen entgegen, die alle entweder einen Korb oder eine lange Stange tragen und eilig auf den von der Fliegenplage heimgesuchten Ort zustreben.

Endlich entdecken wir mal einen ruhigen Stellplatz am Strand, kein Dorf in der Nähe. Doch die Freude war zu früh: innerhalb kürzester Zeit versammelt sich eine Menschenmenge um uns, man kommt kaum aus der Bustür raus. Da flüchten wir wieder, hoffentlich wird das im Süden mal besser!

Auf der Weiterfahrt besteht die Piste oft aus losem Sand, der sich zwischen den Spuren auftürmt, der Bus rutscht hin und her, der Sand bremst. Dann wird es wieder steinig oder wir rattern über Wellblech, immer wieder passieren wir unterschiedlich große einspurige Brücken, die darunter liegenden Flussläufe sind meist zugewuchert. Als die Piste weiter ins Landesinnere führt, dehnen sich Zuckerrohrfelder aus.

Am Nachmittag erreichen wir Nkhotakota, hier gibt es farbig verputzte Häuser, einen Store, die „Slow but sure grocery", den Night Club. Auf dem Markt ist nichts los, für Bananen will man uns das Dreifache des normalen Preises abknöpfen. Ein kleiner Junge versichert Hermi, man würde ihn auf diesem Markt nur betrügen, doch er als Einheimischer könne für uns einkaufen und uns Bananen für 1 Tabala besorgen. Wir vereinbaren, uns am Seeufer zu treffen, hinter dem Wellblechgebäude einer Maismühle bleiben wir stehen und treffen unsere abendlichen Vorbereitungen.

Vor uns läuft ein Schienenstrang zum Seeufer, dies ist die Anlegestelle für das Schiff, das den Malawi-See befährt. Unnötig zu erwähnen – eine Menschenschar belagert uns innerhalb kürzester Zeit. Wir versuchen, sie mit ihren eigenen Waffen zu schlagen, stellen uns hin und starren zurück. Das belustigt sie aber nur, sie grinsen und schnattern durcheinander, da nützt nur ignorieren. Wir schließen uns Hermi an, der sich in die Badehose geworfen hat und mit Handtuch und Shampooflasche zum Seeufer marschiert. Die Afrikaner beobachten uns staunend beim Haare waschen, ein paar Meter weiter steht eine Kuhherde und löscht ihren Durst mit Seewasser.

Als wir später um den Tisch sitzen, sind wir erneut von einer Menschenmenge eingeschlossen, man kann sich kaum rühren. Christine ergreift schließlich die Initiative, scheucht die Menge um zwei Meter zurück, zieht mit dem Fuß einen Halbkreis in den Sand und erklärt in bestimmtem Ton, dies sei die Linie, hinter der sie bleiben müssten – was sie erstaunlicherweise auch tun. Inzwischen ist auch unser Freund vom Markt da, lässt sich von Hermi Geld für den Bananenkauf geben und kommt mit 30 riesigen Bananen zurück. Er ist sehr stolz darauf, uns vor dem Übervorteiltwerden bewahrt zu haben und erklärt, man halte uns für sehr reich und verlange deshalb so hohe Preise. Geschäftig gibt er Auskunft, was wir für die verschiedenen Waren bezahlen sollen, Fisch z. B. darf maximal 1 Kwacha kosten, 4-5 Tomaten etwa 10 Tabala. Da hat man uns ja bisher ganz schön übers Ohr gehauen, für die Tomaten haben wir gestern – trotz Handelns – das Doppelte bezahlt, heute wollte einer 6 Kwacha für einen Fisch.

Da der Hunger sich bemerkbar macht, werden Vorbereitungen fürs Abendessen getroffen, heute soll es Tortilla nach Carmens Rezept geben. Während Christine Kartoffeln schält lässt sich die Kinderschar vor dem Bus nieder, sie wollen wissen, wo wir herkommen, bei „Germany" nicken sie beifällig, doch befragt, zu welchem Kontinent das Land gehört, meinen sie unsicher „Asia?". Da holt Hermi seine Weltkarte heraus, zeigt den wissbegierigen Leuten unser Heimatland und auf der Afrikakarte unsere Reiseroute.

Im Laufe des Abends strömen viele Leute zum Anlegeplatz, mit Taschen und Koffern bepackt. Sie warten auf das Schiff, das morgen früh hier anlegen soll. Die Wartezeit verkürzen sie sich mit Singen und Tanzen, unzählige Kinder hüpfen herum. Bei einem kühlen Bier beobachten wir die faszinierenden Farben des Sonnenuntergangs. Zwischen grünem Strauchwerk und blauem Himmel erscheint zunächst ein fahles Gelb, das immer intensiver wird, sich in orange verwandelt, bis schließlich die hereinbrechende Dunkelheit alles in Schatten taucht. Der zunehmende, fast schon wieder runde Mond leuchtet hell, wird ab und zu von vorüberziehenden Wolken verdeckt. Die Kinder am Strand führen einen letzten Tanz auf, dann verschwinden sie, am Seeufer bleiben nur noch die Wartenden, ab und zu hört man ein Baby weinen.

Auch beim Frühstück haben wir genügend Zuschauer, was nicht besonders gemütlich ist. Wir setzen die Fahrt nach Salima fort, durch eintönige, braungelbe Landschaft, nichts als hohes Gras und wenig Bäume. Am Straßenrand das übliche Bild: winkende Menschen, Ziegen- und Viehherden, die durch lautstarkes Hupen von der Straße verscheucht werden müssen.

In Salima können wir beim Grand Beach Hotel für 2,50 Kwacha campen, Hermi ist das eigentlich zu teuer, aber wir möchten wenigstens einmal in Ruhe draußen sitzen, ohne von einer Menschenmenge umgeben zu sein. Auf dem sehr gepflegten Campingplatz beim Hotel treffen wir weitere Touristen, meist Urlauber aus Botswana. Nachteilig ist hier der Wind, es stürmt geradezu, später am Abend wird es dadurch richtig kalt. Abends leuchtet über uns der Vollmond, dessen Licht auf die Wellen des Sees fällt und das Wasser silbern schimmern lässt.

Bei strahlendem Sonnenschein und viel Wind frühstücken wir am nächsten Morgen draußen, danach entwickeln wir Waschaktivitäten, bereits nach eineinhalb Stunden ist die Wäscheleine voll und wir gönnen uns angenehmere Tätigkeiten bzw. Nichttätigkeiten: am Strand liegen, den wolkenlosen Himmel genießen, wagen sogar ein Bad. Die Wellen sind so hoch, dass man sich kaum auf den Beinen halten kann und ständig die sich selbständig machenden Bikiniteile festhalten muss. Kreischen und Wasserschlucken lösen sich ab, schwimmen ist eher schwierig. Auf dem Wasser kämpft ein Typ in einem Faltboot mit den hohen Wellen.

Ein älterer Mann spricht uns auf Englisch an: „Did you come overland?". Als wir bejahen, erzählt er, dass er den Trip nordwärts gemacht hat, erinnert sich seufzend an Zaire und ist überrascht, als er hört, dass wir mit dem Schiff nach Kamerun gekommen sind. Der Engländer stellt sich als Dickie Donkin vor, er wohnt in Sambia, hat in der Nähe des Grenzortes Chipata eine Farm und lädt uns ein, ihn dort zu besuchen.

Ein Inder gesellt sich zu uns, fragt mich ständig nach meinem „husband", ein Glück, dass Christine auftaucht, mit der ich mich unterhalte und den Inder nicht mehr beachte. Aber da er mich nun mal als Solo-Reisende erkannt hat, setzt er seine Bemühungen fort, indem er sogar in der Dusche nach mir sucht und mich zu einem Spaziergang mit ihm einlädt – sehr lästig.

Von Salima geht es weiter nach Monkey Bay, auf recht holpriger Straße. Plötzlich funktioniert der Tacho nicht mehr, Hermi versucht ihn durch hektisches Klopfen wieder in Gang zu bringen, aber die Nadel bleibt auf null. Auf einer schmalen sandigen Piste düsen wir gen Cape Maclear, sie windet sich durch begrünte Bergrücken, oft geht es um scharfe Kurven, vorbei an monumentalen Felsbrocken. Zwischendurch kommt eine sehr sandige Passage, bei der Hermi seine Fahrgeschicklichkeit zeigen muss, damit wir nicht steckenbleiben. Zwischen den Bergen ist wieder der See zu sehen, Hütten und kleine weiße Häuser stehen entlang des Ufers, neben der Piste erblicken wir Europäer. Am Campingplatz sitzen Touristen in bequemen Korbsesseln, die Nachmittagssonne genießend.

Der Campingplatz ist terrassenförmig angelegt, am Strand stehen bunt blühende Bäume und Palmen, der See ist von dunkelgrünen Bergen eingerahmt, das Wasser tiefblau und ganz ruhig – ein Traumplatz!

Dementsprechend viele Touristen sind hier. Neben einem Range Rover mit Zollkennzeichen sitzen drei Jungs, sie haben mehrere Jahre in Südafrika gearbeitet und wollen nun nach Norden fahren. Zwischen Sträuchern und Bäumen parken wir bei der Gruppe, ratschen mit ihnen über Reiseerlebnisse.

So ein geselliger Abend ist was Feines, nach den oft langweiligen Abenden beim Kniffel oder Briefeschreiben. Einer der Jungs holt seine Gitarre, spielt und singt Lieder von Erich Kästner, Hannes Wader, Leonard Cohen, über uns Mond, Sterne und raschelnde Palmen.

Die nächsten Tage geben wir uns genüsslich dem Faulenzerleben hin: mit anderen Travellern quatschen, am Strand liegen, ab und zu mal schwimmen. Draußen auf dem See kreuzt hin und wieder ein Surfer oder ein kleines Motorboot. Von anderen Reisenden bekommen wir relativ aktuelle „Stern" und „Spiegel" geschenkt, amüsieren uns über die Skandale und Skandälchen im fernen Deutschland. Irgendwie kann man nach so langer Zeit gar nicht mehr ernst nehmen, was dort als „weltbewegend" gilt.

Zum Wochenende kommen noch mehr Fahrzeuge, eine richtige Zeltstadt entsteht. Hermi macht eines Tages eine unangenehme Entdeckung: schon wieder ist eine Blattfeder defekt, diesmal vorne links. Er befragt mehrere Leute, wo wir eine neue Blattfeder beschaffen können, und hat Glück: ein

Inder (wer sonst?) gibt ihm eine Adresse in Blantyre, wo man die Feder bekommen kann. Hermi strahlt... jetzt ist die Welt wieder einigermaßen in Ordnung. Am Abend versäumt er fast das Essen, weil er mit einer deutschen Familie, die als Lehrer in Johannesburg arbeiten, ratscht, wir sind eingeladen, sie in Johannesburg zu besuchen.

Eines Morgens kommt ein Europäer vorbei, in der Hand einen Hut mit Geldscheinen darin. Christine will schon abwinken, „wir geben nix", da stellt sich heraus, dass er ein Deutscher ist, der jeweils ein halbes Jahr in Hamburg und Malawi lebt und hier Tabak aufkauft. Er erklärt, dass heute Feiertag, Unabhängigkeitstag, sei, deshalb soll ein Einbaumrennen stattfinden, der beste Ruderer bekommt 100 Kwacha. Als Gebühr fürs Zusehen wird von jedem Camper 1 Kwacha verlangt. Wir kommen ins Erzählen, als Jürgen erfährt, dass wir nach Blantyre wollen, meint er, er wohne in Limbe, fünf Kilometer von Blantyre entfernt und wir könnten entweder bei ihm oder beim gegenüber liegenden Country Club campen. Er beschreibt uns den Weg, wir vereinbaren ein Treffen.

Während Hermi dem Lehrerpaar, Gisela und Roderich, bei der Reparatur ihrer Hecktür behilflich ist, liegen Christine und ich am Strand, wo schon viel los ist: ein Einbaum neben dem anderen liegt am Ufer, drum herum eine Menge Afrikaner, vom Kleinkind bis zur Oma ist alles vertreten. Nach einer Weile setzen sich die Boote in Bewegung, paddeln bis zur Boje in etwa 20 m Entfernung, richten sich in einer Reihe aus und rudern wie wild auf das von Menschenmassen bevölkerte Ufer zu. Das war der Probelauf, damit die Zuschauer einen Anhaltspunkt haben, auf welches Boot sie wetten wollen. Schließlich ist offizieller Start, die Boote paddeln in Richtung Insel davon.

Das Wetter ist heute wieder traumhaft, vom frühen Morgen an strahlend blauer Himmel ohne eine Spur von Wolken, darüber die blendende Sonne. Das Wasser ist herrlich erfrischend, in Ufernähe von grüner, weiter draußen von türkiser Farbe. Als störend empfinden wir die vielen Motorboote, die ständig hin und her sausen und meist Wasserskifahrer hinter sich herziehen. Auch jede Menge Surfer gleiten auf dem See dahin, die bunten Segel bieten einen schönen Anblick – oder auch nicht, es kommt auf das Geschick des jeweiligen Surfers an.

Nach geraumer Zeit kommen die Boote wieder zurück, legen im Endspurt noch Tempo zu, die mit zwei oder drei Mann besetzten Einbäume setzen alles daran, die letzten Meter hinter sich zu bringen, und unter lautem Jubel erreichen sie das Ufer. Wer was gewonnen hat, bleibt zunächst schleierhaft, es herrscht einfach nur Tumult. Uns Mädels wird das Glück zuteil, sozusagen mitten im Geschehen zu stehen bzw. zu liegen, denn genau vor uns postiert sich der Chief des Ortes sowie ein Weißer mit einem großen Geldbündel. Es beginnt die Preisverteilung, Christine ergreift die Flucht. Um mich und die beiden Herren bildet sich ein großer Kreis dicht gedrängt stehender Leute, die immer näher herankommen und mit Klatschen die jeweiligen Empfänger der Geldpreise begrüßen. Ich liege in dem Kreis wie auf dem Präsentierteller, und fühle mich nicht besonders behaglich. Hermi schießt grinsend ein Bild nach dem anderen.

Nachdem der Sieger sein Preisgeld erhalten hat, zerstreut sich die Menge und wendet sich weiteren Festlichkeiten zu. Auf dem Platz vor der Rezeption ertönt dumpfes Trommeln, ein mit Fellen und Masken vermummter Mann führt einen Tanz auf und wirbelt dabei Unmengen von Staub auf, die Umstehenden klatschen und singen in den höchsten Tönen mit.

Das geht den ganzen Nachmittag so weiter, in der Bar ist Hochbetrieb. Bei der Hektik ziehe ich mich in meinen Sessel zurück und bewundere den See, wo am Horizont die Sonne schon am Untergehen ist, ein schmaler, silbern glänzender Streifen zieht sich von Westen bis hierher zum Ufer. Die Sonne wird langsam schwächer, der Streifen verliert sich im satten Blau des Wassers. Je tiefer die Sonne steht, um so mehr färbt sie sich intensiv gelb, dann hellorange, als sie die Gipfel der fernen Berge erreicht hat und langsam dahinter verschwindet, leuchtet sie nochmals auf und versieht den umgebenden Himmel mit einem rötlichen leuchtenden Schein. Die Sonnenuntergänge hier sind jedes Mal wunderschön... Am Abend lauschen wir den von der Bar herüber tönenden Klängen von Billy Joel und genießen den noch immer wolkenlosen Sternenhimmel.

7. Juli 1985 – sechs Monate sind wir nun schon unterwegs!

Zu Ehren unserer Halbjahresfeier wird eine Dose Leberwurst aufgemacht und der Tisch mit Blumen, d. h. einer Bierflasche, in der ein Zweig und einige rosa Blüten stecken, geschmückt.

Leider ist es auch unser Abreisetag – es heißt Aufräumen, Wasser auffüllen, noch ein bisschen faulenzen, Sonnenbad und Schwimmen genießen. Da morgen der letzte Feiertag ist, haben schon viele Urlauber den Campingplatz verlassen. Ich kann mich nicht satt sehen an der schillernden Wasserfläche, die zu jeder Stunde in einer anderen Farbe leuchtet. Am Nachmittag glitzert der See, als hüpften Tausende von silbernen Sternen auf den Wellen. Nach einer letzten Schwimmrunde packen wir alles ein und sagen dem wunderschönen Cape Maclear ade – leider!

Hermi steuert vorsichtig durch Löcher und über Steine, kontrolliert ab und zu das Provisorium, mit dem unsere Blattfeder stabilisiert wird, und so schaukeln wir die schmale Piste entlang, vorbei an dürren Sträuchern, zwischen Hügelketten, Felsen und Baobabs. Es herrscht reger Gegenverkehr, der uns einmal zum Verhängnis wird. Auf einem sandigen Stück kommt uns ein Auto entgegen, statt vorbei zu fahren, bleibt es stehen und zwingt auch uns, die schon zum sandigen Rand ausgewichen sind, zum Stehenbleiben. Als wir wieder anfahren wollen, drehen sich die Räder nicht mehr - wir sitzen fest. Hermi, mit tiefer Sorgenfalte auf der Stirn, bedeutet den inzwischen ausgestiegenen Indern, sie sollten vorbeifahren und dann schieben helfen, was sie auch tun. Mittlerweile ist ein weiteres Auto angekommen, dessen Insassen sich ebenfalls am Schieben beteiligen. Beim zweiten Anlauf gelingt unser Unternehmen, mit einer riesigen Staubwolke fährt Hermi aus dem Sandloch heraus – die Wüste lässt grüßen.

Weiter geht's, manchmal achterbahnmäßig, über trockene Bachläufe, vorbei an einzelnen Hütten, entlang des Weges stehen Strommasten, deren Leitungen jedoch abgerissen sind. So erklärt sich, warum am Campingplatz kein Strom war, das kalte Bier hatten wir der Gaskühlung zu verdanken. Bei Mangochi erstehen wir nach relativ kurzem Handeln Makondefiguren, die wir mit Josefs Schuhen, vier Kulis und einem Aufkleber „bezahlen". Kurz darauf finden wir einen Platz zum Übernachten und feiern das Halbjahresjubiläum mit Rouladen, Klößen und Blaukraut.

Morgens geht die monotone Fahrt durch triste, gelb verdorrte Landschaft weiter, wir schaukeln langsam dahin, hoffentlich hält die Blattfeder bis Blantyre durch. In Zomba, der ehemaligen Hauptstadt Malawis, ist alles fahnengeschmückt, sämtliche Häuser prangen in den Landesfarben schwarz-rot-grün, darin die aufgehende Sonne und das Wahrzeichen des Landes, ein Hahn. In Richtung Blantyre geht's durch bewaldetes Gebiet, die Bäume mit den hoch und schlank aufragenden Stämmen erinnern an den „Nürnberger Steckeleswald".

Da wir noch Zeit bis zu unserem Treffen mit Jürgen haben, fahren wir zunächst nach Blantyre hinein, auch hier wimmelt es von Flaggen, an öffentlichen Gebäuden das Bild des Präsidenten Kamuzu Banda mit der Unterschrift „Long live Kamuzu". Am Highway entlang ziehen sich Parks mit Rasen, Bäumen, bunt blühenden Sträuchern, Palmen. Zu meiner Verblüffung gibt es hier sogar Fahrradwege. Am Ende des Kamuzu-Highways beginnt das Industrieviertel, ein Spaziergänger zeigt uns die Firma, wo wir wegen der Blattfeder vorsprechen wollen.

Wir unternehmen einen Sonntagnachmittags-Stadtbummel, schlendern durch eine Einkaufspassage, kommen am Supermarkt vorbei, der Köstlichkeiten wie Schweinefleisch, holländischen Käse und Wein anbietet. Daneben Kleiderläden, Drogerien, ein Kino, man fühlt sich fast nach Europa zurückversetzt. In einem großen Buchladen verbringen wir eine Weile, erstehen zu einem annehmbaren Preis Erdbeeren bei einem Straßenhändler. Auf der Straße werden auch Souvenirs wie Masken, Makondefiguren, Bastmatten, Elfenbeinketten, Armreifen und Malachitschmuck angeboten.

In Limbe weist ein schmuckes Schild auf den Country Club hin, an einer Hecke entlang führt der Weg zu mehreren weiß gestrichenen Gebäuden mit grünem Wellblechdach, aus einem Schlot quillt dicker Rauch. Es schaut sehr edel aus – ob man uns hier campen lässt? Doch Jürgen hat uns schon als Gäste angekündigt, so dass wir freien Zutritt zum Club haben. Er zeigt uns das Gelände mit Squash- und Tennisplatz, einem Swimming Pool sowie einem Golfplatz. Der Club besteht seit 1923, in der Eingangshalle hängen diverse Bilder früherer Club-Präsidenten. Der Zutritt zur Bar ist Herren „nur mit Jackett und Krawatte" erlaubt.

Während Christine und Hermi einen Erkundungsgang über das Gelände unternehmen, bereite ich das Abendessen vor und bekomme Besuch von einem schon älteren Inder mit dicker Brille und Zigarette im Mund. Er fragt, ob ich mit meinem „husband" hier sei, und als ich verneine, lädt er mich prompt zum Abendessen und Barbesuch in Blantyre ein. Schon wieder so ein nerviger Typ… Trotz Ablehnung lässt sich der Inder nicht abschütteln, zum Glück tauchen jetzt Christine und Hermi auf, die sich nichtsahnend in eine Konversation einlassen. Christine kapiert jedoch schnell und erzählt dem Inder, wir seien heute Abend schon verabredet. Aber der Kerl lässt nicht locker, mit Mühe und Not kriegen wir ihn los – sowas von aufdringlich!

Nach dem Abendessen begeben wir uns in den Country Club, um noch ein Bier zu trinken. Es dauert nicht lange und schon kommt der Inder, in blauem Hausboy-Anzug, hereinspaziert, zeigt beim Grinsen seine Zahnlücken und setzt sich zu uns. Keiner von uns hat Lust zum Reden, den Inder kümmert unser Desinteresse überhaupt nicht, er belabert uns eine Stunde lang, mit ihm in die Stadt auf einen Drink zu fahren, Christine lehnt mit den verschiedensten Begründungen ab, doch er kapiert es einfach nicht.

Der Inder hat so einen stechenden Blick, um nichts in der Welt möchte ich mit dem auf Stadtrundfahrt gehen! Kaum ist mein Bier leer, ergreife ich die Flucht in den Bus, während die beiden noch mit ihm reden und erfahren, dass er verheiratet ist und vier Kinder hat… doch er will es noch auf 12 Stück bringen. Hermi lässt sich schließlich breitschlagen, mit in die Stadt zu fahren, der Inder zeigt ihm seinen Laden und das Kino, dorthin will er uns morgen Abend ausführen. Auf Christines und meine Begleitung wird er wohl verzichten müssen...

Am Morgen ist früh aufstehen angesagt, der Club ist noch geschlossen. Eine Ecke zwischen Bambusgewächsen am BMX-Track muss als Pinkelplatz herhalten – wenn das der Club-Präsident wüsste!

Um 8 Uhr machen wir uns auf den Weg zu „Petroleum Services", die uns für die Reparatur der Blattfeder empfohlen wurden. Beim Ausbau sind drei Afrikaner behilflich. Die Werkstatt ist auf Blattfedern spezialisiert, im Hof liegen die Dinger stapelweise herum und in der Halle wird eifrig geklopft und geschweißt. Als wir allerdings den Preis hören, bleibt uns die Luft weg: für zwei Blätter sind 80 Kwacha zu zahlen – so viel hat die ganze Feder in Tansania gekostet! Aber wir können ja froh sein, so schnell Ersatz zu bekommen. Trotz langwierigen Verhandelns ist kein Special Price zu machen, weil angeblich die Steuern so hoch seien, wir müssen wohl oder übel 150 DM für die Reparatur berappen.

Der Manager der „Petroleum Services" empfiehlt wegen der kaputten Stoßdämpfer eine nahe gelegene Firma. Hermi erteilt uns Mädels die ehrenvolle Aufgabe, mit einem alten Stoßdämpfer, den er herausgeschraubt hat, dort hin zu gehen und so machen wir zwei Grazien uns auf den Weg, wie üblich mit Rock bekleidet. Christine trägt, als wär's ein Handtäschchen, den angerosteten Stoßdämpfer in der Hand. Wir mischen uns unter die vielen Fußgänger am Kamuzu Highway, passieren Bäckerei, Ministerien, diverse Firmen und erreichen schließlich „Kowi". Der abgebildete Stoßdämpfer[23] auf dem Firmenschild zeigt, dass wir hier richtig sind. Drei Afrikaner kümmern sich um uns und unseren „Schützling", man führt uns in eine tadellos aufgeräumte Werkstatt. Leider kann man den Stoßdämpfer nicht reparieren, auch Ersatz ist nicht vorhanden. Der Chef gibt uns den Tipp, zu „Automotive Products" zu gehen, nach kurzem Weg entdecken wir das Firmenschild und stellen fest, dass es sich um eine Mercedes-Niederlassung handelt.

Am Eingang fragen wir, ob jemand deutsch spricht, tatsächlich, der Manager ist ein Deutscher. Die Sekretärin kann ihn nicht gleich finden, so lassen wir uns im Besuchersessel nieder, blättern in glänzenden Farbprospekten, in denen die neuesten Automodelle vorgestellt werden. Ein älterer Mann in Anzug und Krawatte kommt herein, palavert mit einem Kunden, das ist sicher der Manager... er sieht nicht gerade so aus, als ob er finanzschwachen Travellern unter die Arme greifen würde. Als er schließlich den Kunden verabschiedet hat und auf uns zukommt, guckt er erstaunt, als wir ihn mit freundlichem „Guten Morgen!" begrüßen und zeigt sich sehr erfreut, Landsleute zu sehen. Zunächst meint er, er habe keine Stoßdämpfer für unseren Bus, weil das Modell hier nicht verkauft wird, doch um sicher zu gehen, begleitet er uns zum Ersatzteillager und weist die in weiße Arztkittel gekleideten Afrikaner an, sie sollten mal nachsehen.

Das Lager macht einen wohlgeordneten Eindruck, man arbeitet sogar schon mit Microfiche – und siehe da, es gibt noch zwei Stoßdämpfer, die auf unseren Bus passen könnten! Nur der Preis ist happig: 40 Kwacha pro Stück! Auf unsere schlechte finanzielle Situation hinweisend, fragen wir nach einem Special Price, der Manager geht auf 30 Kwacha runter. Dann stellt sich heraus, dass noch vier Stoßdämpfer da sind: Angesichts unserer zweifelnden Mienen gibt sich der Chef einen Ruck und meint, wenn wir alle vier nehmen, soll uns das nur 100 Kwacha kosten. Wir freuen uns über das großzügige Angebot, verabschieden uns aber erst mal, weil wir unseren „Mechaniker" und Finanzchef um Rat fragen wollen. Mit der freudigen Nachricht kehren wir zu Hermi zurück, er ist begeistert und schickt uns mit dem Kaufauftrag zurück zu „Automotive Products". Um sicherzustellen, dass die Stoßdämpfer auch passen, hat er uns die dazugehörigen Schrauben gegeben, die wir aus-

---

[23] Allerdings weiß ich erst seit einer halben Stunde, wie so ein Teil überhaupt aussieht...

probieren sollen. Der Manager lacht, als er uns so schnell wiedersieht, begleitet uns zum Ersatzteillager, wo die neuen Stoßdämpfer unsere Zustimmung
finden. Wir bezahlen die 100 Kwacha und bekommen die Erlaubnis, in den
nächsten Tagen hier in der Werkstatt Reparaturarbeiten zu erledigen.

Wieder einmal stellen wir fest, dass Deutsche im Ausland toll drauf sind,
immer hilfsbereit, zumal, wenn sie schon so lange von Deutschland weg sind
wie dieser Manager. Er ist seit 1957 in Afrika, erst in Südafrika, dann Simbabwe und jetzt Malawi. Mit herzlichem Dank verabschieden wir uns und
schleppen unseren schweren Korb zurück, wo die neuen roten Stoßdämpfer
von Hermi begutachtet werden. Mal sehen, ob das Schaukeln nach dem
Einbau immer noch so schlimm ist.

Die Blattfeder ist in Bearbeitung, Hermi guckt den Afrikanern bei der Arbeit
zu bzw. treibt sie an. Die haben ein Arbeitstempo: ein Hammerschlag, dann
wieder 10 Minuten Nichtstun, es kann noch eine Weile dauern. Nachdem am
Nachmittag die Plätzchen verspeist sind, wandern wir Mädels heute zum
dritten Mal den Kamuzu Highway entlang, diesmal zum Supermarkt, der
außer Brot und Getränken jedoch nichts zu bieten hat. Als wir zurückkommen, scheint unsere Feder bald fertig zu sein, jedenfalls wirft sich Hermi
schon mal in seinen Arbeitsanzug, gegen 16 Uhr wird die Feder von zwei
Afrikanern gebracht.

Der Einbau auf der linken Seite ist schwieriger als beim letzten Mal, da das
Lenkgestänge im Weg ist. Mit meiner tatkräftigen Hilfe hievt Hermi die Blattfeder an ihren Platz, es zeigt sich, dass die Afrikaner schlechte Arbeit geleistet
haben, die Federblätter sind um einen Zentimeter verschoben. Es bedarf
vielen Hämmerns und Ziehens, bis sich die Schrauben befestigen lassen. Da
Josef ja nicht mehr da ist, muss ich beim Einbau assistieren.

Hermi lässt mich einen Teppich holen, ihn unter den Bus legen und ich muss
mich drauflegen, Werkzeug halten und zureichen.... Das hab' ich mir schon
immer gewünscht: da lieg' ich, meinen Rock züchtig um mich breitend, unter
dem Bus, versuche, Schrauben durch die entsprechenden Löcher zu kriegen,
helfe manchmal mit dem Hammer nach. Wenn Hermi das Ganze befestigt,
halte ich mit Gabel- oder Ringschlüssel (den Unterschied zwischen beiden
musste mir Hermi erst mal ausführlich erklären) die Muttern fest. Mein Miss-
trauen gegenüber dem Wagenheber ist jedoch tief, jedes Mal, wenn Hermi

hochpumpt oder ein Stück ablässt, krabbele ich in Windeseile unterm Bus hervor.

Aber unser Teamwork klappt hervorragend, ich jongliere mit Schlüsseln, Nüssen, Hammer, Schrauben, nach etwa zwei Stunden haben wir es geschafft. Inzwischen ist Feierabend, die Afrikaner sind verschwunden. Der Nachtwächter, ein freundlicher älterer Mann, gesellt sich zu uns und geht Hermi eifrig zur Hand, indem er Werkzeug aufräumt und die Lampe hält.

Wir düsen durch das von vielen Straßenlampen erleuchtete Blantyre zum Country Club. Um die Fahnenstangen an der Straße sind oft Kränze mit bunten Glühlampen befestigt, man kann kaum zwischen diesen Leuchten und den Ampeln unterscheiden. Beim Fahren meinen wir festzustellen, dass der Bus tatsächlich nicht mehr so schaukelt. Liegt das nun an der neuen Blattfeder oder an den Stoßdämpfern?

Am nächsten Tag besuchen wir den Tabakmarkt, neugierig begeben wir uns in die große Halle, Fenster unterhalb des Daches lassen das Tageslicht herein. In langen Reihen stehen Tabakballen, in graue Jutesäcke verpackt. Ein Teil der Säcke ist offen, man sieht die braunen, getrockneten Blätter, ein würziger Tabakduft liegt in der Luft. Eine Gruppe Europäer schlendert im Gänsemarsch an den Tabakballen entlang, an der Spitze ein Mann, der in rasender Geschwindigkeit vor sich hin plappert. Ab und zu hebt einer der Europäer die Hand oder sagt eine Zahl.

Wir treffen Jürgen, der uns den Vorgang erklärt: der Auktionator nennt unablässig Preise für den Tabak, bis einer der Käufer durch Hand- oder sonstige Zeichen seinen Zuschlag gibt, das geht so schnell, dass ein Uneingeweihter überhaupt nicht mitkommt. An den Tabakballen wird ein Zettel mit den Kennbuchstaben der Firma sowie dem Preis angebracht. Ein Kilo Tabak kostet zwischen 150 und 250 Tabala, rechnet man für eine Zigarette 1 g Tabak, wird deutlich, was das für ein Geschäft ist. Zigarettenhersteller aus aller Welt kaufen hier ein, von Malawi aus werden die Ballen per Zug nach Durban gebracht und dort verschifft. Auch in Tansania und Simbabwe wird Tabak angebaut, die Branche läuft so gut, dass die Tabakeinkäufer von ihren Firmen ein Flugzeug zur Verfügung bekommen, so dass sie mal kurz nach Lilongwe oder Harare fliegen können, um dort Geschäfte abzuwickeln.

Den Nachmittag verbringen wir im Club, auf dem Golfplatz versuchen ein paar ältere Herren ihr Glück. Einer hantiert ohne Ball, schlägt nur das Gras...

Daneben stehen die ulkigen Wägelchen mit verschiedenen Schlägern, die von Afrikanern geschoben werden, sie müssen die Bälle wieder einsammeln. Im Palm Court, der Veranda mit Blick auf den Garten, beobachten wir einen Spieler, der den Sport noch nicht so beherrscht: zweimal hintereinander schlägt er den Ball und trifft jedes Mal einen Baum, so dass der Ball wieder zurückkommt.

Abends besucht uns Jürgen (wir befürchteten erst, es sei der Inder!) und erkundigt sich, wie uns der Tabakmarkt gefallen habe. Ihm macht der Beruf großen Spaß, er lebt sehr gern in Malawi. Seiner Meinung nach funktioniert hier alles so gut, weil Präsident Kamuzu alle Fäden in der Hand hält, obwohl er nicht einmal die Landessprache spricht, da er in England geboren und aufgewachsen ist, später zu den Rebellen stieß und ihr Anführer wurde.

Doch wie viele afrikanischen Länder steht auch Malawi vor großen Problemen: das Land platzt aus allen Nähten durch den immensen Bevölkerungszuwachs, 60 % der Einwohner sind Kinder, was aus der gut funktionierenden ärztlichen Versorgung resultiert. Das Land ist momentan (noch) fähig, die vielen Menschen zu ernähren. Es wird genügend Gemüse, Obst und Fleisch produziert, allerdings entsteht daraus ein anderes Problem: die Zerstörung der Natur. Malawi war früher dicht bewaldet, doch mittlerweile ist der Baumbestand infolge des Nahrungsmittelanbaus und der Nutzung von Brennholz radikal zurückgegangen.

Wegen der Kälte draußen verbringen wir den Abend im Bus, beschäftigen uns mit dem Eisenbahnerspiel und gehen früh ins Bett. Manchmal ist uns abends ja schon langweilig mit den immer gleichen Spielen… wir malen uns aus, wie schön jetzt ein Kneipenbesuch, Biergarten oder Weinfest wäre…

Hermi ist noch einen halben Tag in der Mercedes-Werkstatt beschäftigt, um kleinere Reparaturen durchzuführen. Auf Empfehlung von Jürgen machen wir am nächsten Tag einen Ausflug zum Mulanje-Massiv, das dicht an der mosambiquanischen Grenze liegt. Gleich nach Limbe beginnen Wälder mit hohen dünnen Stämmen und dichter Laubkrone. Danach folgen weite Teefelder, deren Blätter hellgrün in der Sonne leuchten. Auf der einbahnigen Straße Richtung Thyolo herrscht reger Fußgängerverkehr, viele Kinder in leuchtend blauen Schuluniformen sind unterwegs.

Häuser in Malawi

Fliegenschwarm über dem Lake Malawi

Erdkundeunterricht

Cape Maclear

Preisverleihung nach dem Rennen

Abendstimmung in Cape Maclear

Assistentin bei der Blattfeder-Reparatur

Mulanje Massiv

Trotz diesigem Wetter können wir bald die Umrisse des Mulanje-Massivs ausmachen: mitten in der Ebene steht ein riesiger Tafelberg. Vom unteren, begrünten Teil hebt sich der graue glatt geschliffene Fels deutlich ab, es sieht grandios aus. Im Dorf Mulanja stoppen wir an einem Bottle Store, auf der Veranda vor dem Store versammeln sich in Windeseile mindestens 20 Kinder und starren mit großen Augen und offenen Mündern durch die Windschutzscheibe in den Bus.

Nun steht das Wochenende vor der Tür, aus der geplanten eintägigen Blattfederreparatur ist fast eine Woche Aufenthalt in Blantyre geworden. Wir vertreiben uns die Zeit mit Kartenspielen, bis es am Montag weiter geht nach Lilongwe – dabei sind wir schon so neugierig, ob uns dort Post erwartet.

Auf der Fahrt zur Hauptstadt versuchen wir, überflüssige Sachen wie Kleidung zu verkaufen, um unsere Reisekasse aufzufüllen und den teuren Diesel zu finanzieren. Man zeigt sich interessiert, Woolworth-10-Mark-Uhren kriegen wir für 10 Kwacha los. Da sich das „business" schnell herumspricht, sind bald viele Leute da. Schuhe und Stiefel finden Abnehmer, aus dem Altkleidersack holen wir T-Shirts, Hemden, Pullover, Preise werden festgesetzt, das Geld strömt nur so herein: Sonnenbrille, Wolldecke, den Hut meines Opas, einen Bettüberzug verkaufen wir, sogar die alte Lichtmaschine. Hinterher sind wir um 98 Kwacha, fast 170 DM, reicher.

Die zwei Stunden Handeln haben Spaß gemacht, einen „Kunden" nehmen wir ein Stück mit, er kämpft mit sich, ob er seiner Frau ein Kleid kaufen soll, lässt es aber schweren Herzens sein. In Balaka setzen wir den größten Teil des soeben verdienten Geldes in Diesel um, die Weiterfahrt ist gesichert.

In Lilongwe hat man gar nicht das Gefühl, in eine Stadt zu kommen, fährt auf einer ausgezeichneten Straße durch Wald. Ein mit reichlichen Ornamenten in den Landesfarben verzierter Bogen leuchtet von weitem entgegen. Dann beginnen beiderseits der Straße Ladenreihen: Supermärkte, Tankstellen Book Shops. Bald kommt wieder Wald, Lilongwe ist keine Stadt mit Park, sondern ein Wald mit ein paar Häusern.

Morgens geht es schnurstracks Richtung deutsche Botschaft. Der afrikanische Wachmann salutiert, auf Knopfdruck öffnen sich die Türen und wir stehen vor dem Postschalter. Da liegen sie, die Luftpostbriefe, ich erspähe schon meinen Namen! Als wir die Botschaft verlassen, steigt aus einem Mercedes mit Chauffeur eine Frau aus, Schal um den Kopf, Sonnenbrille auf. Sie kommt heran, schaut, stutzt, spricht uns an: „Ich kenne Sie doch... in Salima am Campingplatz haben wir uns unterhalten!" Tatsächlich, mit der Frau hatte ich eines Morgens gesprochen, sie zeigte reges Interesse an unserem Bus. Meine damalige Frage, was sie denn in Malawi arbeite, ließ sie unbeantwortet, nun stellt sich heraus, dass sie die Botschafterin ist.

Weiter geht's zur südafrikanischen Botschaft, wir erhalten Visaanträge, beantworten brav alle Fragen und geben die Anträge mitsamt den Pässen ab. Die Visa sind umsonst – wie erfreulich! Da wir schon seit längerem mit dem Gedanken spielen, nach der Reise in Südafrika zu bleiben, erkundigen wir uns nach Arbeitsmöglichkeiten. Eine Mitarbeiterin kann uns allerdings nichts Konkretes sagen, Südafrika hat selbst Probleme mit der Arbeitslosigkeit. Falls man einen Job findet, erhält man jedenfalls ohne weiteres eine Arbeitsgenehmigung. Am besten sollen die Chancen in Johannesburg sein, speziell dann, wenn die Arbeitszeit unregelmäßig ist oder man bereit ist, abends zu arbeiten. Die Frau ist sehr nett, lauscht unseren Reiseerlebnissen, meint aber, sie selbst könne so etwas nur in Europa unternehmen, niemals in Afrika, das sei ihr zu unzivilisiert.

Am Übernachtungsplatz in einem Wäldchen vor der Stadt verbringen wir den Nachmittag mit Briefe beantworten, Hermi unternimmt einen Spaziergang, von dem er lächelnd zurückkommt, um Kulis und Aufkleber für die Kinder zu holen, mit deren Opa er sich eine Weile unterhalten hat. Der Alte bringt uns zum Dank vier Eier – wie nett!

Ein junger Afrikaner kommt vorbei und warnt, wir sollten doch hier nicht campen, es könnten Diebe kommen. Als wir abwinken und versichern, uns passiere schon nichts, ist er sehr erstaunt und fragt xmal, ob wir wirklich hier bleiben wollen. Schließlich verabschiedet er sich, wir fragen den in der Nähe wohnenden alten Mann, ob es wirklich so gefährlich sei, er meint, wir sollten ruhig dableiben, er würde schon auf uns aufpassen.

Nach dieser beruhigenden Antwort genießen wir das Abendessen, angesichts der vielen Steine im Reis bringt sich Josef in Erinnerung. Nach der eindringlichen Warnung verriegeln wir später sorgfältig alle Türen und Fenster und gehen ins Bett. Falls uns heute Nacht jemand überfällt, liege ich an vorderster Front – der Mutigste von allen, Hermi, hat sich ganz nach hinten ins Bett verkrochen.

Morgens verlassen wir Lilongwe in Richtung Mchinji, der malawischen Grenzstation. An abgeernteten Tabakfeldern vorbei führt die sehr gute Asphaltstraße, das müssen wir noch mal genießen, denn in Sambia soll es wieder viele Schlaglöcher geben. Ein paar Kilometer weiter ist der Grenzposten mit Büros und Schlagbaum. Einige Elektriker stehen draußen an einem Strommast und basteln aus ihrem Arbeitsmaterial Kleiderbügel...

Die Formalitäten sind innerhalb von 30 Minuten erledigt, allerdings sind die Beamten hier nicht so freundlich wie bei der Einreise. Nach kurzem Autocheck öffnet sich der Schlagbaum für uns, schön war's in Malawi!

Sambia

Nach einer Fahrt von etwa 10 km weisen wartende Laster, Fahnen und Zäune auf den Grenzposten von Sambia hin. In einem zugigen Gebäude sind Health Service, Immigration und Zoll untergebracht. Am Eingang müssen wir Personalien und Impfdaten in ein Buch eintragen – dabei stellt sich heraus, dass unsere Choleraimpfung nicht mehr gültig ist. Doch die befürchteten Schwierigkeiten bleiben aus: nach einer Weile Palaverns meint der Beamte, es sei ok, schickt uns zum Immigration Officer, innerhalb kürzester Zeit erhalten wir die Einreisestempel.

Beim Zoll wird bemängelt, dass im Carnet de passages Sambia nicht in der Reihe der Länder aufgeführt ist, daher muss ein extra Einfuhrformular ausgefüllt werden, das allerdings nichts kostet. Heikler wird es bei der Frage nach der Versicherung. Auf der grünen Versicherungskarte stehen alle west- und zentralafrikanischen Staaten, aber nicht Sambia, doch Christine gelingt es mit Überredungskunst („It is an international insurance, you see!"), dass der Beamte sie schließlich akzeptiert. Die ganze Prozedur dauert eine Stunde, frierend verlassen wir das Gebäude und warten auf den Zollbeamten zur Buskontrolle. Mit ernster Miene fragt er nach unserer insurance, doch als er die Inneneinrichtung des Busses sieht, ist er abgelenkt („It's like a house!"), mit freundlichem Lächeln verabschiedet er sich und hat die Versicherung vergessen.

Nun sind wir also in Sambia, und was wir sehen, gefällt uns gut: ringsum bewaldete Berge. Nach ca. 10 km kommt die Abzweigung der Piste zur Farm des Engländers, den wir in Malawi kennengelernt haben. Am Fuß eines Hügels erspähen wir langgezogene Gebäude, erreichen einen Schlagbaum, dahinter ein kleiner Fluss, es gibt keine Brücke, das Wasser kommt rechts eine etwa eineinhalb Meter hohe Böschung herunter, fließt über die „Straße" und weiter hinunter in das von Gras und Sträuchern umgebene Flussbett.

Ein Afrikaner, der kein Englisch kann, reicht uns ein Buch, in das wir uns eintragen sollen. Was sind das denn für Sitten? Tatsächlich, jeder, der hier ankommt, trägt Namen, Datum, Uhrzeit und Grund des Besuches ein, meist steht da „Milchlieferung", „Eier abgeholt" oder sowas. Es dauert eine Weile, bis der Afrikaner unsere Absicht, Mr. Donkin zu besuchen, verstanden hat. Schließlich räumt er die Sperre weg und wir fahren auf das Flussbett zu, das zum Glück nicht tief, aber sehr steinig ist, auf der anderen Seite geht es steil hoch.

Zu den Farmgebäuden gehören Scheunen, lange offene Hallen, Hühnergehege. Wir stoßen auf einen weiteren Zaun, wo wir uns abermals in ein Buch eintragen, fahren an abgeernteten Maisfeldern entlang und entdecken nach kurzer Zeit das Wohnhaus. Im Garten sind Gemüsebeete angelegt, dahinter beginnt Rasen, Mangobäume, in einer Ecke des Gartens ist ein Swimming Pool, nebenan ein Tennisplatz. Um das ganze Haus stehen Sträucher mit leuchtenden Blüten, große raschelnde Palmen, bunt blühende Blumen. Wahrlich schön ist es hier, man hat einen wunderbaren Blick auf die umliegenden Berge, unterhalb des Gartens sehen wir Pferdestall und -koppel, wo zwei Pferde friedlich grasen. Hinter Weizenfeldern gibt es einen See, der von hohen Gräsern und Bäumen eingefasst ist.

Wir läuten an der von Efeu überwucherten Eingangstür, Mr. Donkin öffnet und lädt uns zu einer Tasse Tee ein. Anschließend zeigt er uns die Farm, bei einer großen Werkstatt klopfen Afrikaner an Traktoren herum, ein Truck mit der Aufschrift „Sunnyside Farm" steht da. Diverse Maschinen sind vorhanden, allein elf Traktoren. Donkin erzählt uns, dass die Maschinen hier nur eine kurze Lebensdauer haben, was in Europa 10 bis 15 Jahre hält, geht hier schon nach zwei, drei Jahren zu Bruch. Ersatzteile gibt es kaum, sein Truck steht schon vier Monate still, weil Ersatzteile nicht aufzutreiben sind. Diesel ist momentan nicht verfügbar, so dass die Maisernte nicht abtransportiert werden kann. Auch Brot gibt es wegen Mehlmangel in ganz Sambia kaum. Donkin führt uns zum Schlacht- und Kühlhaus, bis vor kurzem hatte er eine Hühnermast, aber da das notwendige spezielle Futter schwer zu beschaffen ist, gab er die Hühnerzucht auf. Den Weizenanbau hat er wegen sinkender Preise von 350 ha auf 150 ha reduzieren müssen.

Er verfrachtet uns in sein Auto, mit dem wir in Richtung See fahren. An einem riesigen Weizenfeld steigen wir aus, Donkin erklärt, dass Weizen hier sehr gut gedeiht, da aus einem Samen die dreifach höhere Anzahl von Halmen herauskommt als in Europa. Unter dem Feld führen kilometerlange Wasserrohre durch, zwischen den Halmen sieht man die Sprenger. Eine eigenhändig gebaute Pumpe ist in einem kleinen Häuschen untergebracht, damit das Feld bewässert werden kann. Da sich bei einer so „kleinen" Fläche von 150 ha ein Mähdrescher nicht mehr lohnt, wurde er verkauft, geerntet wird per Hand, das machen die Frauen des Dorfes. In Europa wäre das un-vorstellbar…

Wir fahren weiter zu einem Stück Land, das an einen Fluss grenzt, dort hört man einen Bulldozer brummen, als wir aussteigen und auf weichem braunen Boden über niedergewalztes Gras in die Richtung laufen, steht der Bulldozer ohne Fahrer da. Neben einem Baum hantiert ein Afrikaner am Feuer, das zwischen Ästen glimmt. Auf dem Feuer steht ein Topf, der Engländer lächelt verschmitzt, öffnet den Topf und zeigt uns das Mahl: Mäuse, mit Haut und Haar, nur der Schwanz ist abgetrennt. Donkin meint dazu: „Und so ein Volk will unabhängig sein. Wir Europäer bauen Flugzeuge, die Afrikaner essen Mäuse.". Bei der Weiterfahrt zeigt er uns ein weiteres Beispiel für die Naivität (er sagt „Dummheit") der Afrikaner: Um zu vermeiden, dass starke Regenfäl-le die obersten Bodenschichten wegspülen, wurde an den Feldrändern Erde aufgeschüttet, doch die Schwarzen haben Löcher gebohrt, um nach Mäusen zu suchen und zerstören damit den Schutz der Felder.

Donkin lebt schon über 30 Jahre in Afrika, zunächst als Helfer für Agrarpro-jekte in Malawi, später hier auf seiner Farm. Er hat keine sehr hohe Meinung von den Afrikanern und äußert sich ähnlich wie andere Weiße in Afrika: man zeige und erkläre den Afrikanern, wie sie am effektivsten arbeiten könnten, sie hören zu, nicken eifrig – aber kaum ist die Überwachung weg, verfallen sie wieder in den alten Trott oder tun gar nichts mehr.

Mit der Unabhängigkeit Sambias wurde viele weiße Farmer vertrieben, Afri-kaner sollten die Farmen übernehmen, doch jetzt, nach 20 Jahren, da viele der früher erfolgreichen Farmen zerstört sind, wird wieder Hilfe von Seiten der Weißen gefordert. In Sambia gibt es heute noch etwa 200 weiße Farmer, vor der Unabhängigkeit waren es 2000.

Die Sichtweise des Engländers ist nachvollziehbar, den weißen Farmern hat die Unabhängigkeit nur Nachteile gebracht. Allerdings sehen sie nicht, dass sie zu einem nicht unerheblichen Teil selbst an den Problemen schuld sind. Hätte man früher mehr für die Bildung und Ausbildung der Schwarzen getan, wäre einerseits der Hass auf die Weißen nicht so groß und andererseits wären die Afrikaner eher fähig gewesen, die vorhandene Struktur weiterzuführen. Die Europäer haben jedoch nur die „Hardware" hinterlassen, ohne den Ein-heimischen das Know How zur Bewirtschaftung der Farmen beizubringen.

Man macht es sich etwas zu einfach, den Niedergang der Landwirtschaft ausschließlich der „Unfähigkeit" der Afrikaner zuzuschreiben.

Das Stück Land, auf dem wir uns befinden, soll ein Versuchsprojekt werden. Das Gras wächst hier über zwei Meter hoch, was auf einen guten, unten feuchten Boden hinweist. Donkin will Avocados anbauen und nach Europa verkaufen, ein gewinnträchtiges Geschäft, zumal er die Hälfte des Erlöses in harter Währung kassieren kann.

Vor einer Lagerhalle sitzen Dutzende von Arbeitern mit Maiskolben vor sich, aus denen sie Haare und schlechte Körner entfernen. Der Engländer nennt diesen Platz „Hospital", da viele alte Leute und zu anderer Arbeit Unfähige hier beschäftigt sind. In der Halle stapeln sich große Säcke mit Mais, die auf den Abtransport warten, mit Schildern und Plomben versehen sind, von der sambischen Regierung als „Markenmais" anerkannt.

Nach der Rundfahrt begeben wir uns ins Haus, in der großen Küche liegt die schwarze Katze neben der Brotschneidemaschine... In der „Lounge", einem großen Raum mit vielen Familienfotos, Fernseher, Videorecorder und Stereoanlage, lassen wir uns auf bequemen Sofas nieder. Große (unvergitterte!) Fenster und eine Tür führen zum Garten. Das Gespräch dreht sich um die Farm und gemeinsame Traveller-Erlebnisse, wir sehen uns Videoaufnahmen des Engländers an, die er während seiner Reise gemacht hat: teilweise wohlbekannte Ansichten der chaotischen Zaire-Pisten, seiner Fahrt durch die Wüste. Wenn man das so sieht, möchte man am liebsten noch mal durchfahren – nur durch die Wüste, selbstverständlich!

Später sehen wir uns das Video eines Konzertes an, „Live aid", das zugunsten der Hungernden Afrikas veranstaltet wurde. Gleichzeitig fanden Konzerte in England und Amerika statt, mit allen möglichen bekannten Sängern und Gruppen. 65 Mio. $ sollen die Konzerte eingebracht haben.

Doch was ich anfangs für eine gute Idee hielt, sehe ich im Verlauf der Show kritisch: affektierte Moderatorinnen finden es zwanzigmal „Exciting!", dass sie nun die armen Afrikaner vor dem Verhungern retten. Es wird gnadenlos auf die Tränendrüse gedrückt, Prominente wie die Witwe Martin Luther Kings oder Pélé richten salbungsvolle Appelle an die Zuschauer, doch Geld für Afrika zu spenden. Die Veranstalter jubeln, die Fans jubeln, alle klopfen sich sozusagen auf die Schulter, weil sie „Afrika retten"...

Die Absicht mag eine gute sein, aber ob all das Geld an die richtigen Stellen kommt, ist zu bezweifeln. Mit Geld alleine sind die Probleme Afrikas sicher nicht zu bewältigen, wer weiß, ob sie jemals gelöst werden können. Doch genau das gaukelt das Spektakel den Leuten vor: mit Spenden kommt alles schnell in Ordnung, das Gewissen ist beruhigt. Aber man wählt weiter Politiker, die die Entwicklungsländer nur als Rohstoffquelle benutzen und ihnen lieber Waffen verkaufen, als Bildung zu ermöglichen.

Abgesehen von den Tränendrüsen-Kommentaren ist das Konzert toll, Stars wie Eric Clapton, Neil Young, Spandau Ballet, Paul McCartney treten auf. Ich frage mich allerdings, wer den Trip von Phil Collins von London nach Philadelphia finanziert, damit er sowohl in dem einen als auch in dem anderen Konzert auftreten kann...

Anderntags verabschieden wir uns, jetzt stellt sich die Frage: was tun? Da im Land anscheinend kein Diesel zu bekommen ist, können wir den Besuch im Luangwa-Park abschreiben, unsere Spritvorräte reichen nicht mal, um durchs Land und zu den Victoria Falls zu gelangen. Vielleicht kann uns der Inder aus Chipata, den wir in Salima kennengelernt haben und bei dem wir jetzt Geld tauschen wollen, weiterhelfen.

Unsere Aufmerksamkeit wird auf der Fahrt nach Chipata von den Spritproblemen abgelenkt, denn vor uns sehen wir eine Demonstration: eine Menschenmenge folgt einem Auto, auf dem ein ausgestopftes Nashorn steht: „The last rhino in Luangwa", man demonstriert gegen die Ausrottung der Nashörner.

In Chipata fragen wir an der ersten Tankstelle nach: „No diesel"! Bei der nächsten Tankstelle stehen Autos an, aber wieder: „No diesel". Ein Weißer spricht uns an, wie viel Liter wir denn bräuchten, er hat eine Werkstatt hier und erklärt sich bereit, uns so viele Liter zu verkaufen, wie in unsere Tanks passen. Wieder mal typisch für uns Glückspilze: kein Mensch in Sambia kriegt Diesel, aber wir!

Der Engländer, Oliver, füllt die Fässer auf seinem Toyota mit Benzin, wir fahren hinter ihm her zum Camp einer deutschen Baugesellschaft. Sie bauen hier einen Staudamm und Wasserversorgung. Oliver füllt Diesel mittels Schlauch in unsere Tanks, Hermi kann in seiner Werkstatt die Bremsbeläge austauschen. Es kommt ein Deutscher hinzu, der sich als Martin vorstellt, von ihm werden wir für den Abend zum Essen eingeladen, Bier sei genügend im Kühlschrank – wie schön, endlich wieder Gesellschaft am Abend! Wir besuchen ihn in seinem Wohncontainer, der einfach, aber mit allem Notwendigen ausgestattet ist: Dusche, WC, Küche, Wohnraum, Veranda. Martin überlässt uns alle möglichen Zeitschriften, von „Praline" über „Wochenend" bis zum „Stern", wissbegierig stürzen wir uns auf die News.

Am Nachmittag zeigt uns Martin das Bauprojekt, ein riesiger See breitet sich zwischen den Hügeln aus, der von einem kleinen Fluss gespeist wird und die ganze Umgebung von Chipata mit Wasser versorgt. Der Damm wurde innerhalb von drei Jahren gebaut, zusammen mit einer sambischen Firma. Als wir zurück sind, lädt uns Martin zu einem Gin Tonic ein, an das Getränk kann man sich gewöhnen! Martin bietet uns auch was zu essen an – Wurst, richtige deutsche Wurst, die man bei einer Metzgerei in Lusaka kaufen kann – welch ein Genuss!

Unsere Runde vergrößert sich um „Lembke aus Pommern", der schon in Südafrika, Afghanistan und Sambia gearbeitet hat, für sein „biblisches" Alter trinkt er ordentlich und kann bald nicht mehr richtig stehen. Uns schmeckt der Gin Tonic ebenfalls sehr gut und wir verbringen den Nachmittag bei Martin im Container. Abends holt er seine (schwarze) Freundin Rose vom Hospital ab, wo sie arbeitet, die beiden bereiten anschließend afrikanisches Essen zu: Maisbrei, Gemüse und gebratenes Fleisch, alles mit den Fingern zu essen. Deshalb wird vor dem Essen eine Schüssel mit Wasser herumgereicht, jeder wäscht sich darin die Hände. Etwas ungewohnt ist es schon, aber es schmeckt gut, der Maismehlbrei ist jedenfalls besser als der von James in Kenia und auch das Fleisch mundet trotz der üblichen Zähigkeit.

Morgens ist uns etwas komisch zumute (kein Wunder nach dem vielen Alkohol), während des Frühstücks lernen wir den Chef des Camps kennen, der uns einen Brief für Freunde in Johannesburg mitgibt. Während wir Mädels recht lustlos Wäsche waschen, fährt Hermi nach Chipata zu einem Freund Martins, Yussuf, um in dessen Werkstatt den Dachständer zu schweißen. Abends sind wir bei Yussuf zum Essen eingeladen, neben einer Blechhütte brennt ein kleines Feuer, im Hof stehen Sessel und Stühle, in denen wir uns niederlassen. Mittels Eimer, Wasser und Eis kühlt Martin die mitgebrachten Biere. Rose schmiegt sich demonstrativ an ihn – ob ihr wohl sein offensichtlich reges Interesse für meine Person missfällt?

Auf dem Weg zur Sunnyside Farm

Zum Grillen bei Yussuf

Warnschild in Sambia

Im Haus, das aus einem großen Raum und einer Kammer mit Toilette besteht, wird das Abendessen vorbereitet. Yussufs Schwägerinnen, lauter hübsche Mädels, schnippeln eifrig Salat, auf einem Sofa vor dem Wohnzimmertisch sitzend. Ansonsten besteht die Einrichtung aus einem Herd und einem hohen Tisch, auf dem diverse Töpfe, Pfannen, Schüsseln stehen. Draußen am Feuer ist es richtig gemütlich, weiterer Besuch kommt, ein Freund von Yussuf, später auch seine Schwiegermutter. Bald gibt es als „Snack" Hähnchen, wir essen wieder mit den Fingern. Als die Holzkohle richtig glüht, wird über die Feuerstelle ein eiserner, niedriger Tisch gestellt, die Platte bildet den Grillrost. Riesensteaks werden aufgelegt, dazu gibt es Salat und Kartoffeln. Uns fällt auf, dass der Hausboy ziemlich barsch hin- und hergeschickt wird, das bestätigt, was Heidi uns erzählt hat: die Weißen behandeln ihre Angestellten oft humaner als die Afrikaner ihre eigenen Landsleute.

Yussuf erzählt, dass er morgen in den Luangwa Park fährt, um Jäger abzuholen, Hermi will unbedingt mit, vielleicht sieht er dort endlich die so heiß ersehnten Löwen! Also wird Yussuf ihn um 6 Uhr abholen, Christine und ich sind heilfroh, dass Hermi diese Gelegenheit gefunden hat, so müssen wir nicht noch mal selbst fahren, denn von Pistenstaub und -geholper, Elefanten, Löwen usw. haben wir Mädels einfach genug gesehen!

Am nächsten Morgen bricht Hermi früh auf, wir beschäftigen uns mit Kartenschreiben. Bei einer ziemlich hässlichen Karte von einer breit grinsenden Turkana-Frau überlegen wir krampfhaft, an wen wir die wohl schicken könnten. Nach langem Nachdenken fällt die Wahl auf Herrn K., unseren ehemaligen Geschichts- und Sozialkundelehrer, da muss jetzt ein origineller Text her! Wo wir schon mal beim Reimen und dem Spruch „Lieber... als..." sind, fällt uns immer was Neues ein[24].

Lieber 'ne Feier im Urwalddorf als das Geleier von Dahrendorf
Lieber Wüstensand als Immanuel Kant
Lieber Urwaldschlamm als Hektogramm
Lieber Waschtag als Deckungsbeitrag
Lieber Moskitonetz als Ertragsgesetz
Lieber 'ne Hütte aus Lehm als ein Koordinatensystem
Lieber Zebra als Algebra
Lieber Gazelle als Lichtwelle
Lieber Gaffer als Metapher
Lieber Abendröte als Wolfgang Goethe
Lieber Wüstensand als Lichtquant
Lieber Stechmücke als Definitionslücke
Lieber ein Kral als ein Integral

Wir verbringen einen weiteren Tag im Camp mit Waschen, Lesen, Tee trinken, einem Mittagsschläfchen. Gegen 22 Uhr kommt die Jagdgesellschaft zurück, ein Typ, so um die 40, Strahlemann-mäßig, besucht uns am Bus und

---

[24] Die Freude darüber, die vielfältigen Themen der Schule mit dem afrikanischen Alltag zu verknüpfen, ist wohl nicht zu übersehen

erzählt augenzwinkernd, Hermi sei von einem Löwen verschlungen worden. Leider hat Hermi auch diesmal Pech gehabt: keine Löwen in Luangwa. So langsam bekommt er ein Löwentrauma… Mit Yussuf fuhr er fast acht Stunden durch den Busch zum Jagdcamp, wo Walter, der auch zum Camp gehört, und sein aus Deutschland eingeflogener Freund Bert (der Strahlemann) zu einer 14tägigen Jagdsafari waren.

Bei Gin Tonic sitzen wir zusammen, erzählen von unserer Reise und hören von der Jagdsafari. Der 14tägige Aufenthalt in der Wildnis hat bei Bert wohl gehörige Entzugserscheinungen hervorgerufen, er wird immer zutraulicher, ein Kompliment verfolgt das andere. Nach der anfänglichen Bewunderung, „dass eine Frau so eine Tour durch Afrika macht" kommt die Feststellung, „so eine Frau habe er schon immer gesucht". Er bietet mir Nachtquartier an, als ich dankend ablehne, kommt prompt der Heiratsantrag: ich solle mir das doch mal überlegen, er könne mir wirklich alle Annehmlichkeiten des Lebens bieten… Nach langem Plaudern über Afrika allgemein, Entwicklungshilfe und Südafrika verziehen wir uns Gin-Tonic-schwer ins Bett[25].

Am nächsten Morgen habe ich heftige Magenkrämpfe, mir ist schwindlig, bei 30 Grad Außentemperatur friert's mich. Außer Tee und Tabletten kann ich nichts zu mir nehmen. Bert setzt sein Balzen fort, aber dazu bin ich jetzt wirklich nicht aufgelegt. Wir brechen Richtung Lusaka auf, mir geht's hundeelend, hoffentlich ist das keine Malaria![26]

Von der Fahrt kriege ich nicht viel mit, ein kurzer Blick nach draußen zeigt schnurgerade Straße. Kurz vor Sonnenuntergang biegen wir in einen Seitenweg ab und finden auf schwarz verbranntem, mit kahlen Sträuchern und Bäumen bestandenem Gelände einen schönen Übernachtungsplatz in einem Steinbruch. Während die beiden vorne essen (mir wird vom Geruch schon schlecht), döse ich vor mich hin.

Erste morgendliche Tat: mit Klopapier in die Pampa sprinten… zumindest kann ich wenigstens eine Kleinigkeit zu meinem Tee essen. Bei 30 Grad verkrieche ich mich mit Pullover und Hose in den Schlafsack. Um die Mittagszeit erreichen wir eine Brücke, über die man nur mit 5 km/h fahren darf,

---

[25] Ich mich natürlich in mein eigenes…

[26] Da auch zu späteren Zeitpunkten, z. B. nach Geburtstagsfeiern, ähnliche Symptome auftraten, konnte die mysteriöse Krankheit schließlich identifiziert werden, sie heißt: „Zu viel Gin Tonic".

weiß der Himmel warum, sie sieht weder einsturzgefährdet aus noch ist sie einspurig.

Auf der Brücke haben wir Ausblick auf den Fluss, der nur wenig Wasser führt. Alle paar Kilometer sind Polizeikontrollen, bei einem Stopp geht der Beamte auf Tsetsefliegen-Suche: mit seinem Schmetterlingsnetz klopft er ein paarmal auf Bleche und unsere Inneneinrichtung. Aber auch größere Tiere könnten einem hier begegnen, Schilder warnen vor kreuzenden Elefanten und Hippos.

Gegen Nachmittag kommen wir in Lusaka an, holen bei der deutschen Botschaft Briefe ab, es ist sogar einer von Dietmar dabei. Er und Diethelm waren an Bilharziose erkrankt, vermutlich vom Baden in einem kleinen Fluss in Zentralafrika. Da haben wir doch auch gebadet... es wird uns unbehaglich zumute, hoffentlich haben wir uns nichts geholt!

Dann machen wir uns auf den Weg zum deutschen Metzger, von dem Martin die gute Wurst hatte, Christine und Hermi kaufen ein – da gehen einem Augen über! Wir bekommen vom Metzger die Erlaubnis, auf der Farm zu übernachten, werden ins Haus gebeten, es sieht heimelig deutsch aus: Polstergarnitur, Sessel, Fernseher. Das Ehepaar Bauer, beide um die 60, ist schon seit 30 Jahren in Afrika, zuerst in Südafrika, dann haben sie in Sambia die Farm und diverse Geschäfte aufgebaut: Blechdosenfabrik, Nudelfabrik, jetzt die Metzgerei. Frau Bauer erzählt, dass leider weder Sohn noch Tochter Interesse an der Farm haben, sie leben lieber in Südafrika.

Die nächsten Tage verbringen wir bei Bauers: spätes Frühstück, im Garten in der Sonne sitzen, schmökern, Sonnenbaden, abends fernsehen, leckeren südafrikanischen Wein trinken. Frau Bauer erzählt aus ihrem Leben, u. a. von der Flucht aus der DDR mit ihrem Sohn und ihren Unternehmungen in Afrika. Hermi versteht sich gut mit Herrn Bauer und schlägt sich mit ihm so manche Nacht bei Cognac um die Ohren... aber er ist auch fleißig, repariert Herrn Bauers Auto, was dieser unbedingt mit 100 Kwacha vergüten will.

Ende Juli wird es Zeit, aufzubrechen. Wir verabschieden uns herzlich von Bauers, es waren wunderschöne Tage bei den beiden in Lusaka. Sie gibt uns noch so viel Wurst, Fleisch und Butter mit, dass unser Kühlschrank fast nicht mehr schließt, wir sind gerührt über so viel Fürsorge.

Richtung Süden nach Kafue geht es durch weite Flächen gelb verdorrten Grases, später beginnen flache Berge. Kilometerlange Zäune führen längs der

Straße, gegen Abend biegen wir zu einer Farm ab, um zu fragen, ob wir dort übernachten dürfen.

Ein junger Engländer lädt uns zu einer Tasse Kaffee ins Haus ein, das typisch englisch eingerichtet ist. Er erzählt uns, dass er in Sambia aufgewachsen sei und nur die Schulzeit in Südafrika verbracht hat. Die Eltern kommen hinzu, wir bekommen die Erlaubnis, hier zu campen und machen uns im Bus ans Kochen. Der Sohn des Hauses bringt freundlicherweise frische Milch, wir wissen kaum, wo wir die in unserem übervollen Kühlschrank unterbringen sollen.

Abends werden wir zum Drink eingeladen, da sagen wir nicht nein. Die Engländer schimpfen nur über Schwarzafrika und seine Bewohner, ihrer Meinung nach sind alle dumm und faul. Der junge Mann lamentiert, wie schlimm doch das Leben in Sambia sei, nichts klappe hier. Die Farm, die sein Vater vor 30 Jahren gekauft hat, gehört jetzt dem Staat und er muss (allerdings eine lächerlich niedrige!) Pacht dafür zahlen... wir hören höflich zu, denken uns jedoch unser Teil: Jammern auf hohem Niveau.

Am nächsten Morgen verabschieden wir uns von der Family, bekommen noch einen Sack Orangen geschenkt und düsen weiter. Nach kurzer Zeit wird die bisher recht angenehme Straße von Schlaglöchern durchsetzt, ist bald nur noch einbahnig und wird von einer pistenartigen Umleitung abgelöst, die manchmal recht sandig ist.

Bald kommen wir in Livingstone an, einem gepflegt wirkenden Städtchen mit vielen Wohn- und Geschäftshäusern aus der Kolonialzeit, großzügigen Vorgärten und mit Bäumen bestandenem Straßenrand.

Der Campingplatz liegt neben dem Rainbow Hotel direkt am Sambesi, der träge dahinfließt, kaum zu glauben, dass sich der Fluss wenige Meter weiter in einen donnernden Wasserfall verwandelt. Auf der von einer Steinmauer eingefassten Terrasse stehen kleine runde Steintische, aus deren Mitte ein Sonnenschirm mit Strohdach aufragt, dazu Gartenstühle mit Kunstlederpolstern. Das Flussufer ist mit Bäumen bestanden, die Sonne spiegelt sich im Wasser – schön ist es hier!

Die Anmeldung ist im Hotel zu erledigen, unsere Sorge, dass wir die Gebühr mit deklariertem Geld zahlen müssen, erweist sich als unbegründet. Hermi hatte vorher einheimisches Geld „besorgt" indem er einem der Kellner Seifen verkaufte. Film- und Fotoausrüstung werden aus dem Bus geholt, wir beauftragen einen Kellner, auf unser Gefährt und speziell auf die Dieselkanister auf dem Busdach aufzupassen.

Dem sonnigen Wetter gemäß luftig angezogen, spazieren wir mit Sack und Pack Richtung Victoria Falls. Hermi hat den Friesennerz (in den später wegen der Feuchtigkeit die Kamera eingewickelt werden soll) unterm Arm, lotst uns auf Fußgängerwegen am Fluss entlang bis zu der Stelle, wo sich das klare Wasser in einen reißenden Gischt sprühenden Strom verwandelt und mit viel Getöse nach unten stürzt.

Livingstone, Victoria Falls

Victoria Falls

Drei glückliche Menschen vor grandioser Kulisse

An manchen Stellen hat das Wasser eine klare grüne Farbe, wenn es über die Felsen schießt. Es geht sehr steil runter, der gegenüber liegende felsige Abhang ist von den immerwährend sprühenden Wassertropfen ganz nass. Teilweise ist der Fels mit Bäumen, Gräsern und allerlei Gesträuch bewachsen, die ständige Feuchtigkeit lässt die Pflanzen in sattem Grün leuchten. Unten in der Schlucht bildet sich ein leuchtender Regenbogen.

Wir sind am östlichen Ende der Schlucht und begeben uns auf die andere Seite, um den Blick auf den Eastern Cataract voll zu genießen. Ein Pfad führt durch dichten Wald, an vielen Stellen erweitert er sich zu einem View Point nah am Abgrund. Dort ist es meist sehr feucht, die hoch stäubenden Wassertropfen kommen in einem wahren Guss auf uns herunter. Der Blick nach unten ist atemberaubend, im Flussbett liegt Geröll, das Wasser wirbelt in grünen und weißen Strudeln dahin. Über eine Fußgängerbrücke gelangen wir zum Aussichtspunkt Knife Edge, der den Endpunkt der sambischen Seite bildet.

Der letzte Tag in Sambia – wir haben aber 30 Kwacha übrig, was tun damit?! Wir beschließen, das ganze Geld in Bier zu investieren und fangen gleich damit an, indem wir auf der Terrasse beim Rainbow Hotel einen Sundowner nehmen und den Blick auf den Sambesi genießen. Auf dem Campingplatz holen wir nach langer Zeit wieder mal unsere Möbel aus der Kiste. Später kommen zwei Motorradfahrer hinzu, bei sternübersätem Himmel sitzen wir draußen, tauschen Reisestories aus und schwelgen im Bierüberfluss.

Am Morgen frühstücken wir unter kitschig blauem Himmel in Gesellschaft der beiden Motorradfahrer. Beim Anblick ihrer Marmeladenbrote gedenke ich innigst der Bauers, die uns – zumindest für einige Zeit – vor einem solchen Frühstück bewahrt haben.

An der Grenzstation müssen wir Daten in ein dickes Buch eintragen, bekommen Stempel in den Pass. Beim Zoll fragt keiner nach einer Deklaration, zum Glück, denn fast drei Wochen Aufenthalt, ohne einen Kwacha offiziell zu tauschen, hätte sicher Verdacht erregt. Ein Beamter wirft einen kurzen Blick in den Bus, dann öffnet sich der Zaun und wir düsen Richtung Sambesi-Brücke, haben von dort aus noch einen wunderbaren Blick auf den Eastern Cataract.

Simbabwe

Nach dem Ausfüllen der Formulare erhalten wir innerhalb kurzer Zeit die Einreisestempel. Beim Zoll ist es komplizierter, Hermi muss alle möglichen Zahlen und Daten des Busses in ein Formular eintragen, währenddessen streitet Christine mit dem Officer wegen der Autoversicherung. Diesmal zieht unsere „selbstgemachte" Versicherung nicht, 6 Zimbabwe$ sind fällig (ca. 12 DM). Wenigstens gibt es keine Devisendeklaration, auch was wert... Kurz nach der Grenze ist schon der Eingang zu den Victoria Falls.

Unter einem Schatten spendenden Baum parken wir, packen Geld, Pässe und Fotoausrüstung zusammen und begeben uns zum Haupteingang, spazieren durch zunächst spärlich bewachsene Gegend in Richtung Falls, je näher wir kommen, desto dichter wird der Wald, in dem wahre Bilderbuchpalmen zwischen hohen Bäumen stehen. Das westliche Ende der Falls bildet der Devil's Cataract, wo zwischen Flussufer und einer dicht bewachsenen Insel das Wasser krachend hinunterstürzt. Der Weg führt gegenüber den Wasserfällen am Rand der Schlucht entlang, wir steigen steile Stufen hinunter in die Schlucht, am Aussichtspunkt werden wir beregnet.

Von hier aus sieht man an den Fällen entlang, die Wassernebel begrenzen jedoch die Sicht. Nachdem wir, etwas außer Atem, wieder hoch geklettert sind, geht es weiter zum Livingstone-Denkmal, einer stattlichen Bronze-Statue. Der Afrikaforscher soll der erste Weiße gewesen sein, der die Fälle gesehen hat.

Durch Regenwald geht es zu den Main Falls und wir genießen an den Aussichtspunkten den Blick auf die fast 100 m herab stürzenden weißen Wassermassen, die im Flussbett grün schimmernd, von Gischt gekrönt, über Steine und Geröllberge schießen. Es ist ein überwältigender Anblick! Die Umgebung der Falls ist wohltuend natürlich belassen, die Wege mit Natursteinen ausgelegt, Baumstämme dienen als Sitzgelegenheiten, in ausgehöhlten Baumstämmen sind Abfallbehälter untergebracht.

Der Aufenthalt ist allerdings eine feuchte Angelegenheit, vom Fluss herüber ziehen Wasserschwaden, so dass wir ständig Sprühregen ausgesetzt sind. Neben Livingstone Island befinden sich die Horseshoe Falls, auf dem weiteren Weg sehen wir die Rainbow Falls, die an der höchsten Stelle 108 m in die Schlucht stürzen. Am Rand der Klippe geht es zum Danger Point, wo große Steine aufgehäuft sind. Hier haben wir einen weiten Blick auch auf die sambische Seite. In die Schlucht, die die beiden Länder trennt, strömt das Wasser bis zu einem runden Becken, dem Boiling Pool. Am Danger Point spannen sich herrlich leuchtende Regenbogen über die Schlucht.

Nachdem wir die Aussicht gebührend bewundert haben machen wir uns auf den Weg zum Ort Victoria Falls. Hermi erkundigt sich bei einem Hotel nach den Kosten für einen Rundflug, aber 32 Z$ sind uns zu viel für ca. 15 Minuten Flug.

Am Campingplatz gehört zu jedem der Stellplätze ein Grillplatz, überall gibt es Wasserhähne. Ein langgestrecktes gelb gestrichenes Gebäude birgt Toiletten und Duschen, die in einem so sauberen Zustand sind, dass man hier essen könnte – da haben wir schon anderes gesehen, in Bangui oder Kisangani...

Am Morgen treffen wir einen Amerikaner und seine Freundin, die nach einem Lift zum Hwange Park fragen. Peter kommt aus Kalifornien und bereiste mit Wiebke schon Malawi, Sambia und Simbabwe.

Wir fahren auf einer wunderbaren, absolut schlaglochfreien Straße dahin, bei 100 km/h kriegen wir fast einen Geschwindigkeitsrausch. Die Umgebung wirkt wie ein gepflegter Park, die Straße begleiten breite Grasstreifen, an die sich dichtes Buschwerk und Wald anschließen. Die Straße führt kerzengeradeaus, man fährt wie durch eine Allee herbstlich anmutender Bäume mit grünen, gelben und roten Blättern, darüber der bilderbuchblaue Himmel.

Nach 100 km Fahrt erreichen wir die Abzweigung zum Hwange Nationalpark, es beginnt Piste, die teilweise ausgeprägtes Wellblech aufweist, das klappert und scheppert. Leider haben wir wieder mal eine ungünstige Zeit erwischt: bei der Mittagshitze sehen wir außer Vögeln und ein paar Gazellen keine Tiere, die haben sich in den Schatten verzogen.

Mit ziemlichem Tempo fahren wir durch den Park, besuchen Salt Springs, das aus einem ausgetrockneten Wasserloch besteht. Ein paar Kilometer weiter kommen wir zu einem View Point mit Blick auf eine Wasserstelle, dem sich gerade eine Giraffenfamilie nähert. Die Giraffen haben eine andere Zeichnung als die, die wir bisher gesehen haben, sie sind entweder ziemlich dunkel oder haben ein fast weißes Fell. Vorsichtig nähern sie sich dem Wasserloch, wittern nach allen Seiten, wir warten gespannt auf den Augenblick, wenn sich das Tier zum Wasser neigt. Dabei werden beide Vorderbeine seitlich gespreizt, es beugt den langen Hals und trinkt ausgiebig. Bei weiteren Wasserlöchern sehen wir Zebras, Antilopen, Wasserböcke und viele Vögel.

Später führt eine einbahnige Asphaltstraße durch den Park, die zum Schnellfahren verleitet, unseren auf dem Dach sitzenden Passagieren wird's dabei ziemlich kalt. Gegen 17 Uhr erreichen wir die Hwange Safari Lodge, von Palmen und Blumen umgeben. Außen erstrecken sich weite Rasenflächen, in einer Ecke stehen Tische und Stühle neben einem Swimming Pool. Um das nahe gelegene Wasserloch tummeln sich Gnus und die seltenen Säbelantilopen, die unserer Fotosammlung noch fehlen.

Der Angestellte ist nicht begeistert, dass wir hier campen möchten und verweist uns an den Manager. Aber was der nicht weiß, macht ihn nicht heiß, wir stellen uns einfach ans äußerste Ende des Parkplatzes.

Wiebke und Peter nehmen frühmorgens an einer Safari teil, während wir tagsüber den Park erkunden. Am nächsten Tag geht es weiter nach Bulawayo, nach drei Stunden Fahrt unter strahlend blauem Himmel nähern wir uns der Stadt, schon von weitem ist die Skyline zu sehen. Kleine, saubere Häuser mit Garten säumen die Straße, bald darauf beginnen Ladenzeilen, die Bankgebäude im Kolonialstil sind sauber verputzt. Die Stadt macht einen friedlichen, etwas verschlafenen Eindruck, kaum Verkehr, auf den Gehwegen sind meist Afrikaner unterwegs.

In den Parks der City schimmern weite Flächen hellgrünen Rasens, auf dem viele Afrikaner lang liegen und sich von der Sonne bescheinen lassen. Vom Caravan Park sind wir überrascht, so einen schönen Campingplatz haben wir in Afrika noch nicht gesehen! Ein sauber geharkter Weg führt an Rasenflächen vorbei, überall Bäume, das Gebäude mit WCs und Duschen blitzt vor Sauberkeit. Der Platz wird von einer hohen Hecke begrenzt, von draußen ist nur das Murmeln der Spaziergänger zu hören, keinerlei Autolärm. Auf dem großen Terrain stehen wenige Zelte, Wohnwagen und ein urig ausgebauter VW-Bus: ans Führerhaus hat man einen Wohnwagen älteren Modells angebaut.

Nach dem Geldtausch bei einem Chinesen geht es zum Einkaufen, wir erstehen viele Köstlichkeiten, u. a. Erdbeerjoghurt – das erste seit sieben Monaten!

Obwohl die politische Situation in Matabeleland im Süden von Simbabwe derzeit unsicher ist (es gab Überfälle auf Reisende), wollen wir die Zimbabwe

Ruins besuchen und halten uns bei der Weiterfahrt an die Empfehlung, keine großen Stopps auf dem Land zu machen und immer an bewachten Plätzen zu übernachten.

Nach Bulawayo ist die Umgebung bergig, kurz nach der Regenzeit muss es hier toll aussehen, leider sind die Bäume und Sträucher momentan völlig kahl und graubraun. Die Gegend ist wenig bevölkert, man sieht kaum Dörfer, ab und zu mal große Farmhäuser. Und entlang der ganzen Strecke Zäune... Esel grasen am Straßenrand, manchmal ein paar Ziegen oder Rinder, die in ein Joch gezwängt sind und einen Wagen ziehen.

Auf feinstem Asphalt düsen wir dahin, alle paar Kilometer kommt ein Rastplatz mit Tisch und Bänken im Schatten eines Baumes, daneben eine Abfalltonne. Gegen Abend erreichen wir die Zimbabwe Ruins, außer den Wachtposten und uns gibt es nur eine Horde herum streifender Affen, die aufmerksam den Abendessentisch beobachten.

Morgens geht es zur Besichtigung der Ruinen, dies muss einmal eine Stadt von etwa 10 000 Einwohnern gewesen sein, sie wurde 1871 von einem deutschen Geologen und Forschungsreisenden entdeckt. Die Tempel und Befestigungen sind teilweise von 10 m hohen Mauern umgeben und werden einer im 18. Jahrhundert erloschenen afrikanischen Kultur zugeschrieben. Zwischen Bäumen ragt ein runder Turm auf, dessen Mauerwerk sehr regelmäßig ist, ein Meisterwerk aus aufeinander gestapelten Steinen. Auf den Mauern machen sich Steinflechten breit, außerhalb des Mauerrings sind ebenfalls noch Bauwerke erkennbar, über die hohe Kakteen mit maiskolbenartigen roten Blüten hervor ragen.

Auf dem weiteren Weg treffen wir mehrere Gruppen von Afrikanern, anscheinend Schulausflügler. Im Hauptteil der Ruinen geht es über Treppen steil den Berg hinauf, die Sonne sticht gnadenlos herunter. Japsend oben angekommen heißt es, sich durch enge Gänge zu zwängen, vorbei an monströsen Felsbrocken. Von hier aus hat man einen tollen Blick auf die Umgebung, Berge und Lake Kyle.

Wir überlegen, ob wir hierbleiben oder nach Bulawayo zurück fahren sollen, entscheiden uns schließlich für letzteres. Ganz geheuer ist es hier nicht, auch wenn man uns versichert, es bestehe keine Gefahr, von Rebellen überfallen zu werden.

Zimbabwe Ruins

Eisenbahnmuseum in Bulawayo

Matopos

Grab von Cecil John Rhodes

Bei der Rückfahrt über Masvingo bieten Frauen am Straßenrand Tischdecken zum Verkauf an. Als Christine und Hermi aussteigen, werden sie von mehreren Frauen umringt, die einander überschreien und die beiden fast in die Decken einwickeln. Einige Ladies werfen die Decken geradezu in den Bus, mein Kauf ist schnell getätigt: ich gebe ein Kleid aus unserem Altkleidervorrat für eine Decke, für Christines Sonderwunsch, eine ovale Decke, wird Bargeld verlangt: „You must give me..." Es dauert fast eine Stunde, bis die Verhandlungen beendet sind und wir weiterfahren können.

Auf dem Campingplatz in Bulawayo widmen wir uns hausfraulichen Tätigkeiten: Schlafsäcke waschen ist eine anstrengende Arbeit! Wir bürsten Berge von Klamotten, spülen, wringen und hängen auf, über drei Stunden lang. Zum Schluss kommen Vorhänge und Beifahrersitzbezug dran, dann sind wir groggy. Während wir uns ausruhen, geht Hermi in die Stadt, der Nachmittag vergeht mit Wäsche abnehmen, Kleiderfach aufräumen, Kaffeetrinken und Nähen. Als Hermi zurückkommt, bringt er uns eine kleine Torte mit... wie nett!

Am nächsten Tag bekommen wir Besuch von einem Deutschen, der uns von Südafrika erzählt, dort muss es zurzeit hoch hergehen, Studenten und schwarze Arbeiter streiken, über einige Städte wurde der Ausnahmezustand verhängt. Das hört sich beunruhigend an... Der Deutsche findet, dass die Verhältnisse in Südafrika nicht so schlimm seien, wie es in Deutschland dargestellt wird. Er meint, wenn man eine Weile auf diesem Kontinent gelebt habe, bekäme man eine andere Einstellung zu Afrika und seinen Menschen, könne die Apartheidpolitik zumindest nachvollziehen – zuhause würde man wahrscheinlich als „Rassist" bezeichnet.

Der Besuch des Railway Museums steht an, zunächst vorbei an vielen Geschäften, Möbelläden mit unmöglich geblümten Sofas und Sesseln, behäbigen Betten, Kücheneinrichtungen, die noch aus den 60er Jahren zu stammen scheinen. Kleiderläden bieten gediegene Mode an: meist Röcke, Kleider und Blusen in rosa oder brav kariert.

Das Museumsgelände ist von einer hohen Hecke umgeben, an das Bahnhofsgebäude schließt sich eine Veranda an, vor uns sehen wir eine schwarze Lokomotive mit weißen Rädern, silbern gestrichenen Eisenteilen, in Gold prangt „RR" (Rhodesia Railways) an der Seite. Wir steigen ein, Hermi erklärt uns fachmännisch die technischen Einzelheiten. Im Führerhaus sind zu beiden Seiten gepolsterte Sitze, dahinter befindet sich der Kohlenwagen. Neben diversen Loks, alle von Anfang dieses Jahrhunderts stammend und in England gebaut, gibt es Waggons für die Personenbeförderung. Die 3. Klasse hat lange Holzbänke, umso feudaler ist der Speisewagen mit ledergepolsterten Armsesseln. An den Wänden sind Halterungen für Gläser angebracht. Die Liegewagen haben sich im Vergleich zu heute fast nicht verändert: auch damals schon drei herunterklappbare Liegen übereinander. Die Schlafwagen sind umso luxuriöser, die Kabine ist mit Schrank, Waschbecken und Toilette ausgestattet, in manchen Waggons gibt es sogar ein richtiges Badezimmer mit Wanne.

Im Speisewagen ist aufgedeckt: feinstes Geschirr, Gläser und Besteck, alles mit dem Wappen der RR versehen. Auch der für Cecil Rhodes gebaute Waggon ist ausgestellt: mit großer Küche, Kohleofen, gedecktem Frühstückstisch. In einigen Wagen gibt es Bilder, Fahrpläne und handgeschriebene Fahrtenbücher zu sehen, so ein Museum ist doch interessanter als ein paar alte Steine! Ein Raum zeigt uralte Schreibmaschinen und Telefone sowie Bilder des englischen Königspaares mit Töchtern. Weitere Sehenswürdigkeiten sind ein altes Telefonhäuschen, Fahrpläne, Schilder, Anweisung ans Personal, doch die Teepause nicht länger als 15 Minuten auszudehnen... man fühlt sich in eine ganz andere Welt versetzt.

Nachmittags fahren wir weiter Richtung Matopos, im Park entdecken wir bald die berühmten Granitplatten und Felsen, manchmal ganz glatt geschliffen und grau, dann wieder mit Bäumen bewachsen. Wie die auf den Steinen gedeihen können, ist uns ein Rätsel. Die Granitformationen sind ein schöner Anblick, oft stehen große Felsbrocken neben- und übereinander, so dass man meinen könnte, sie fielen gleich runter. Die Farben wechseln von weiß bis grau, manche Felsen sind gelb oder rot gefärbt.

Am Campingplatz Malewe Dam zahlen wir 6 Z$ und suchen uns zwischen See und Granitbergen einen Stellplatz. Duschen und Toiletten gibt es hier, Tische und Bänke aus Stein – und Affen, die den Abfall aus den Tonnen holen. Hier am Wasser sind die Moskitos lästig, aus der Umgebung ist Affengebell und Grillenzirpen zu hören, über uns der Sternenhimmel, da passt die laute Discomusik der Italiener nebenan gar nicht dazu. Angesichts der Hinterlassenschaften von Elefanten in der Umgebung ziehe ich es vor, im Bus zu schlafen. Ich hätte mir jedoch keine Sorgen machen brauchen, die Platzwächter sind mit Waffen ausgerüstet.

Morgens besuchen wir das Grab von Cecil John Rhodes, das, wie er es nannte, am „View of the world" liegt. Über ein glatt geschliffenes Granitplateau geht es hinauf, um das Grab stehen große Felsbrocken, auf denen bunt gefärbte Eidechsen umher flitzen. Der Blick von hier ist wirklich grandios: weit ziehen sich Hügelketten hin, die aus teilweise bizarr geformten Granitfelsen bestehen, dazwischen erstrecken sich weite Flächen gelben Grases. Die Felsen haben die verschiedensten Formen, rund, rechteckig, kaminförmig.

Neben anderen Touristen stapft auch eine Gruppe junger Schwarzer heran, alle haben eine Maschinenpistole und Patronengurte umhängen. Hermi unterhält sich mit ihnen und erfährt, dass die Jungs zur Polizei gehören, sie kommen aus Harare und patrouillieren hier – man hat ein scharfes Auge auf Matabeleland.

Vorbei an verdorrten Bäumen und Grasflächen fahren wir weiter, passieren eine kurze Polizeikontrolle, bei der die Funktionsfähigkeit unserer Hupe kontrolliert wird, nach 100 km Fahrt durch Steppenlandschaft erreichen wir Plumtree.

An der Grenzstation haben wir schnell unsere Stempel und dürfen zum Zoll. Mit der Erklärung, dass wir bei der Einreise keine Deklarationsformulare bekommen haben, geben sich die Beamten zufrieden. Bei der afrikanischen Reisegruppe vor uns haben sie schärfer reagiert... Als wir weiterfahren wollen, streikt der Anlasser, mit Hilfe einiger Leute rollen wir schließlich über die Grenze.

Botswana

Ein paar Kilometer Wellblechpiste, und schon sind wir an der Grenzstation von Botswana, füllen die üblichen Formulare aus. Beim Zoll rafft sich erst nach längerer Zeit eine schwerfällige „Mamma" dazu auf, uns zur Kenntnis zu nehmen, schwatzt uns eine Versicherung auf, die natürlich was kostet. Da wir keine Pula haben, meint sie, wir sollten doch bei anderen Reisenden tauschen... Schließlich nimmt sie 2 Zimbabwe$ an und gibt sogar einheimisches Restgeld. Währenddessen sitzen zwei Beamte Zeitung lesend hinter ihren Schreibtischen, auf denen wahre Berge von ausgefüllten Formularen liegen.

Wieder ist Anschieben angesagt, dann geht es Richtung Francistown, Hermi probiert zwischendurch, ob der Anlasser wieder funktioniert, doch der will tatsächlich nicht mehr. In Francistown übernachten wir am Campingplatz an einem ausgetrockneten, sandigen Flussbett. Christine und ich berappen die Campinggebühr, da wir uns mit der neuen Währung nicht auskennen, verrechnen wir uns und sind erschrocken, wie teuer es hier ist.

Am nächsten Tag macht sich Hermi daran, den neuen Anlasser anzuschließen, doch der geht nur, wenn er Lust hat. Ob es wohl am Elektro-Umschaltkasten liegt? Hermi probiert und probiert, schließlich findet er heraus, dass er den neuen Anlasser meistens falsch angeklemmt hat... Somit steht fest, dass der Anlasser getauscht wird, eine längere Aktion, da erst der Auspuff abgebaut werden muss. Mit meiner wertvollen Assistenz (ich darf eine Mutter auf eine Schraube drehen) wird der neue Anlasser eingebaut – und funktioniert, Hermi ist happy. Wir werden von Sonya, einer Südafrikanerin, angesprochen, die in Durban bei einem Reisebüro arbeitet und uns einlädt, sie zu besuchen.

Mittags brechen wir auf in Richtung Gaborone, die Strecke ist ziemlich langweilig, rechts und links nur Zäune und Steppe. Zwischendurch fährt Christine mal 100 km auf der schnurgeraden Asphaltstraße. Am nächsten Morgen erreichen wir die Hauptstadt Gaborone.

Beim Eis essen unterhalten wir uns mit einem Afrikaner, er erzählt, er sei Mechaniker und würde gerne in Südafrika arbeiten. Politisch sei Botswana zwar besser, weil man hier seine Meinung sagen könne, aber „social life" in Südafrika sei viel abwechslungsreicher. Dort könne er viel Geld verdienen und sich vor allem ein Auto kaufen, in Botswana müsse er immer arm bleiben. Christine entgegnet, er könnte doch auch hier viel arbeiten, aber er meint, es gebe keine Jobs.

Nachdem Hermi beim Technical College verschiedene Reparaturen durchgeführt hat, steht Einkaufen auf dem Plan. In einer Bäckerei duftet es herrlich nach frischem Brot. Es gibt eine Art Schwarzbrot, außerdem Torten und Gebäck – wie lecker! Aber leider ist unser Budget ja begrenzt…

Der Bottle Store bietet ebenfalls eine reichliche Auswahl, z. B. Baileys zum erschwinglichen Preis von 24 DM. Hier ist Hermi plötzlich nicht mehr so sparsam, stapelt mengenweise Bier in den Einkaufswagen, sechs Dosen kosten 18 DM… Wir Mädels machen uns Sorgen, ob unser Geld überhaupt reicht. Mit Campinggebühren, Einkaufen, Eis essen etc. haben wir es geschafft, in drei Tagen 150 DM auszugeben, und das, ohne ein einziges Mal zu tanken! Ein Glück, dass unser sonst so argwöhnischer „Geldwächter" nicht lange nachfragt, wo denn das ganze Geld geblieben ist…

Am nächsten Tag sagen wir Gaborone ade und düsen Richtung Lobatse, vorbei an nackten Bergen, dürftig mit verdorrten Büschen bestandenen weiten Feldern. So geht das bis zur Grenze, die wir (wann sonst?!) genau zur Mittagszeit erreichen. Wir geben die ausgefüllten Departure-Formulare mit den Pässen dem Immigration Officer, er stempelt die Pässe und fragt grinsend: „Who is yours?". Erst nach kurzem Nachdenken checken wir, dass er wissen will, wer von uns Mädels zu Hermi gehört.

Beim Zoll erfahren wir, dass Südafrika, Namibia und Botswana in einer Zollunion zusammengeschlossen seien und wir erst bei der endgültigen Ausreise einen Stempel bekommen würden. Es war ein kurzer Aufenthalt in Botswana, aber man kann ja mal wiederkommen…

Biergelage in Botswana…

Südafrika

Am Grenzposten Bophutatswana, einem „eigenständiges Homeland", ist im Büro lediglich ein Transitformular auszufüllen, freundlich werden wir weitergeschickt. Die Landschaft sieht öde aus, vertrocknete Felder, an der Straße ziehen sich Siedlungen mit Lehmhäuser und Wellblechhütten hin, manche mit Glasfenstern. Oft sind die Anwesen eingezäunt, Wäsche flattert an langen Leinen, Ziegen und Kühe weiden in der Umgebung. Nach ca. 45 km erreichen wir die Grenze von Bophutatswana und bekommen die „Ausreisestempel". Ein paar Meter weiter weht die südafrikanische Flagge... wir sind gespannt, die Südafrikaner sollen sehr darauf achten, dass Traveller auch genügend Geld bei sich haben.

Im mit Blumen geschmückten Büro sitzen – wie ungewohnt! – lauter Weiße. Die Einreisepapiere werden geprüft, der Beamte fragt nach unserer finanziellen Ausstattung. Er notiert den Wert der Schecks und Bankbestätigungen auf den Formularen, ein langwieriger Vorgang, dabei macht sich bei uns Nervosität breit... Hoffentlich akzeptieren sie die Devisen und lassen uns rein! Umständlich prüft man die Unterlagen, fragt, wie wir das Land verlassen wollen. Wir erzählen, dass von Deutschland aus eine Schiffspassage für uns gebucht würde, Einzelheiten würden wir jedoch erst in Kapstadt erfahren...

Es vergehen weitere unangenehme Minuten, der Beamte vertieft sich in ein dickes Buch, vergleicht die Pässe damit. Da fällt uns der Protestbrief ein, den wir vor zwei Jahren unterzeichnet haben, ein Appell an die südafrikanische Regierung, die Apartheid abzuschaffen. Man wird uns doch nicht registriert haben...? Doch schließlich bekommen wir Aufkleber in den Pass mit einer Aufenthaltsgenehmigung von zwei Monaten und können kaum unseren Jubel verbergen: mit den letzten Moneten und uralten Bankbestätigungen (die genau die 4.000 DM pro Person aufweisen, die wir zu Beginn der Reise hatten) haben wir es geschafft – wir sind im Zielland Südafrika!

Trotz aller Freude schleicht sich auch ein bisschen Wehmut ein: dies ist das letzte Land unserer Afrikatour, wir sind fast am Ziel und damit leider sehr nah am Nachhause-Fahren. Aber wir wollen optimistisch sein: jetzt erkunden wir erst mal Süd- und evtl. noch Südwestafrika.

Die ersten Kilometer zeigen wenig Abwechslungsreiches: Buschwerk und Zäune entlang der Straße, immer wieder Abzweigungen zu Farmen. Im Hinterland sind große Häuser, umgeben von Ackerland, zu erkennen. Auf der schnurgeraden, schlaglochfreien Straße düsen Autos vorbei, die darin sitzenden Weißen winken eifrig. Die Gegend ist sehr trocken, hin und wieder unterbrechen grüne Getreidefelder die eintönige Landschaft.

Bei Rustenburg beginnt die „Zivilisation": ein Wald von Strommasten, unzählige, in alle Richtungen führende Leitungen, die in der Sonne blinken. In der Stadt reihen sich Läden und Supermärkte aneinander, Kindergruppen in geschmacklosen Schuluniformen sind unterwegs: triste, dunkelbraune Kleiderröcke, braune Kniestrümpfe, hässlicher geht's nicht.

Beim Pick'n Pay Supermarkt gehen uns die Augen über: edel ausgestattete Kosmetikabteilung, Süßigkeiten, Schmuckabteilung, eine lange Reihe mit Kassen... wir wandern an den Regalen mit Waren entlang. Hier gibt es echt ALLES, sogar deutsche Produkte – so hatten wir das nicht erwartet. Köstlichkeiten wie Gurken, Oliven, Rotwein, frische Wurst, Joghurt, Schokolade stapeln sich bald im Wagen. Vom vielen Schauen und Staunen kriegen wir fast Kopfschmerzen: nach so vielen Monaten Schwarzafrika und einfachsten Lebens (und Einkaufens) ist das Angebot einfach überwältigend. Wir sind nach dem Einkauf richtig verwirrt – nichts wie weg hier, damit wir nicht noch mehr Geld ausgeben.

Wir fahren nach Sun City, das „Las Vegas" von Südafrika. Sun City liegt im Homeland Bophutatswana (weil die Südafrikaner so moralisch sind und Laster wie Spielautomaten und Sexfilme im 'eigenen' Land nicht dulden). Nachdem wir uns einigermaßen anständig angezogen haben, starten wir zur Besichtigung des Cascades Hotels. In der Hotelhalle staunen wir über die vielen Spiegel, Messingrahmen, Lampen, Ledersitzecken, eine Rezeption, wo man deutsch spricht... Üppige Vegetation schmückt den Garten, Farne, Palmen, Blumen, kleine Bäche, ein Wasserfall, in einer Grotte befindet sich eine Bar.

Im Hotel führt eine Rolltreppe nach oben, in der Kaffeebar wird Schwarzwälder Kirschtorte angeboten, wir kommen zur „Spielhölle": duster ist der Raum, die Automaten blinken in grellen Farben, es klingelt und piepst von allen Seiten. Dann wieder Shops, Boutiquen, Kinos. Die Toiletten sind gemütlich wie ein Wohnzimmer, mit Teppichboden, Musik und Tapeten. Wir sind nur am Staunen, auch darüber, dass jeder hier ein und aus gehen kann, sogar wir abgerissenen Traveller. Hermi und Christine verbringen den Abend in der Spielhalle und stoßen um Mitternacht mit Sekt auf Hermis Geburtstag an.

Am nächsten Tag machen wir einen ausgiebigen Spaziergang, bewundern gläserne Aufzüge an der Außenseite der Hotels, Palmengärten, eine Seilbrücke über einem Wasserfall, Golfplatz, schwarze Schwäne im kleinen See, bunte Papageien in den Bäumen. Das Ganze hebt sich grell von den umliegenden graubraunen Bergketten ab.

Am nächsten Tag erreichen wir Pretoria, ein Highway führt in die Stadt: viele Hochhäuser, Verkehr, Chaos. Beim Post Office, einem schönen Altbau mit kunstvoll geschmiedeten Gittern, alten Hinweisschildern, schweren Schreibtheken, holen wir einen Brief ab und flüchten schnell aus der Stadt nach Warmbad. Sehr gemütlich ist es auf dem dortigen Campingplatz nicht, rechts der Highway, links die Eisenbahn. Während Hermi früh einschläft, feiern wir Mädels seinen Geburtstag...

Am nächsten Tag ist Stadtbesichtigung von Pretoria angesagt, wir besuchen das auf einem Hügel thronende Regierungsgebäude, zur Stadt hinunter erstrecken sich terrassenförmige Grünanlagen. Der halbrunde Bau mit Säulen, Glockentürmen und Pavillons sieht beeindruckend aus, zu beiden Seiten führen Treppen hinauf, von hier aus hat man einen tollen Blick auf die Stadt.

Wir schlendern durch die City, beobachten die Leute. Zumeist sind Weiße in den Straßen unterwegs, die wenigen Schwarzen sind sehr gut angezogen. Bisher haben wir keinerlei offizielle Anzeichen der Rassentrennung bemerkt, weder getrennte Eingänge, noch weiße Polizisten, eher schwarze Ordnungshüter. Die Straßen sind voll von Autos, Ampeln und Menschen, in strengem Kontrast stehen die alten Gebäude aus der Kolonialzeit zu den modernen Bauten wie dem Staatstheater.

Weiter geht's nach Johannesburg, wo wir das Lehrerpaar, das wir in Malawi kennengelernt haben, besuchen wollen. Schnell finden wir die richtige Abfahrt zur Bath Avenue und werden von Gisela und Roderich herzlich begrüßt. Gisela stellt uns Küche, Kühlschrank und Bad zur Verfügung, lebhaft erzählt sie vom Alltag: in Südafrika funktioniere gar nichts, und wegen der politischen und wirtschaftlichen Situation, die sich in den vergangenen Monaten rapide verschlechtert habe, würden viele Weiße die Flucht ergreifen.

Da wir hier einige Tage bleiben können, nehmen wir eine Mammutaufgabe in Angriff: die Polsterbezüge haben dringend eine Wäsche notwendig. Auch unser Schaumstoffschutz fürs Geschirr wird gewaschen. Schon beim Eintauchen ins Wasser löst sich der rotbraune Staub wie magisch im Wasser auf und ungeahnt helle Farbe zeigt sich. Leider trocknet der Schaumstoff sehr schlecht, auch nach stundenlangem Liegen in der Sonne tropft noch Wasser heraus. Die Stoffbezüge haben wir etwas zu energisch ausgewrungen: überall an den abgewetzten Stellen zeigen sich nun Löcher, das bedeutet Näharbeit für mich.

Anschließend genießen wir den faulen Nachmittag im Garten so richtig: Lesen, sich ab und zu um die Wäsche kümmern, dem Vogelzwitschern lauschen. Hermi kann nicht stillsitzen und hilft Roderich, ein Gitter rund um den Pool aufzustellen, damit Tochter Naima in ihrem Forschungsdrang nicht ins Wasser fällt.

Später kommt ein Schwarzafrikaner, der Gartenarbeiten erledigt und Gitter streicht. Der Mann wohnt in Soweto und erzählt, dass er momentan große Schwierigkeiten habe, zu seiner Arbeitsstelle zu gelangen, er muss morgens um 4 Uhr los und kommt erst spät nachts nachhause. Jeden Nachmittag gibt es Unruhen in Soweto, wobei sich unterschiedliche schwarze Volksgruppen bekämpfen. Gisela erzählt, in Deutschland sei Südafrika momentan neben dem Weinskandal Thema Nr. 1, alle regen sich über das „unmenschliche" Regime auf – das in dieser Form ja schon seit Jahren besteht, aber vorher nie so groß kritisiert wurde.

Am nächsten Tag machen wir uns auf den Weg, um der Familie Pawlowski einen Besuch abzustatten, für die uns der Chef des deutschen Baucamps in Chipata einen Brief mitgegeben hat. Es öffnet uns eine ältere Frau, der wir uns kurz vorstellen und ihr den Brief geben. Sie ist überrascht, weiß erst nicht, um wen es sich handelt... dann aber „klickts" und sie lädt uns ein, herein zu kommen und einen Kaffee zu trinken. Auch ihr Mann und der Sohn Stefan, etwa 18 Jahre alt, gesellen sich dazu.

Es wird ein gemütlicher Nachmittag bei gutem Wein und viel Erzählen. Stefan beteiligt sich lebhaft am Gespräch, ungewöhnlich, bei uns hat ein 18jähriger am Sonntagnachmittag anderes zu tun, als mit Eltern und Besuch im Wohnzimmer zu sitzen. Hier ist das Familienleben anscheinend ausgeprägter, das mag daran liegen, dass nicht so viele Freizeitmöglichkeiten für Jugendliche vorhanden sind. Zudem ist es wegen der gesellschaftlichen Verhältnisse nicht so einfach, sich außer Haus aufzuhalten. Laut Frau Pawlowski kann man in Johannesburg nicht mal abends mit dem Hund um den Block gehen. Überhaupt ist abendliches Ausgehen eher die Ausnahme. Bei uns geht man erst um 22 Uhr weg, hier geht man um diese Zeit zu Bett, man hat ja nichts Besseres zu tun, außer vielleicht Fernsehen. Es gibt keine Kneipen, wie wir sie in Europa kennen, soziale Kontakte finden hauptsächlich in Privathäusern statt, mit Braais[27] oder Spielabenden.

Frau Pawlowski schwärmt vom Golfspielen, das in Südafrika ein Breitensport ist. Sie erklärt ein paar Begriffe und Regeln, zeigt die verschiedenen Schläger und führt, jede Fingerbewegung und -haltung genau demonstrierend, vor, wie man zu einem Schlag ansetzt. Im Garten zeigt sie die Ausgangsposition vor: breitbeinig dastehen, etwas in die Knie gehen „als ob man sich aufs Klo setzen wollte!", die Hände buchstäblich um den Golfschläger geschlungen, holt sie aus, dass der Schläger hoch in die Luft saust – eine super Vorstellung! Sie kann sehr witzig erzählen, berichtet vom letzten Deutschlandaufenthalt: sie fuhr mit dem Bus und wollte eine Fahrkarte lösen. Der Fahrer fragte, ob sie eine Karte für 2,50 DM oder 3 DM wolle, sie wusste nicht, welche sie benötigt, bat ihn inständig, sie doch bestimmt bis zu der und der Straße mitzunehmen. Als der Fahrer dies zusagte und sie darauf aufmerksam machte, dass sie ihre Karte noch „entwerten" müsse, war sie perplex: wie könne man mit einer Fahrkarte „ohne Wert" fahren?! Der Busfahrer muss großes Mitgefühl gehabt haben, denn er setzte sie schließlich genau vor dem Haus ab, wo sie hin musste, obwohl da keine Haltestelle war. Er wird sich gefragt haben, wo kommt die denn her.

Gegen Abend gibt es belegte Brote und wir werden mit Empfehlungen, welche Ausflüge wir an der Gartenroute machen sollen, überhäuft. Man zeigt uns Fotos von Stränden, Bergen... traumhaft. Auf Leisure Island hat die Familie ein Ferienhaus, schade, dass sie nicht demnächst dort sind. Zu später Stunde verabschieden wir uns und fahren „nachhause". Es ist jedes Mal wieder eine wunderbare Erfahrung, wie herzlich man im Ausland von wildfremden Leuten aufgenommen wird.

Noch ein Tag vergeht mit Waschen, Nähen und Plaudern mit unseren Gastgebern. Abends werden weitere Gäste erwartet, ein Pastor mit seiner Tochter. Die beiden kommen verspätet, und das hat seinen Grund: Sie weilten bei einem Gottesdienst für einen schwarzen Widerstandskämpfer, der morgen

---

[27] Braai: südafrikanisches Grillfest

früh gehenkt werden soll, die Gemeinde hatte sich sehr für seine Freiheit eingesetzt. Der Mann soll angeblich am Mord an drei Weißen beteiligt gewesen sein. Doch heute kam vom Sitz der Widerstandsbewegung ANC in Sambia die Bestätigung, dass der Afrikaner nicht dabei war. Nun wurde das Todesurteil um drei Wochen verschoben, es besteht die Hoffnung, dass in dieser Zeit seine Unschuld erwiesen werden kann, der Pastor ist ganz euphorisch über diesen Erfolg. Mich überkommt ein Schaudern bei diesem Bericht, auf einmal kommt man unmittelbar mit den hiesigen Problemen in Berührung.

Eines sonnigen Morgens brechen wir zu einer Sight-Seeing-Tour durch Johannesburg auf. Im Sandton Einkaufszentrum reihen sich Boutiquen, Buch- und Zeitschriftengeschäfte, Gift-Shops, Fast Food, Eisdielen aneinander. Frauen jeden Alters, meist vornehm blass, sehr gestylt und geschminkt, stöckeln durch die Gegend, schwarze Putzfrauen wienern den Boden, polieren die Scheiben der Schaufenster. Was es nicht alles gibt, Klamotten in den grellsten Farben, grün, gelb, rot, lila, knallrosa. Man kriegt richtig Lust zum Einkaufen, aber leider geht das ja nicht... unser Geld verschwindet in Südafrika ohnehin im Nichts. Wir sind gerade eine Woche hier und haben schon 500 DM ausgegeben.

Auf dem Jan-Smuts-Highway düsen wir gen Innenstadt, an Parks und Wohnvierteln vorbei, die City ist ein buntes Gemisch aus altem und neuem Baustil, neben Hochhäusern steht die ehrwürdige City Hall mit einem Uhrturm. Ebenso gemischt sind die Menschen in den Straßen: die Gehsteige sind voll, überwiegend mit Weißen, aber auch Schwarze, vom Managertyp bis hin zu Kaugummi kauenden Jugendlichen. Wir schieben uns durch die Menge, um uns rauscht der Einbahnverkehr.

Im Carlton Center befindet sich wieder ein Einkaufszentrum, in der Mitte des Raumes hängen von der Decke rosa glitzernde abstrakte Blumendekorationen mit Schleifen und Bändern. Von einem kreisrunden Balkon blickt man hinunter auf ein Café, in dessen Mitte ein Springbrunnen, umgeben von Fels und Grünpflanzen, plätschert. Am Aufzug kassiert ein Schwarzafrikaner die Tickets und drückt auf den Knopf mit der „50" – so viele Stockwerke geht es hoch! Von den großen Glasfenstern, die um den ganzen Bau führen, hat man einen weiten Blick über die Stadt, erkennt die parallel angeordneten Straßenzüge, wie Spielzeugautos sind die Fahrzeuge unten. Der Blick reicht über

Hochhäuser und Straßen bis hinaus zu den Abraumhalden des Bergbaus, ein toller Ausblick.

Anderntags heißt es Abschied nehmen von der netten Familie, wir haben wunderbare Abende mit ihnen verbracht, an den sie uns von ihren Reiseerlebnissen in Asien berichteten. Weiter geht's Richtung Middelburg, vorbei an gelben, abgeernteten Feldern. Mit der Zeit wird die Gegend etwas abwechslungsreicher, ziehen sich sanft gewellte Hügel dahin, ab und zu kleine Wälder, offensichtlich erst aufgeforstet, mit gerade ausgerichteten Baumreihen. Nach kurzem Einkauf in Lydenburg fahren wir Richtung Sabie. Die Strecke ist die höchstgelegene Straße Südafrikas, der Gipfel bei 2150 m. Die Szenerie ist eindrucksvoll: viel Wald, dann wieder kahle, mit Steinen und Geröll bedeckte Flächen, steile Schluchten, wieder Wald... der Rundblick von oben ist einfach wunderschön! Serpentinenmäßig verläuft die Straße, es gibt View Points mit herrlichem Ausblick und ab und zu Souvenirverkäufer.

Ein paar Frauen bieten Dosen und Aschenbecher aus Soapstone an, die Sachen sind hübsch, haben die unterschiedlichsten Farben, von weiß über rosa bis hin zu dunkelbraun, teils gestreift. Wir suchen uns Souvenirs aus und geben einen Pullover dafür. Bald kommen weitere Frauen, wollen „Shirts". Uns fällt ein, dass wir ja ein paar Mitbringsel für die „Hinterbliebenen" in Deutschland erstehen könnten, also starten wir einen Großeinkauf: Dosen, Aschenbecher, Kerzenständer gegen Pullis, Hemden und Seife, zum Schluss sind es 16 einzelne Gegenstände, die wir vorsichtig im Bus stapeln. Ob wir die wohl heil nachhause bringen? Als wir weiterfahren, schnattern die Frauen laut durcheinander, winken, freuen sich über die neuen Klamotten, die die meisten gleich angezogen haben.

Weiter geht's Richtung Sabie, von der Straße aus sieht man im Tal einen kleinen Stausee, von Wald und wenigen Häusern umgeben. Vor Graskop geht es zum alten Goldgräberdorf Pilgrims Rest. Die Straße windet sich steil in vielen Kurven die Berge hoch. Nach 10 km erreichen wir das Dorf, man fühlt sich sofort ins vorige Jahrhundert versetzt: Häuserreihen mit Wellblechwänden und -dächern, meist weiß gestrichen, die Dächer rot. Die Häuser haben Sprossenfenster, Veranda mit Holzbrüstung, Treppen zur Straße, darum meist ein Garten mit Rasen und Blumenbeeten. An vielen Häusern sind noch die alten Firmenschilder zu sehen, z. B. bei der örtlichen Zeitung „Pilgrims Rest & Sabie News". Die meisten Gebäude werden als Andenken-

läden genutzt. Auch eine Bank ist in einem solchen Wellblechhaus untergebracht, durch die Scheiben sieht man die alte Einrichtung mit Waagen, die
früher sicher zum Goldabwiegen benutzt wurden.

Es ist angenehm ruhig hier, nur ab und zu stört ein Auto die Idylle. Ums
Dorf stehen weiß blühende Bäume, die Umgebung ist erfrischend grün.
Nachdem wir uns in einigen Läden umgesehen haben, lassen wir uns auf der
Veranda eines Cafés nieder, auf altmodischen, mit viel Schnörkel verzierten
gepolsterten Stühlen, man traut sich kaum, sich hinzusetzen, sie knacksen
verdächtig. Wir verschlingen überdimensionale Eisbecher und sind absolut
entzückt über diesen verschlafenen Ort.

Ein Stopp wird eingelegt bei „Diggings", dem Bach, in dem früher nach Gold
gesucht wurde. An einer Stelle ist ein Holzgitter befestigt, der Bach ist von
Brettern eingefasst, am oberen Teil sind im Bett Querlatten im Boden, in den
Vertiefungen zwischen den Latten sammeln sich Steine und Körner an.
Hermi schaufelt Körner und Sand in ein Sieb, holt ein paar gelbe Brocken
raus, meint, das könne Gold sein... Ein Schwarzafrikaner meint lächelnd,
wenn, dann finde man höchstens Goldstaub, keine Nuggets. Der Platz ist
wunderschön, der Bach plätschert leise durch das schmale Bett, in dem klaren
Wasser spiegelt sich die Sonne. Ein schönes Plätzchen zum Dasitzen, Gucken und Ruhe genießen.

Bald erreichen wir das Städtchen Graskop, genauso adrett wie alle bisherigen
Kleinstädte: breite Straßen, Supermärkte, Geschäfte, etwas außerhalb die
typischen eingeschossigen Häuser mit Rasen und Blumenbeeten. Weiter
geht's in Richtung Blyde River Canyon, kaum sind wir aus Graskop draußen,
kommt schon ein View Point. Anhalten, mit Fotoapparat bepackt aussteigen,
die steil abfallende Schlucht bewundern. Ein Stück weiter kommen wir zu
God's Window, von dort führen Wege und Treppen zu weiteren Aussichtspunkten.

Zwischen dichten heckenartigen Gewächsen leuchten die hellgrünen Blätter
einzelner Bäume, es duftet wunderbar. Durch Urwald führt ein schmaler
felsiger Fußpfad, es wachsen yuccaartige niedrige Palmen, Bäume, Schling-
pflanzen, leuchtende Farne. Von weiteren View Points aus haben wir wunderbare Aussicht: die am Himmel dahinziehenden Wolken werfen ihre Schatten auf die Waldflächen, so dass sich ein reizvolles Hell und Dunkel auf den
Baumkronen abzeichnet. Wir lassen uns auf den Felsen nieder, von exoti-

schen Gewächsen umgeben, Kakteen in gelb, grün und rot, die länglichen, an den Rändern mit Stacheln besetzten Blätter fühlen sich an wie Plastik.

Wir erreichen das Blyde River Nature Reserve, in der Schlucht sieht man den schmalen Blyde River sich in ausgedehnten Schleifen dahin winden. Die Berge verschwimmen fast im Dunst, dunkelgrün schimmern die bewaldeten Abhänge, die steil abfallenden Felsen sind grün und braun verfärbt, längliche Zacken ragen aus dem Gestein. Nach kurzer Fahrt erreichen wir den Aussichtspunkt „The three Rondavels". Über den Steinplattenweg huschen Eidechsen, außer dem Geräusch des pfeifenden Windes ist es vollkommen still. Am Rand der Schlucht angelangt, gucken wir vorsichtig von weit vorstehenden Felsen nach unten – hui, ist das tief! Gegenüber die Felsformationen, die diesem Platz den Namen geben: sie sehen wirklich aus wie afrikanische Rundhütten, die „Wände" aus kahlem braunem Fels, das „Dach" spitz zulaufend. Der Blyde River wirkt von hier oben klein, man hört jedoch sein Rauschen und kann an den Steinen im Flussbett weiße Gischt erkennen. Der Fluss weitet sich bald und fließt in einen Stausee, dessen Wasserspiegel in der Sonne glitzert.

Dann fahren wir weiter gen Ohrigstad, machen Halt bei den Echo Caves, da jedoch der Eintritt 3 Rand pro Person kostet, besichtigen wir nur den Andenkenladen. Bald tauchen Farmen auf, breiten sich kilometerlange Getreidefelder aus, sie werden mit Bewässerungsanlagen berieselt, die sich im Kreis drehen und immer wieder Regenbogen bilden.

Wir suchen nach einem Übernachtungsplatz, aber hier ist erneut alles eingezäunt. An einem Staudamm will man Campinggebühren von uns, missmutig fahren wir weiter. Gegen 16 Uhr endlich entdecken wir ein offenes Tor einer Seitenstraße, fahren den Weg entlang und lassen uns an einer Stelle mit Blick auf einen leuchtend blauen See nieder.

Da wir beschlossen haben, ab sofort verstärkt unsere Vorräte zu verbrauchen, um Geld zu sparen, besteht das Abendessen aus Milchpulver-Kartoffelbrei und Gulasch aus der Dose sowie Milchpulver-Pudding, zu trinken gibt es literweise Tee. Als wir fertig sind, ist es noch hell, das hatten wir schon lange nicht mehr. Was tun nun? Spülen, Hermi geht spazieren, Christine und ich gehen der üblichen Beschäftigung nach: Briefe bzw. Tagebuch schreiben. Schon um 19.45 Uhr (!) sind wir im Bett, Christine liest noch aus den Tagebüchern vor, gegen 21 Uhr wird geschlafen – und das am Samstagabend!

Die weitere Fahrt geht über Machadodorp, Carolina und Ermelo, die Landschaft faszinierend leer: ausgedehnte Flächen abgeernteter Maisfelder, die Ebene nur ab und zu von Hügeln unterbrochen. Die Städtchen auf der Strecke sehen alle gleich aus, die Parkplätze der Kirchen sind voll, die Straßen leer, alles unter grauem, wolkenverhangenem Himmel.

Bei der Weiterfahrt Richtung Vrede wird das Wetter langsam besser, blaue Fetzchen sind zwischen den Wolken zu sehen. Die Umgebung erinnert an die Wüste: eine großartige Weite. Vor den Städten sind hin und wieder Wohnsiedlungen von Schwarzen zu sehen. Sonst kaum Dörfer, nur hin und wieder ein einsames Haus ohne Baum und Strauch ringsum. Zäune, ab und zu ein Schild zu einer Farm. Uns begegnen Wochenendheimfahrer, Surfbretter auf dem Dach ihrer Mercedes oder BMWs, die in einem Affentempo vorbeibrausen und eifrig winken.

Auf der N3 düsen wir gen Harrismith, die Stadt ist schon 30 km vorher sichtbar, liegt in einem Tal, das von Tafelbergen eingeschlossen ist. Auf dem Caravan Park, stehen nur wenige Wohnwagen, während Christine und Hermi die Abendessenauswahl diskutieren, schaue ich mich in den Sanitäranlagen um. Die erste Tür ist tabu: „Eingang für Nichtweiße" – da nimmt Apartheid reale Gestalt an.

Es ist total kalt, ein eisiger Wind weht, nur 12 Grad zeigt das Thermometer an. Zum ersten Mal seit langer Zeit wird unsere Heizung angeworfen, die „staubige" Wärme verbreitet. Abends kommen wir in den Genuss des sonntäglichen südafrikanischen Radioprogramms: eine „Serenade" mit „beautiful music": Willy Hagara besingt die Möwe, die in die Heimat schwebt, Rudolf Schock gibt zum Besten, „Ich bin nur ein armer Wandergesell" oder so ähnlich. Eine Schnulze folgt der anderen, dann Nachrichten auf Afrikaans, das sich für uns anhört wie rückwärts gesprochenes deutsch – oder der Sprecher sei kurz davor, sich zu übergeben.

Beim Einkaufen in Harrismith herrscht an den Kassen Rassentrennung, nur wir stellen uns bei den von Schwarzafrikanern besetzten Kassen an. Im Hinblick auf Christines morgigen Geburtstag erstehen wir im Bottle Store Gin und Tonic Water.

Auf der Fahrt nach Bethlehem und Bergville erleben wir eine phantastische Szenerie: Tafelberge inmitten ausgedehnter braun-gelber Felder, manchmal blau schimmernde Wasserflächen von Stauseen. Auf einer ausgezeichneten

Asphaltstraße erklimmen wir den Oliviers Hoek Pass mit 1700 m, der einen schönen Blick auf die Ebene mit ihrer Weite freigibt. Hier tauchen mal wieder typisch afrikanische Dörfer mit Rundhütten auf, Ziegen und Kühe grasen in der Umgebung. Das Ganze wird von den Drakensbergen, die schroff in den blauen Himmel ragen, begrenzt, in der Ferne ist schon das „Amphitheater" zu erkennen, von einem Wolkenkranz umgeben.

Im Royal Natal National Park packen wir Äpfel, Tee, Kameras und Schokolade in den Rucksack. Auf geht's zum Wandern Richtung Devils Hoek, erst über Grasland, dann durch kühlen Wald. Es riecht wunderbar, die Sonnenstrahlen dringen kaum durch das Blätterdach, überall sind mit Moos bewachsene Felsen. Verhaltenes Vogelgezwitscher, wir überqueren ein kleines Flüsschen, dann geht's bergauf mit Blick auf das Halbrund des Amphitheaters. Hermi klettert forsch voran, erklimmt einen steilen Weg, wir Mädels hangeln hinterher, uns an jedem Baum und Strauch festhaltend. Schnaufend kommen wir oben an, befinden uns auf einer sanft ansteigenden Wiese. Hier machen wir Teepause, es gibt Schokolade, wobei Hermi, der beim Einkauf immer so knausrig ist, zwei Stück mehr isst, als ihm eigentlich zustehen... Welch ein Genuss, diese Ruhe, die Aussicht, die klare Luft und die Sonne, schön ist's hier!

Zurück beim Bus, geht es zum Caravan Park, die wertvollen Gin- und Tonic-Flaschen gut festhaltend. Beim Abgesang auf Christines 23. Lebensjahr amüsieren wir uns darüber, dass sie zu Beginn der Reise gejammert hatte, sie müsse ihren Geburtstag wahrscheinlich zuhause feiern, denn eigentlich sollte die Reise ja nur bis Juni gehen – und jetzt ist es schon Ende August. Heute kommt im Radio bessere Musik, die Stimmung steigt mit jedem Glas Gin-Tonic, um Mitternacht gratulieren wir und stoßen auf das Geburtstagskind an.

Wie es sich gehört, darf sich Christine am Morgen an den gedeckten Frühstückstisch setzen, anschließend ruht das Geburtstagsmädel faul im Grase, während wir abspülen, den Kühlschrank saubermachen und Hermi den Boden bürstet.

Gegen Mittag brechen wir auf zum Wandern, laufen über eine kleine Brücke an Forellenteichen vorbei in Richtung Cascades. Der Weg führt an einem Bach entlang, dessen Ufer von Bäumen und überhängenden Felsen gesäumt wird. Wir passieren Queens Causeway und erreichen bald darauf die

Cascades. Hier bilden glatte Felsplatten, die sich in großen Stufen fortsetzen, das Flussbett, das Wasser fließt über die Stufen, einmal als spärliches Rinnsal, dann wieder ein breiter Wasserlauf. Das Wasser ist herrlich klar und eiskalt, sammelt sich in natürlichen Vertiefungen im Fels, in einem solchen Loch verstauen wir unsere Teeflaschen und binnen 10 Minuten ist der Tee wunderbar gekühlt.

Weiter geht der Weg am Flüsschen, über Wiesen, wieder am Ufer entlang bis zum MacKinley's Pool, der unterhalb eines Wasserfalls liegt. Das Wasser plätschert und rauscht zwischen den Felsen, so dass man kaum sein eigenes Wort versteht Wir laufen auf einem Buschweg, der steil bergauf führt. Hermi stapft flott voran, wir Mädels keuchen hinterher, da kommen die gestern so fröhlich gerauchten Zigaretten raus.... Die Sonne scheint vom blauen Himmel, in den häufigen Ruhepausen zweifeln wir, dass dies der richtige Weg ist, und trauen uns kaum, den Blick nach oben zu richten, es geht noch ein weites Stück bergauf! Doch der Blick von oben ist einfach wunderbar, hinunter ins Tal mit dem weiten Buschland, die Flussläufe sind an ihren bewaldeten Ufern erkennbar.

Die Tiger Falls sind enttäuschend, ohne einen Tropfen Wasser, dennoch beeindrucken die massigen, glatten Felsblöcke, über die das Wasser (falls mal welches vorhanden) von großer Höhe herabstürzt. Der weitere Weg ist schön zu gehen, wir genießen den Blick auf das Amphitheater.

Der Abstieg zum Campingplatz ist wiederum sehr steil, erst mit Stufen, dann einen Abhang hinunter – das geht in die Oberschenkel und wird einen tüchtigen Muskelkater geben! Unten angekommen, verlassen wir den Caravan Park, zahlen beim Booking Office (allerdings nur für zwei Personen, ich muss mich im Bad verstecken) und fahren weiter in Richtung Bergville.

Auf der Suche nach einem Schlafplatz biegen wir auf den Weg zu einer Farm ein, stellen uns an den Wegrand. Ein junger Weißer erlaubt uns das Stehenbleiben, fragt natürlich, woher wir kommen und wundert sich, dass man als Weißer ungeschoren durch die schwarzafrikanischen Länder kommt.

Viel Aufwand fürs Abendessen, aber es lohnt sich: die Tortilla mit Speck, Knoblauch und Käse ist ein Gedicht! Dann wird der restliche Gin vernichtet, abgespült, wobei uns Christine mit sichtlichem Vergnügen zuschaut. Die „Wandertage" machen sich bemerkbar: wir gehen früh ins Bett. Eine wunderbare Ruhe herrscht, kein Auto fährt, nur leises Knacksen vom Wald her und das Zirpen der Grillen ist zu hören.

In Pietermaritzburg begeben wir uns zur Standard Bank, um Geld zu tauschen. Wie wir im Radio hörten, ist der Rand inzwischen auf 38 US-Cent gefallen. Am Schalter erklärt man uns, der Devisenhandel sei geschlossen, es würden nur noch maximal 500 Rand getauscht, und man müsse erst bei der Nationalbank anrufen, die den Kurs momentan festlege. Das dauert... schließlich können wir zum Kurs von 37 US-Cent pro Rand tauschen. Wahnsinn, heute bekommen wir für 150 $ genauso viel Geld wie vor zwei Wochen für 200 $[28]!

Wir versuchen es auch bei anderen Banken, erhalten die Auskunft, dass seit heute keine ausländische Währung mehr getauscht werde. Erst bei der nächsten Standard Bank gelingt es, das wird hoffentlich eine Weile reichen, wer weiß, ob es in den nächsten Tagen nicht noch heikler wird und die Banken gar nichts mehr rausrücken. Haben wir mal wieder Glück gehabt!

Nach einem Stadtbummel fahren wir weiter Richtung Durban, etwas außerhalb stoppen wir bei Pick'n Pay, umkreisen dreimal die Regale, bis wir uns einig sind, wofür wir unser schwer ertauschtes Geld ausgeben wollen: etwas Gemüse und ein Hendl. Auch am Bottle Store kommen wir nicht vorbei... letztlich haben wir für 4,32 R Lebensmittel, für 8,68 R Zigaretten, für 6 R Alkohol gekauft – sehr bezeichnend!

Vor Durban biegen wir zum Lion Park ab, investieren 5 R Eintritt und gehen auf eine Rundfahrt unter dem Motto „Wo is der Simba"[29]. Doch als erstes ist ein Rhino zu sehen. Es befindet sich in einem Gehege, das von drei Seiten eingezäunt, nach der Straße zu, die ein gutes Stück höher liegt, aber offen ist. Das Rhino schaut massig aus, leider wendet es uns nur seine Seite, dann sein breites Hinterteil zu. Auf dem weiteren Weg sehen wir Elefanten, die vor uns die Piste überqueren wollen - doch als wir uns nähern, machen sie kehrt und verziehen sich. Von Löwen ist nichts zu sehen, ein paar Gazellen und Strauße tummeln sich im Gebüsch.

Dies soll eigentlich einer der schönsten Landschaftsparks Südafrikas sein. Wenn es geregnet hat vielleicht, momentan sind die Hänge mit graubraunen Gräsern und vertrockneten Sträuchern bestanden. Nachdem wir eine Weile

---

[28] Randkurs zwischen 1,06 und 1,36 DM
[29] Damit Hermi endlich einen Löwen sieht...

auf steil bergauf und -ab führender Piste entlang gezuckelt sind (kaum vorstellbar, dass noch vor ein paar Monaten dieses Geschaukel an der Tagesordnung war!) entdecken wir hohe Zäune: der Raubtierkäfig! Durch eine Schleuse fahren wir in die „lion enclosure", wo die Löwen unter einem Wellblechdach liegen. Hermi hatte sich unter „freier Wildbahn" natürlich was anderes vorgestellt, doch auch so sind die Tiere sehr eindrucksvoll, wie sie da faul rumliegen, insgesamt sind es elf Stück, davon zwei Männchen, die sich gar nicht um uns kümmern, sondern langgestreckt daliegen und nur müde blinzeln.

Einer Löwin scheint unser Bus zu gefallen, sie streicht um ihn herum, schnuppert. Sie versucht, aufs Dach zu springen, kommt mit den Vorderbeinen bis zum Dachständer. Nach diesem einen Versuch gibt sie es auf, läuft noch ein paarmal um den Bus, schaut kritisch den aus dem offenen Fenster fotografierenden und filmenden Hermi an, pinkelt und verzieht sich zur Mitte des Geheges, frisst an einem toten Tier.

Wir warten, ob sich beim Rest der Gruppe was tut, aber Löwen sind ja so faul… Als sich ein Auto dem Gehege nähert, springen sie plötzlich auf, machen ein paar Schritte, wittern, aber es dauert nicht lange, dann liegen sie schon wieder in Reih' und Glied. Wir fahren zu unserer Löwin, die immer noch an dem Vieh herum knabbert, es sieht ekelhaft aus, um den aufgeblähten Bauch wimmeln Tausende von Fliegen. Die Löwin hat anscheinend nicht viel Hunger, da sie sich bald wieder in den Schatten verzieht.

Bei Cato Ridge biegen wir zum „Tal der 1000 Hügel" ab, die Straße führt bergauf zu einem View Point und wir bekommen einen kleinen Eindruck von der Szenerie: im Tal reihen sich viele Erhebungen aneinander, schade, dass wegen des diesigen Wetters die Aussicht nicht so spektakulär ist.

Bei der Weiterfahrt passieren wir (sehr touristische) Zuludörfer, allsonntäglich werden Tänze aufgeführt, wir sehen einen Eingeborenen mit Schurz und Federschmuck, die Lanze in der Hand, am Straßenrand stehen. Das ist sicher so ein „Tarifarbeiter" wie in Kenia, wo die Massai-Krieger acht Stunden pro Tag den Touristen zum Fotografieren zur Verfügung stehen. Eine Besonderheit bemerken wir bei den Frauen: sie haben ihr Gesicht mit roter Farbe bemalt, einer alten Tradition folgend, Hermi meint, sie hätten vielleicht eine Schönheitsmaske aufgelegt…

Three Rondavels

Südafrika Überlandfahrt

Drakensberge

An der Garden Route

Karoo

Burgen am Strand des Indischen Ozeans

Keine Menschenseele am Strand

Hübsche Domizile an der Garden Route

Am Stadtrand von Durban stehen viele tolle Villen mit Erkern, Säulen, Terrassen; große Gärten mit Blumen in bunter Farbenpracht. Wir begeben uns auf Stadtbummel, es herrscht ein bunter Mischmasch der Rassen, die vielen Inder fallen auf. Hier sind die indischen Frauen nicht alle traditionell gekleidet, besonders die jungen Mädchen haben modische Sachen an.

Schließlich finden wir „Summit Travel", wo wir Sonya besuchen wollen, in blaugelber Kluft sitzt sie hinter ihrem Schreibtisch in einem Großraumbüro, mit ca. 20 weiteren Leuten, die telefonieren oder auf Computern rumtippen. An den Wänden überall farbenfrohe Poster von Stränden, Bergen.

Sonya lässt uns vor ihrem Schreibtisch Platz nehmen, wir plaudern über Südafrika, sie erzählt von Botswana. Nach einer Stunde verabschieden wir uns, morgen Abend will sie uns mit ihrem Freund am Campingplatz besuchen. Sie hat sich sogar schon nach Jobs für uns umgehört, beim deutschen Restaurant „Golden Egg" könnte man als „waitress" arbeiten. Sie rät uns, in Durban zu bleiben, das sei viel besser als Kapstadt.

Beim Tourist Board erfahren wir, dass wir für die Transkei ein Visum brauchen. Heute bekommen wir es nicht mehr, also fahren wir nach Brighton Beach, der Caravan Park liegt, nur durch eine schmale Straße getrennt, direkt am Strand – wunderschön ist's hier! Wir bekommen einen Platz mit Blick aufs Meer, ringsum Bäume, vor uns der Indische Ozean... Der Strand ist sehr breit, hat feinkörnigen Sand, und ist leer, keine Spur von Touristen. Auf den hohen Wellen tummeln sich Surfer, paddeln raus, stehen blitzschnell auf, fahren quer zur Welle, sausen in einer Affengeschwindigkeit vor, durch und über die Wellen. Ein Schild klärt auf, dass es nur Mitgliedern der weißen Rasse gestattet ist, sich an diesem Strand aufzuhalten.

Wegen des „Spargebots" soll es zum Abendessen Grießnockerlsuppe geben. Nach Angaben auf dem Päckchen wird der Teig angerührt und Christine zeigt mir, wie man fachmännisch Grießklößchen aussticht: mit einem Teelöffel einen Batzen Teig nehmen, mit einem weiteren Teelöffel abstreifen und in die kochende Brühe legen... unglücklicherweise landet der halbe Löffel in der Suppe, denn er hat sich wieder mal vom Holzgriff gelöst. Daraufhin verwenden wir die stabileren Suppenlöffel und formen damit die „Nockerln". Und weil's nach so wenig aussieht, wird gleich noch ein Päckchen zubereitet... als wir nach einer Weile in den Topf gucken, trauen wir unseren Augen kaum: im Pott ist fast keine Suppe mehr, dafür aber viele riesengroße Grießklöße!

Da heißt es, viel Brühe nachzukochen, um die Riesen-„Nockerln" wenigstens etwas in Flüssigkeit schwimmen zu lassen. Als das Essen fertig ist, kann Hermi ein Grinsen über die Grießbomben kaum unterdrücken – aber sie schmecken gut, auch wenn sie etwas unförmig aussehen!

Als wir so beim Abendessen sitzen, kommt eine ältere Frau vorbei, die am Bus stoppt, sich das Autokennzeichen betrachtet und meint: „Wenn ich das Schild sehe muss ich 'Guten Abend' sagen!" Wir grüßen zurück, sie erzählt, dass sie Österreicherin sei und schon seit 36 Jahren in Südafrika lebe. Sie redet in einem Mischmasch aus deutsch und englisch und erinnert uns an die legendäre Miß Marple aus Agatha Christies Krimis. „Miß Marple" ist in Pension und verbringt ihre Zeit immer am Meer, im Winter in Durban, im Sommer in Port Elizabeth. Sie lebt im Wohnwagen und hat zwei gut dressierte Schäferhunde, die auf sie aufpassen.

Am nächsten Tag ist das Wetter nicht berauschend: Wolken und Wind – egal, heute ist sowieso Stadt angesagt, wir müssen einen Auspuffkrümmer besorgen oder unseren schweißen lassen, der ist nämlich durchgerostet und daher ist es ganz schön laut im Bus. Außerdem müssen wir das Transkei-Visum holen, wollen in den Botanischen Garten und uns den Hafen anschauen, volles Programm also.

Bei der Mercedes-Niederlassung sind viele Inder, die sich unser Malheur ansehen und als Preis für ein neues Teil 276 R angeben – zu teuer! Es kommt ein Weißer hinzu, er telefoniert und bietet 120 Rand an. Das ist eher annehmbar, in ca. zwei Stunden können wir das Teil abholen. Wir fahren wieder in die Stadt und gehen auf die Suche nach Konsulat der Transkei. Hier das Übliche: Formulare ausfüllen, leider haben wir die Kulis vergessen, so dass uns die Sekretärin ihr bestes Stück überlässt und es dementsprechend lange dauert, bis wir nacheinander die vielen Fragen beantwortet haben. Ab und zu kommen Angestellte, schäkern mit der Sekretärin und stellen uns neugierige Fragen: woher wir kämen, ob „Deutschland" eine Stadt in Germany sei.

Nachdem wir 2,50 R pro Visum bezahlt haben, geht es auf dem Highway am Meer entlang, am Aquarium vorbei, dann passieren wir „Water Wonderland" wo es diverse Pools und Rutschbahnen gibt. Der Strand ist hier in verschiedene Bereiche eingeteilt: Badebereich für Asiaten, Coloureds, Blacks.

Nachdem wir den Auspuffkrümmer abgeholt (und 3 Rand Rabatt rausgeschlagen haben) geht es „heimwärts" zum Caravan Park - wir haben wieder mal den ganzen Tag gebraucht, um wenige Dinge zu erledigen, zum Sightseeing sind wir gar nicht gekommen.

Abends bereiten wir Hackfleischauflauf zu, wir erwarten ja Sonya und ihren Freund Pier zum Abendessen... die jedoch nicht auftauchen und wir alles allein aufessen müssen. Schließlich kommen sie doch noch, haben Bier und Fleisch mitgebracht, es gibt einen Braai, d. h. das Fleisch wird über dem offenen Feuer gegrillt.

Von Sonya erfahren wir einiges über Südafrika, dass es z. B. unüblich ist, dass unverheiratete Leute zusammenwohnen, Pier hatte deshalb große Schwierigkeiten mit seinen Eltern. Die Arbeitsbedingungen sind auch nicht gerade optimal: bei einem durchschnittlichen Monatsverdienst von 1.000 Rand eine 45-48-Std-Woche, 18 Tage Urlaub im Jahr. Die Lebenshaltungskosten sind allerdings niedriger als in Deutschland: Sonya und ihre Mitbewohner zahlen für ihre 3-Zimmer-Wohnung 280 R, davon kann man bei uns nur träumen. Wir fragen sie, ob es hier Discos gibt, sie bejaht, allerdings schließen die bereits um Mitternacht. Südafrika hat seltsame Regeln, z. B. kann man samstagnachmittags und sonntags keinen Alkohol kaufen; Frauen dürfen fast nur in „Ladies Bars" gehen, man ist hier sehr moralisch, ausländische Zeitungen werden auf negative Berichterstattung über das Land und Nacktbilder hin zensiert.

Sonya berichtet von den Konsequenzen des Apartheid-Regimes: Die Fußball-Nationalmannschaft darf an internationalen Wettbewerben nicht teilnehmen, Rockgruppen kommen nicht hierher, bzw. nur nach Sun City. Oder der Flugverkehr: südafrikanische Flugzeuge dürfen nicht den Kontinent überqueren, sondern müssen über dem Atlantik fliegen. Mit einem südafrikanischen Pass darf man, außer Namibia, Malawi, Simbabwe und Botswana, kein afrikanisches Land bereisen.

Ein Ausruhtag ist angesagt – mal davon abgesehen, dass Hermi den Auspuffkrümmer einbaut und wir Mädels dem umfangreichen Wäscheberg zuleibe rücken. Im Kinder-Waschraum[30] blockieren wir vier große Betonbecken mit

---

[30] Kindern ist es strengstens verboten, die normalen Waschräume zu benutzen – was ist man hier prüde!

unseren Klamotten zum Waschen und Spülen. Die Leinen sind schnell voll, bald fehlen uns Wäscheklammern.

Den Rest des Tages verbringen wir mit Teetrinken, Schokolade essen, den Ausblick aufs Meer genießen, Hermi geht zum Schwimmen. Die Wellen sind sehr hoch, uns Mädels ist's zu kalt zum Baden. Abends fragen wir uns: was tun mit dem angebrochenen Abend? Wir sinnieren über das Bier das wir nicht haben, und über die seltsamen Vergnügens- und Alkohol-mäßigen Reglementierungen in Südafrika – das ist schon lästig!

Am nächsten Tag ist Sightseeing angesagt: im Botanischem Garten stehen viele Palmen und Bäume aus allen Erdteilen, die teilweise zu blühen beginnen. In einem kleinen Teich gibt es Seerosen in bunter Fülle, Enten schwimmen herum, ein ganz originelles Tier, das Hermi als Löffelreiher identifiziert, stiefelt am Ufer entlang, bewegt dauernd seinen Kopf mit dem langen, vorne gerundeten Schnabel.

Die Orchideensammlung ist wunderschön: zwischen Farnen, Gräsern, Grünpflanzen gibt es Orchideen in vielen Farben, von weiß über zart lila, gelb, rosa. In einem schmalen Wasserbecken schwimmen orange-weiße Fische hin und her, immer genau dahin, wo die Besucher stehen.

Dann geht es raus aus Durban, in Richtung Südküste. Lange nach der Stadtgrenze ziehen sich entlang des Meeres immer noch Hochhäuser, Hotels, Villen, Supermärkte hin. Über Karkomaas geht es nach Scottberg, ein Badeort mit „Holiday Flats", Villen, Hotels, im Sommer muss hier die Hölle los sein. Im Supermarkt und Bottle Store (wo es getrennte Eingänge für Schwarze und Weiße gibt) kaufen wir ein und schauen zum hiesigen Caravan Park. Doch da werden wir abgewiesen: hier dürften nur „richtige caravans" herein, nicht so ein Vehikel wie unseres.

Es gibt nun häufig Hinweisschilder auf Caravan Parks am Meer, wir biegen zur „Rocky Bay" ab, doch von Campingplatz ist nichts zu sehen. Eine Piste führt über einen Bahnübergang zu einem Steg, darauf sitzt ein alter Mann mit einer Angel. Unterhalb des Stegs sind Felsen, daneben zieht sich ein langer breiter Sandstrand hin – eine Szenerie wie aus dem Urlaubsprospekt! Das bewegte Meer glitzert in der Sonne, die Wellen überspülen den gelben Strand, soweit das Auge reicht.

Wir erkundigen uns bei einem Spaziergänger, ob wir hier übernachten könnten, er meint, ab und zu schaue die Polizei hier vorbei, die uns evtl. wegscheuchen könnte. Die üblichen Fragen von ihm: woher, wohin, als Christine ihm erzählt, dass wir durch Afrika gefahren sind, fragt er, ob wir denn nicht Probleme mit den „Kaffern" gehabt hätten, worauf Christine schlagfertig antwortet: „Nein, warum auch, wir sind ja keine Südafrikaner!". Die Leute hier sind schon ein recht eigenwilliges Volk. Es gibt es am Strand ein Klohäuschen: „Whites only" – aber wenn die Schwarzen in der Pampa ihr Geschäft erledigen, heißt's wieder: „die bösen Kaffern"!

Wir lassen uns an diesem gemütlichen Platz nieder, am Spätnachmittag gibt's guten Tee, der Angler macht uns darauf aufmerksam, dass ein Wal ganz nah im Meer schwimmt. Hermi holt das Fernglas heraus; tatsächlich, so ein massiges Tier taucht aus dem Wasser auf und wieder unter.

Am nächsten Tag ist es leider zu kalt, um sich an den Strand zu legen. Daher beschließen wir, nach Margate weiterzufahren, genießen noch eine Stunde lang den Ausblick aufs Meer mit seinen hohen Wogen, die über die Felsen donnern. Ein älterer Herr mit Krawatte kommt vorbei, der uns belehrt, dass wir hier auf keinen Fall übernachten dürften, das sei streng verboten...

Gegen 11 Uhr brechen wir auf und düsen auf der Landstraße, immer mal kleine Dörfer und Städte passierend, am Meer entlang. Das Hinterland erinnert ans Allgäu: grüne Wiesen mit weidenden Kühen, Ziegen und Schafen. Auf der anderen Seite weite Sandstrände ohne einen Menschen, das schillernde Meer, was für ein Anblick!

Auf der Strecke überqueren wir viele ins Meer mündende Flüsse, die sauberes, klares Wasser führen. Auf den Hügeln ringsum sieht man wieder die Rundhütten der Schwarzafrikaner, von Bananenstauden eingerahmt. In Port Shepstone gehen wir zum OK-Markt einkaufen, wieder mal ein Kampf mit dem Geldbeutel. Aber Hermi darf sich ein T-Shirt kaufen! Er hat es nämlich inzwischen fertiggebracht, sämtliche guten Hemden und T-Shirts mit Öl und sonstigem zu beschmieren, so kann er ja schließlich nicht im Mount Nelson Hotel in Kapstadt, wo wir einen Deutschen besuchen wollen, auftauchen!

Nun werden die Orte touristischer, Margate erinnert an Riccione in Italien: Läden aller Art, Take aways, Restaurants. Wir begeben uns zu einem Sonnenbad an den Strand, um uns herum viele junge Familien mit Kindern, Kinderreichtum scheint in Südafrika populär zu sein. In der Saison tummeln sich wahrscheinlich Tausende hier am Strand.

Trotz strahlenden Sonnenscheins ist es durch den starken Wind recht kühl, wir Grazien verspüren keinerlei Bedürfnis, uns ins kühle Nass zu stürzen. Auch hier gibt's hohe Wellen, zwei im Abstand von 50 m aufgestellte Fahnen zeigen an, in welchem Bereich man ungefährdet baden kann.

Als sich der Himmel mit Wolken bezieht, geht's zum Caravan Park, der toll angelegt ist: Bäume, blühende Sträucher, mit Minigolf, Swimming Pool, TV-Raum, Waschmaschine, Trockner, und das für 7 Rand! Die Waschmaschine darf sich um unsere Vorhänge und andere Sachen kümmern – ärgerlich, dass wir uns vor ein paar Tagen in Durban noch drei Stunden lang die Mühe des per-Hand-Waschens gemacht haben!

Anderntags ist wieder Strand angesagt, sogar wir Mädels wagen uns ins Wasser... es ist sehr kalt, aber es macht absolut Spaß, in den Wellen zu hüpfen. Will man zum Strand zurück, macht einem die Strömung zu schaffen, man kommt kaum vorwärts. Am Nachmittag fahren wir nach Ramsgate, im legendären „Cray Fish Inn" soll man angeblich sehr gut essen können. Leider sind wir zu früh dran, begutachten das Restaurant von außen. „No T-Shirts, no sandals" steht an der Tür. Die Speisekarte hat's in sich: unter 50 Rand gibt es gar nichts... da verwerfen wir den Plan, beschließen, außerhalb einen Übernachtungsplatz zu suchen und uns „Rump Steaks nach Art des Busses" zu Gemüte zu führen.

Morgens geht es weiter durch hügelige Landschaft mit Wald, später kommen Bananenplantagen, deren Stauden mit blauen Plastiktüten verhüllt sind. Bald nach Port Edward beginnt die Transkei, schlagartig ändert sich die Umgebung: wo vorher grüne Wiesen waren, sind hier nur kahle weite Flächen, Hütten, in deren Umgebung überall Plastiktüten und Abfall herumliegen, krumme Zäune.

Die Strecke führt durch sanft gewellte Hügelketten alle 500 m stehen zwei oder drei Hütten zusammen, es grasen Kühe, Ziegen und Schafe am Straßenrand. Das Land wird kaum bewirtschaftet, nur manchmal gibt es größere Sisalfelder oder Landstriche, die aufgeforstet werden.

Die Ortschaften erinnern uns an das typische Afrika: staubige Vorplätze, Läden, bei denen der Putz abbröckelt und wo sich die kleinste Klitsche noch „Supermarket" nennt. Auf der Veranda stehen Afrikaner, labernd, den Tag genießend. Eine Gruppe von Frauen sitzt im Staub, hat Orangen, Tomaten, Bananen vor sich ausgebreitet, hier kann man wieder einmal handeln und palavern! Auch Winken ist wieder angesagt, die Leute am Straßenrand sind darin eifrig. Es ist schön, diese vertrauten Bilder zu sehen, monatelang war das ganz normal. Im „weißen" Südafrika vergisst man es schnell, gewöhnt sich an saubere Städte und Dörfer mit ihren Gehsteigen, Abfallkörben und modern gekleideten Menschen.

Nach einer der größeren Ortschaften stoppt uns ein Polizist, schaut kritisch auf der Beifahrerseite zum Fenster herein, wünscht „Good afternoon" und bemängelt, dass ich nicht angeschnallt bin. „I must charge you!" sagt er mit ernstem Gesicht, worauf Hermi dienstbeflissen „Oh yes, yes" antwortet.

In ganz Afrika hat keiner nach dem Sicherheitsgurt gefragt, und jetzt will der Beamte eine Strafe kassieren (das Geld steckt er bestimmt in seine eigene Tasche...). Wir tun erst mal so, als ob wir ihn nicht verstehen, daraufhin ruft er eine Kollegin, die bisher noch fröhlich mit einem Lkw-Fahrer vor uns gescherzt hatte. Wir bitten die Dame in den Bus, kichernd steigt sie ein, gefolgt von unserem Polizisten und einem weiteren Kollegen. Im Gänsemarsch stapfen sie in den Bus, klatschen in die Hände und freuen sich königlich über unsere Inneneinrichtung. „It's a home, it's like a house!" jubeln sie, kichern, als Christine ihnen das Bad zeigt. Die Polizistin betätigt den Wasserhahn, behauptet, sie habe Durst, bekommt ein Glas Wasser, bedankt sich, steigt aus, alles in Butter, freundlich winkend werden wir verabschiedet. Wir amüsieren uns köstlich – die Bewunderung über den Bus hat sie vergessen lassen, dass sie uns eigentlich eine Strafe abknöpfen wollten. Das ist Afrika, wie wir es lieben!

Nach diesem Zwischenfall sind wir richtig gut gelaunt und erinnern uns an die Zeit, als wir solchen Kontrollen, dem Staunen über den Bus, fast täglich begegneten. Was haben wir uns oft amüsiert, oder auch geärgert, wenn man alle 3 km unser Visum sehen wollte...

Die Fahrt zieht sich endlos hin, teilweise herrschen urafrikanische Straßenverhältnisse, wie z. B. unverhofft auftauchende Schlaglöcher. Die Hauptstadt Umtata zeigt schon mehr europäischen Einfluss, ist aber dennoch Dar es Salaam oder Niamey ähnlicher als Pretoria. Nach weiteren zwei Stunden Fahrt erreichen wir Kei Bridge, wo sich die Passkontrolle der Transkei befindet. Als wir von Port Edward ins „Land" kamen, gab es keine ersichtliche Grenze, aber nun wird unsere Autonummer registriert und wir bekommen einen Stempel (den wievielten wohl?) in den Pass.

East London ist ein verschlafenes Städtchen mit vielen alten Häusern, wir fahren geradewegs zur Strandpromenade, wo wir uns das „Denkmal der deutschen Siedler" angucken, ein Monument, wo Mann, Frau und Kind jeweils voreinander stehen und auf das Meer hinausblicken, mit der Inschrift „Den deutschen Einwanderern".

Wir entschließen uns zu einem Museumsbesuch, zahlen die (lächerlich geringe) Gebühr von 10 Cent pro Person und bewundern die zahllosen Ausstellungsstücke: gleich am Eingang stehen lebensgroße Puppen, die die typische Kleidung der Eingeborenen darstellen. Eine Fotoausstellung zeigt die Stadt East London, wie sie um die Jahrhundertwende aussah sowie das jetzige Aussehen. Wenn auch so manche schöne alte Gebäude modernen, mehrstöckigen Häusern gewichen sind, ist doch noch viel von der alten Atmosphäre übrig geblieben, wie wir heute bei der Stadtrundfahrt feststellen konnten. Ein weiterer Teil des Museums zeigt alte Postkarten und Briefmarken, dann geht's mit der Darstellung von Haien, vielen Meeresfischen und Muscheln weiter. Das Schmuckstück des Museums ist der „Coelacanth", ein Fisch, von dem man annahm, er sei schon vor Millionen von Jahren ausgestorben. Der Fang erregte seinerzeit weltweites Aufsehen, wie man an den alten Briefen und Zeitungsausschnitten ablesen kann.

Auf der Weiterfahrt verfolgen wir stündlich die Nachrichten. Es kriselt ziemlich im Land, im Norden streiken Tausende von Minenarbeiter, in und um Kapstadt gibt es Zusammenstöße zwischen Polizei und Schwarzen, mit vielen Verhaftungen, Verletzten oder gar Toten. Da wird einem schon etwas flau im Magen...

Wir verlassen die Autobahn Richtung King Williams Town bei der Ausfahrt „Berlin", dieses Städtchen hat mit der Namensgenossin in Deutschland allerdings nichts gemeinsam, besteht nur aus ein paar Häusern und staubigen Gehwegen. Etwas außerhalb stoppen wir für einen Nachmittagskaffee. Dabei spricht uns ein Polizist an, der wissen will, ob wir Probleme hätten, er weist uns darauf hin, dass wir uns hier bereits in der Ciskei (wieder einem „Homeland") befänden.

Als er weg ist, suchen wir Mädels ein diskretes Pinkelplätzchen, allerdings begegnet uns ein alter Mann in seinem Auto, der interessiert beobachtet, wie wir uns in die Büsche schlagen. Und hinter der Hecke, als wir uns gerade gemütlich niederlassen wollen, sehen wir eine Kuhherde auf uns zukommen, eins dieser Viecher setzt sich bei unserem Anblick regelrecht in Trab... eiligst erledigen wir angesichts der großäugigen Kuh unser Geschäft und begeben uns zum Bus zurück.

Weiter geht die Fahrt durch die Ciskei, erneut endlose kahle Ebenen, verstreut liegende Hütten, Dornensträucher und Kakteen in vielen Formen und Farben. An der Straße bieten Afrikanerinnen Ananas zum Verkauf an, die hatten wir schon lange nicht mehr. Wir halten also an und verhandeln mit einer Frau, drücken den Preis von 50 auf 35 c. Während Christine das Geld rauskramt, kommt die Frau an den Bus und jammert, sie habe Hunger, wir sollten ihr doch etwas zu essen geben. Dies ist die optimale Gelegenheit, unsere Ananas-Marmelade aus Kenia loszuwerden, wir überreichen ihr das Glas, worauf sie sich beschwert, das sei ja nicht voll. Aber hergeben tut sie's nicht mehr....

Nach dem Fish River sind wir wieder in Südafrika, in der City von Grahamstown gibt es drei imposante Kirchen und zahlreiche schön geschmückte Häuser. Viele junge Leute sind unterwegs, wohl Studenten der Rhodes Universität, deren mehrstöckiger Bau mit schmalen hohen Fenstern wie eine Kirche wirkt. Leider findet sich kein Bottle Store, bei dem wir für's kommende Wochenende einkaufen könnten.

Die Strecke Richtung Port Elizabeth ist nicht besonders abwechslungsreich, Getreidefelder, dann wieder brachliegende, mit Gestrüpp bestandene Flächen. Wir brausen dahin, plötzlich ertönt ein lautes Zischen, der Bus beginnt zu hoppeln. Hermi flucht – wir haben vorne links einen Platten! Also Werkzeug raus, Bus hochpumpen (da darf ich die in Malawi bewiesene technische Geschicklichkeit wieder unter Beweis stellen), Reifen runter. Der Schlauch sieht abenteuerlich aus, die Hälfte ist seitlich aufgeschlitzt. Hermi nimmt einen bereits geflickten Schlauch (in der Hoffnung, dass der wirklich ohne Loch ist). Christine muss ihn mit der Fußpumpe aufblasen, doch das ist ein tückisches Ding, tritt man auf das Pedal, geht es nicht etwa von selber wieder nach oben, sondern bleibt unten hängen, so dass man es mit den Händen hochschieben muss... eine vielseitige Gymnastikübung, eine Mischung zwischen Fahrradfahren und Rumpfbeugen... Es dauert eine Weile, bis wir endlich weiterfahren können.

Bald sehen wir wieder das Meer, an dessen Strand sich hohe, weiß-gelbe Sanddünen türmen. Entlang der Küste ist die Skyline von Port Elizabeth zu erkennen: Hochhäuser, der Hafen mit vielen Schiffen und Kränen. In der Main Street ist nichts los, alle Läden sind zu, keine Cafés, kaum Fußgänger... ab Samstagnachmittag ist in Südafrika wirklich tote Hose!

Aus einem klugen Prospekt haben wir schon den billigsten Caravan Park herausgesucht, leider ist es so kalt und windig, dass wir uns nicht raus setzen können. Unbefriedigend ist das hier: schlechtes Wetter, Läden zu: das werden zwei lahme Abende mit langweiligem Pfefferminztee werden!

Nach dem Essen überlegen wir voller Unzufriedenheit, was wir mit dem „trockenen" Samstagabend anfangen sollen... wird uns wohl nichts anderes übrigbleiben, als Briefe zu schreiben oder Kniffel zu spielen – verzweifeltes Haareraufen bei der Aussicht auf eine solche Beschäftigung! Christine kommt auf die rettende Idee: „Wir könnten doch ins Kino gehen!", der Hermi und ich mit Begeisterung zustimmen.

Wir entscheiden uns für das Kino in der Rink Street, wo wir Mädels uns „Marias Lovers" mit Nastassja Kinski anschauen, Hermi bevorzugt den Agentenfilm „Die Wildgänse". Es wird eiligst abgespült, relativ gepflegte Kleidung (viel davon haben wir nach acht Monaten durch Afrika ja nicht mehr) angelegt und los geht's. Sehr lange sind wir nicht mehr abends gefahren, geschweige denn zum Ausgehen!

Wir parken auf einem großen Platz gegenüber vom Kino, packen Geldbeutel und Pässe in die Handtasche und begeben uns ins Kino. Der Eintrittspreis ist günstig: 4,50 R; im Vorraum gibt es eine Bar, in der – oh Wunder - auch Frauen sitzen und - noch größeres Wunder – sogar Bier ausgeschenkt wird. Doch jetzt geht's erst mal in den Kinosaal, junge Burschen mit Krawatte kontrollieren die Tickets und führen uns zu unserem Platz im kaum besetzten Kino. Nach Werbung und Vorschau beginnt der Film, zum Glück in Englisch, wir hatten angesichts des Vorprogramms schon befürchtet, er sei in Afrikaans! Nun, Maria und ihre Lover durchleben lustige, wirre und diverse eindeutige Situationen. Dass so ein Film hier überhaupt läuft, wo die Südafrikaner doch so moralisch sind!

Den – vorläufigen – Höhepunkt des Abends bildet der anschließende Besuch der „Cocktail Bar", wir lassen uns das Bier schmecken, ist das schön, wieder mal in einer verqualmten Kneipe zu sitzen und Leute zu beobachten! Die Mädels sind ziemlich aufgedonnert, topmodisch gekleidet und geschminkt. Die Jungs sind nach alter Schule erzogen: rücken ihren Damen die Stühle zurecht und warten mit dem Hinsetzen, bis die Ladies Platz genommen haben.

Hermi kommt hinzu und erzählt von seinem Film, als wir ihm mitteilen, unser Film sei in Afrikaans gewesen, lacht er schallend, worüber wir uns wiederum köstlich amüsieren... mit unserer Lebhaftigkeit fallen wir in dieser gepflegten, ruhigen Atmosphäre richtig auf. Das juckt uns aber wenig, im Gegenteil, wir genießen den Ausgang, das erste Mal seit Monaten. Leider schließt die Bar um 22 Uhr, in ausgelassener Stimmung geht es hinaus zum Bus, Christine meint: „die Eintrittskarten müss' mer uns direkt aufheb, so ein einmaliges Ereignis!".

Als wir in den Bus kommen, schalte ich das Licht über dem Küchentisch an, registriere, dass die untere Tür des Kleiderschrankes auf ist und ein Haufen von Klamotten davor auf dem Boden liegt. Verwundert überlege ich einen Moment, wer von uns wohl so hektisch im Kleiderschrank gewühlt hat oder ob wir so rasant gefahren sind, dass das Zeug vorhin rausfiel. Es wäre nicht das erste Mal, dass diverse Sachen deshalb im Bus herumfliegen. Dann überkommt mich plötzlich ein alarmierendes Gefühl, ich frage „Warum liegt das ganze Zeug da heraußen?!" Christine: „Wo? Was?" und gleich darauf: „Die Klappen sind offen!". Jetzt sehe ich es auch: beide Klappen der Frühstücksfächer sind offen, das kann nicht von uns sein! Hermi japst: „Da warn welche herin!" „Das gibt's doch nicht!" ist mein Kommentar.

In fliegender Hast suche ich als erstes nach meinem Fotoapparat, während Hermi aufgeregt feststellt, dass das Fenster auf der Fahrerseite aufgebrochen ist. Hektisches Suchen im Kleiderschrank, ein Blick in die Hutschachtel: „Mein Foto ist weg!". Die Vorstellung, dass Fremde in unserem Bus waren ist unheimlich, ich bin ganz betäubt und brauche einen Augenblick, um nach Hermis Fotoausrüstung zu sehen, mache den Alu-Koffer auf: Filmkamera und die gesamte Fotoausrüstung ist weg!

Ein weiterer Schreck: unser Geld! Das hatten wir in den Kleiderfächern aufbewahrt, die völlig zerwühlt sind... meiner und Christines Beutel mit je einem Scheck sind noch da, aber der von Hermi mit 250 $ ist weg. Da stehen wir nun, ein schwaches Gefühl im Magen, und versuchen zu begreifen, dass wir beklaut wurden – so eine Scheiße!

Mir fällt als erste Konsequenz daraus ein: nun können wir vom schönsten Teil Südafrikas, der Gartenroute und Kapstadt, keine Fotos mehr machen.

Das verschwundene Geld ist nicht so tragisch, das bekommen wir von American Express ersetzt, aber die Kameras! Und natürlich keine Versicherung... Außer dem Kleiderberg auf dem Boden sieht der Bus ganz normal aus, die anderen Fächer wurden zwar durchwühlt, aber es fehlt nichts. Hermi untersucht das Fenster: die Diebe haben außen den Gummi weggedrückt, den Knopf irgendwie geöffnet, die Scheibe aufgeschoben und schon waren sie drin. Während Hermi und Christine vom Kino aus die Polizei anrufen, überlege ich, warum die Diebe wohl Christines und mein Geld zurückgelassen haben und ärgere mich maßlos, dass ich meinen Foto so offen in der Hutschachtel liegen ließ, hätte ich ihn woanders untergebracht, hätten ihn die Diebe vielleicht nicht gefunden!

Die Benommenheit über den Diebstahl weicht einer tüchtigen Wut – dass uns das passieren muss! Wir, die wir bei Erzählungen anderer Traveller von Diebstählen immer kopfschüttelnd zuhörten und stolz berichteten, uns sei noch nie was Wertvolles geklaut worden, nun hat's also auch uns erwischt, und nur deshalb, weil wir ein einziges Mal abends den Bus für ein paar Stunden allein ließen! Im Prinzip sind an dem Ganzen ja nur die Südafrikaner mit ihrem vermaledeiten lizensierten Alkoholausschank schuld: hätten wir heute noch Gelegenheit gehabt, eine Flasche Rotwein zu erstehen, wären wir abends schön brav auf dem Caravan Park geblieben und es wäre nichts passiert!

Hermi und Christine kommen vom Telefonieren zurück, die Polizei stellte sich wohl ziemlich doof an, stellte so unnütze Fragen, wo wir wohnen, von welchem Anschluss aus telefoniert wird. Während wir warten, suchen wir nochmals nach Hermis Brustbeutel, doch der ist tatsächlich weg. Die Diebe haben nur das mitgenommen, was schnell einzupacken und gut zu verkaufen ist.

Nach etwa 10 Minuten kommt die Polizei, zwei junge Männer steigen aus dem Auto, betrachten teilnahmslos das aufgebrochene Fenster. Dann fragen sie uns, was zu tun sei... Sie nehmen das Ganze ziemlich locker, nach dem Motto „Ja, was sollen wir denn jetzt noch dran ändern?". Eine weitere Streife kommt hinzu, deren Beamten etwas aktiver sind und uns fragen, ob wir Anzeige erstatten wollen, dann müsste ein Bericht geschrieben werden, ob wir noch länger in Port Elizabeth blieben... es geht alles ziemlich durcheinander. Christine erklärt ihm, dass wir zumindest eine Bestätigung der Polizei für

American Express brauchen, schließlich fahren wir mit zur Polizeistation, um dort ein Protokoll aufzunehmen.

In mieser Stimmung betreten wir den kahlen Raum, die vier Polizisten, die mit am „Tatort" waren, stellen neugierige Fragen, die mit unserem Problem gar nichts zu tun haben: wie lange wir schon in Südafrika seien, ob wir per Flugzeug angereist sind. Als wir erzählen, dass wir über Land gekommen sind, staunen sie Bauklötze.

Dann beginnt man endlich, Personalien und den Schaden zu Protokoll zu nehmen, zwei andere Beamte kommen dazu, bringen eine Cassette aus Hermis Filmkamera sowie den – leeren – Brustbeutel, die sie in einem Gebüsch nahe des Parkplatzes gefunden haben. Wir unterschreiben das Protokoll, erhalten eine Bestätigung, man rät uns, vor Verlassen von Port Elizabeth nochmal vorbeizuschauen, ob sich etwas ergeben hat.

Zurück am Caravan Park sinnieren wir, warum die Einbrecher wohl Christines und mein Geld nicht mitgenommen haben, Fernglas und Stativ zurückließen. Wie lange hat die Aktion wohl gedauert? Nicht lange, denn die Sachen lagen ja wie auf dem Präsentierteller da! Bodenlos leichtsinnig, hätten wir sie nur besser versteckt, in die Staukästen oder ins Bad haben die Einbrecher bestimmt nicht geschaut! Ja, hätten wir... im Nachhinein ist man immer klüger, eigentlich können wir noch von Glück reden, dass die Typen nur auf Wertsachen aus waren, sie hätten auch den ganzen Bus klauen oder alles ausräumen können.

Im Moment besitzen wir nur noch 300 DM, hoffentlich erhalten wir von American Express schnell Ersatz für die gestohlenen Schecks. Doch wir sind schon wieder soweit, Späße zu machen und freuen uns darüber, dass unsere guuten Rouladen noch da sind...

Der erste Gedanke am Morgen: hat man uns gestern tatsächlich beklaut, aber vielleicht erwischt die Polizei die Täter und wir bekommen die Kameras zurück?! Ziemlich unwahrscheinlich, aber wer weiß... Wir erinnern uns an die zuletzt gemachten Bilder: Durban, der Grillnachmittag mit Sonya, die Fahrt entlang der Küste, der Löwenpark, alles weg! Das ist das Ärgerlichste daran: Geld kann man wieder beschaffen – aber die Fotos sind dahin. Christine plädiert dafür, eine Billig-Kamera zu kaufen, denn ohne zu fotografieren weiterzureisen, wäre eine Schande.

Da wir sonntags nichts ausrichten können, sehen wir uns in der Stadt um, viele Spaziergänger bevölkern die Strandpromenade, manche gucken vom Auto aus aufs Meer. Am Strand spielen muskelbepackte, eingeölte junge Männer Frisbee, Surfer tummeln sich auf den Wellen.

Am nächsten Morgen begeben wir uns zum American-Express-Büro, Hermi bekommt umgehend neue Traveller Schecks... wir sind wieder „liquide"! Was liegt da näher, als einen Einkaufsbummel zu starten? Im „Checkers" erstehen wir Lebensmittel (incl. Wein, um uns einen weiteren Kinobesuch zu ersparen), dann geht's zur Polizei. Leider hat man trotz weiterer Suche in der Umgebung des Tatorts nichts gefunden, sollte das noch der Fall sein, wird man das deutsche Konsulat in Kapstadt benachrichtigen.

Zurück in der City sehen wir uns nach einer Kamera um, entscheiden uns schließlich für einen Apparat „Made in China". Das Ding ist noch einfacher als mein (ehemaliger) Fotoapparat, leicht wie ein Spielzeug, und einstellen kann man entweder „Wolke" oder „Sonnenschein"... Die neue „Mitreisende" wird (nach ihrem Herkunfts- und unserem Unglücksort) auf den Namen „Elise" getauft. Hermi ist zunächst nicht imstande, das unsägliche Teil anzufassen, geschweige denn zu bedienen – sowas Triviales! Aber besser das als gar keine Bilder mehr...

Wir fahren weiter Richtung Westen durch grüne Landschaft mit Wiesen, Farmhäusern und Wald. Hier muss es kürzlich stark geregnet haben, es blühen gelbe und lila Blumen. Das Wetter ist schön, blauer Himmel und ziemlich warm. So geht's dahin, am Spätnachmittag erreichen wir die Paul-Sauer-Bridge, haben Ausblick auf die Schlucht, weit unten fließt als dünnes Rinnsal der Storm's River. Elise macht ihre „Jungfern-Fotos", dann fahren wir weiter durch das Tsitsikamma-Naturreservat.

Wir suchen nach einer Übernachtungsmöglichkeit, kaum 10 m von der Straße weg schlagen wir einem in einem idyllischen Waldstück das Lager auf, genießen die Kühle und die Einsamkeit. Aus den Baumwipfeln ertönt das vielstimmige Gezwitscher und Zirpen der Vögel. Während wir Mädels eifrig Kartoffeln schälen, begibt sich Hermi aufs Dach, um Stühle und Tische herunterzuholen, dann kommt er auf die Idee, dass wir eigentlich oben „auf dem Balkon" essen könnten. Warum nicht?! Er bleibt zum Zwiebelschneiden gleich in luftiger Höhe, wir braten Speck, reiben Käse, die Vorfreude auf die Tortilla ist groß. Sämtliche Ess- und Trinkutensilien werden nach oben gereicht, wir nehmen auf dem Dach Platz – sehr gemütlich unterm Sternenhimmel!

Auf der Weiterfahrt geht es durch dichten Wald, die Bäume mit Efeu überwuchert, Lianen sind um die Äste geschlungen. Wir passieren die Bloukrans Bridge, deren geschwungener Brückenbogen leider nur zum Teil erkennbar ist, das andere Ende wird vom Nebel verschluckt, ein gespenstisches Bild. Ständig kommt unsere Elise zum Einsatz, Hermis Gesicht verzieht sich jedes Mal zu einer verzweifelten Grimasse, wenn er von „Sonnenschein" auf „Wolke" umschalten muss...

Beim Nature's Valley erheben sich kleine, mit Kletterpflanzen und bunten Sträuchern bewachsene Sandhügel. Ein Traum von Strand: feiner Sand, das Meer mit blassgrüner Färbung, hohe Wellen rollen mit Getöse auf den Strand zu.

Plettenberg Bay ist ein verschlafenes Städtchen, die weiten, idyllischen Strände sind leer. Der Ort liegt am Berghang, hat viele schöne Häuser und Holiday Flats, man hat einen tollen Ausblick auf Strände und Meer. Auf dem Weg zum Beacon Island Hotel düsen wir an Villen vorbei, am Ende der Halbinsel erhebt sich der (hässliche) rechteckige Klotz von Hotel, gewaltige Felsen liegen am Strand, auf die das Wasser platschend aufschlägt.

Außerhalb von Plettenberg Bay passieren wir eine „township", diese Siedlungen sehen überall gleich aus: Häuserreihen, Leinen mit flatternden Wäschestücken. Trotzdem wirken die Siedlungen komfortabler als so manche Orte in Schwarzafrika, hier gibt es Strom und fast jedes Haus hat eine TV-Antenne, doch es ist natürlich ein Riesenunterschied zu den prachtvollen Villen der weißen Bevölkerung.

Weiter geht die Fahrt, bald erreichen wir Knysna, kommen zu den „Heads", zwei Felsvorsprünge, die den Eingang zur Lagune säumen. An Felsen und Höhlen vorbei führt der Weg zu einem View Point. In welch unterschiedlichen Farben das Meer hier leuchtet, weit draußen dunkelblau, in Höhe der Wellenbildung hellblau bis türkis, unter uns schimmert das Wasser grün, man kann bis zum Grund schauen. Vom gegenüberliegenden Head zieht sich eine mit dichtem Wald bestandene Bergkette ins Land, mündet in die Outenikwa-Berge, die eine reizvoll gezackte Linie im Hintergrund von Knysna bilden. In der Lagune mit vielen Nebenarmen liegt jetzt, bei Ebbe, der mit graugrünem Gras bestandene Sandboden frei ist. Schön ist es hier!

Auch bei Coney Glen ist die Aussicht wunderbar, die endlos scheinende Fläche des dunkelblauen Meeres, die grünschimmernde Lagune. Es geht weiter nach Leisure Island, die Halbinsel ist durch einen Damm mit dem Festland verbunden. Auch hier schmucke Häuser und Gärten, mit sagenhaftem Ausblick – schade, dass die Pawlowskis derzeit nicht in ihrem Ferienhaus sind, da könnte man es sich ein paar Tage gemütlich machen.

Wir fahren wieder ein paar Kilometer in Richtung Plettenberg Bay, biegen auf eine Piste ab, die mehrere Kilometer durch Wald bis zu einem Parkplatz führt. Über steile Treppen geht es durch Wald und Buschwerk bergab, wir erreichen einen breiten weißen Traumstrand, etliche 100 m lang – aber das Beste sind die aus Natursteinen gemauerten Burgen, mit Erkern, Sprossenfenstern, Zinnen... und das am Strand des Indischen Ozeans!

Zwei Hunde begrüßen uns schwanzwedelnd, außer ein paar schwarzen Gärtnern ist kein Mensch zu sehen. Die Vierbeiner begleiten uns beim Strandspaziergang - eine traumhafte Abgeschiedenheit, weitgezogener Strand, das aufgewühlte Meer... zum Ewig-Zuschauen! Wir lassen uns im Sand nieder und genießen die Idylle, die Hunde jagen am Wasser auf und ab, den Vögeln nach, die drei Meter über ihnen herfliegen. Die Hunde werden häufig von den heran rollenden Wellen überspült, machen Männchen, um wenigstens den Kopf vor dem salzigen Nass zu retten.

Wir fahren zurück nach Knysna, bei sich immer mehr verdüsterndem Himmel, folgen der Küstenstraße, biegen nach einer Brücke ab und erklimmen einen bewaldeten Berg, wo wir ein ruhiges Plätzchen zwischen Bäumen finden. Während es draußen stürmt und der Regen niederprasselt, lassen wir uns das Abendessen schmecken und schwelgen in den Eindrücken dieses Tages. Am Abend finden wir täglich neuen Gesprächsstoff, eigentlich verwunderlich, wenn man bedenkt, dass wir schon monatelang zusammen sind – und immer noch wissen „was mer red soll"!

Die Fahrt geht weiter über Brenton on Sea, dann Richtung George, meist durch Waldgebiete, später an Weideflächen vorbei, rechts begleiten uns die Outeniqua-Berge. Wir verlassen die Hauptstraße und tuckern auf einer Piste an mehreren Seen vorbei, deren Wasseroberfläche vom Wind gekräuselt wird, so dass die zahlreichen Enten Mühe mit dem Paddeln haben. Hohes Gras steht am Seeufer, die Gegend ist kaum bevölkert, nur vereinzelt altmodische Häuschen, die wie Überbleibsel einer längst vergangenen Zeit wirken.

Nach diesem Abstecher fahren wir auf der N2 an weiten Getreidefeldern vorbei, erreichen George, es geht weiter auf der Autobahn nach Mossel Bay. Wie viele verschiedene Grüns die Gegend hier aufweist: von leuchtend hell bis zu ganz dunklem Tannengrün. In Mossel Bay ist das Halbrund der Bucht dicht bebaut, Fischerboote tuckern aus dem Hafen. Wir besuchen den berühmten „Postbaum", einem Baum, unter dem bereits im Jahre 1500 Postsendungen von Seefahrern deponiert wurden. Sehr beeindruckend, der mächtige Stamm und die dicken, auf die Erde zuwachsenden Äste, das undurchdringliche Blattwerk.

Weiter geht's ins Landesinnere Richtung Oudtshoorn. Über den Bergspitzen hängen dicke Wolken, aber ab und zu kommt die Sonne durch und ruft ein reizvolles Licht- und Schattenspiel auf den Hügelketten hervor. Die Straße steigt langsam an, die umliegenden Wiesen sehen aus wie ein großer Samtteppich, friedlich weiden die Kühe. Wir erklimmen den Robinson Pass, unter uns erstrecken sich steile Abgründe – und Hermi guckt mehr in die Umgebung als auf die Straße....

Wir übernachten hier oben, abends herrscht ein regelrechter Sturm, der Wind heult und bringt den Bus ins Wackeln. Angesichts der Eisestemperatur von 7 Grad verziehen wir uns früh in die Schlafsäcke, nachdem wir uns vorher noch bemüht haben, mit dem Wind zu pinkeln... gar nicht so einfach!

Am nächsten Morgen geht es bergab, die Wiesen weichen einer steppenmäßigen Gegend, hier beginnt die Kleine Karoo. Der rote Boden ist mit vereinzelt stehenden Büschen und Sträuchern bestanden, hinter den Zäunen sind häufig Strauße mit grauem als auch schwarzweißem Federschmuck zu sehen. Bei der Safari-Straußenfarm berappen wir 3 Rand Eintritt und nehmen an einer Führung teil. In einem Gehege besuchen wir zwei Strauße, das männliche Tier ist fleißig damit beschäftigt, hin und her zu schreiten und Gras zu fressen, die Straußin sitzt unter einem V-förmigen Schutzdach. Unser Führer, Bobby, erklärt, dass der mit Dornen bestandene Prügel, den er in der Hand hält der wirksamste Schutz beim Angriff eines Straußes sei. Davonlaufen hat keinen Sinn, da die Tiere eine Geschwindigkeit von 60-80 km/h erreichen können. Das Sinnvollste sei, sich flach auf den Boden zu legen und zu hoffen, dass sich das Tier mit seinen etwa 200 kg nicht auf einen drauf stellt.

Strauße lassen sie sich nicht zähmen, gewöhnen sich aber an den Menschen. Ursprünglich sind die Tiere nicht hier beheimatet, sondern zogen im Lauf der

Zeit von Nordafrika immer weiter in den Süden. Lebensraum sind Wüste und Halbwüste, wozu auch die Karoo zählt; sie ernähren sich ausschließlich von Grünzeug und – Steinen. Letztere haben die Funktion, das Futter im Magen zu zerkleinern. So ein Strauß kann ganze Flaschen verschlucken – was ihm aber nicht gut bekommt, wenn die Flasche bei flotter Gangart zerbricht. Der Grund, dass ab 1905 bis zum 1. Weltkrieg die Straußenfarmen entstanden, war, dass die Damenwelt nach den Federn verlangte, nichts sonst wurde verarbeitet, allein mit dem Export der Federn wurden in dieser Zeit Millionen verdient. Der Ausbruch des 2. Weltkriegs machte dem Geschäft ein Ende, danach begann erneut der Aufbau der Farmen, die mit dem Federnexport nun zwar nicht mehr so viel verdienten, dafür mit richtiger Zucht begannen. Heute wird der gesamte Strauß „verarbeitet", das Fleisch zu Biltong getrocknet, aus den Schenkeln gibt es Steaks, die als Delikatesse gelten, die starke Haut wird zu Leder verarbeitet. Wir hören dem Vortrag aufmerksam zu, außer uns ist noch ein älteres Paar dabei. Bobby erzählt, dass früher die Strauße „Diamanten-Schmuggler" genannt wurden: die Tiere leben auch in Namibia im Diamantengebiet und da sie Glitzerndes mit Vorliebe verschlucken, hat man früher oft Strauße gefangen, ihnen den Magen aufgeschnitten, und wenn man Glück hatte, war man reich. Der ältere Besucher berichtet, er habe früher bei solchen Straußenjagden („just for fun") mitgemacht, aber nie einen Diamanten gefunden.

Wir erfahren, dass das Straußenweibchen tagsüber brütet, der grauen Federn wegen, die sie tarnen. Nachts brütet das schwarzweiße und damit auffälligere Männchen, es überleben nur ca. 10% der gelegten Eier. Bobby vertreibt die brütende Straußin von den Eiern, 10 Stück liegen im Sand. So ein Ei ist ungefähr 20mal so groß wie ein Hühnerei, der Nährwert eines Straußeneis beträgt allerdings das 36fache eines Hühnereis... soviel könnte nicht mal Hermi auf einmal verdrücken! Bobby stellt sich auf die Eier und erklärt, dass diese auf der Längsachse 300 kg Gewicht aushalten, an den Enden noch 150 kg.

Schließlich überlassen wir das Feld wieder der Straußen-Mama und begeben uns ein Stück weiter zu einer prächtigen Villa, errichtet 1910, zu Zeiten des Feder-Booms. Um das Gebäude führt eine Veranda mit Säulen, an der Seite ein runder Turm. Die Materialien stammen aus allen möglichen Ländern: Holland, Belgien, Italien, das wurde damals extra importiert. Dass man jedoch planlos und nur aufs Äußere bedacht baute, wird daran deutlich, dass es im Turm keine Treppe gibt, man kann also nicht hinauf – aber von außen ist es schön anzuschauen.

Im Museum lässt uns Bobby ein Knochenstück aus der Brust des Straußes anfassen, es ist erstaunlich leicht, was ein Indiz dafür darstellt, dass das Tier mal flugtauglich war, andererseits fehlt jedoch der „Lenkknochen", der zu einem Flugtier gehört. In einem Glaskasten sind verschiedene Federn von ausgestellt. Wie bei den meisten Tieren (aber im Unterschied zum Menschen!) sind die Männchen mit ihren schwarzen und weißen Federn schöner, das graubraun der Federn der weiblichen Strauße wirkt trist dagegen. Eine Glasvitrine zeigt Fundstücke aus Straußenmagen: ein Geldstück, Patronenhülsen, Schuhabsatz, Murmeln, Steine, Colaflasche, Sicherungen.

Über Oudtshoorn geht es weiter in Richtung Cango Caves. Eine Weile fahren wir an einem Flüsschen entlang, dessen Ufer von Weiden bestanden ist, lang hängen die im Sonnenlicht schillernden Zweige herunter. Die Straße windet sich einen Berg hoch bis zu einem modernen, in die Felsen gebauten Glashaus, unterhalb davon große Parkplätze für Busse und Autos.

Mit einem drahtigen jungen Führer betreten wir die Höhle. Sie besteht aus ca. 80 Korridoren und Räumen, die bis zu 800 m ins Berginnere reichen. In Erwartung einer kalten Gruft haben wir uns warm angezogen, doch in der Höhle hat es 18 Grad, um einiges wärmer als draußen. Treppabwärts gelangen wir in einen großen Raum, bewundern die zahlreichen Stalaktiten. Die Steine sind beige bis braun, wachsen in Form von Eiszapfen oder in breiten, platten Formationen, so dass es wie ein Vorhang wirkt. Die Tropfsteine sind zwischen 150 000 und 200 000 Jahre alt, wir sehen eine Säule, die durch das Zusammenwachsen zweier Tropfsteine von oben und unten entstand.

In diesem Raum gibt es ein Podium, da hier öfters Konzerte gegeben werden. Die Gewächse entlang der Wände werden indirekt von Scheinwerfern beleuchtet und sehen wunderschön aus. Unser Führer demonstriert, wie der Entdecker dieser Höhle den Raum erlebt haben muss: im Licht einer brennenden Kerze sieht man rein gar nichts, so ist es nicht verwunderlich, dass man die Größe und Höhe des Raumes um ein Vielfaches überschätzte. Es geht weiter durch mehrere größere und kleinere Höhlen, der Führer zeigt uns mit seiner Taschenlampe Formationen, die bestimmte Namen haben, wie „Madonna mit Kind", „gefrorene Victoria-Falls", außerdem ein mit bunten Scheinwerfern beleuchtetes „Märchenland".

An einer Stelle fallen die Tropfen des Stalaktiten auf einen Farn und versorgen ihn mit Feuchtigkeit. Nach ca. einer halben Stunde Führung empfiehlt man asthmakranken Besuchern, den Rückweg anzutreten, wir anderen gehen weiter, in gebückter Haltung durch niedrige Räume. Wir steigen eine Treppe hoch, anschließend geht es durch enge Gänge steil abwärts. Man muss in der Hocke vorwärtskrabbeln, es ist so stickig, dass man kaum Luft, dafür aber Herzklopfen kriegt. Eine Weile zwängen wir uns durch diese Luken, dann kommt ein ganz schmaler Durchgang, durch den man sich nach oben hangeln muss – jetzt reicht's! Christine und ich geben auf und klettern zurück bis zu dem Raum unter der Treppe, wo die anderen warten. Nach ca. 10 Minuten kommen die Kletterer zurück, Hermi erzählt begeistert vom „Briefkasten": da musste man mit dem Kopf zuerst durch einen schmalen Schlitz und auf dem Bauch weiterrutschen, na danke! Als wir draußen an der frischen Luft sind, atmen wir erst mal tief durch – tut das gut!

In Oudtshoorn gehen wir einkaufen, erstehen im Bottle Store Bier und Wein. Diesen Samstag haben wir keinen Kinobesuch nötig, können ein wachsames Auge auf unsere Elise werfen... Die Fahrt geht weiter Richtung Calitzdorp, die Kleine Karoo entfaltet ihre ganze Schönheit: mit dichtem Grün bewachsene Bergrücken, inmitten des grünen Teppichs leuchten große Flächen lila und gelb blühender Blumen. Es geht den Huisriver Pass hoch (bis zu 620 m) und auch hier bieten sich atemberaubende Ausblicke: Berge, unter deren Strauchwerk immer wieder rotbraune Erde hervor lugt, Sträucher mit langen grauen Dornen. Elise hat heute einen Vollzeitjob – haben wir früher eigentlich auch so viel fotografiert?! Als wir uns Swellendam nähern, hört der Bewuchs mit Heide und Blumen langsam auf, weitläufige Getreidefelder und Obstplantagen beginnen. Bei dem Ort erheben sich vier Berggipfel, die eine natürliche Sonnenuhr darstellen, sie sind als 10, 11, 12, 13 Uhr bekannt.

Ziel des Tages ist Cape Agulhas, dort passieren wir den rot-weiß gestreiften Leuchtturm, am Strand liegen Fischkutter im Licht der untergehenden Sonne. Was für ein historischer Moment: wir sind am südlichsten Punkt Afrikas angekommen! Durch den großen Kontinent hat uns das brave Wüstenschiff geschaukelt, manchmal wagten wir nicht mehr daran zu glauben, dass wir wirklich bis hierher kommen würden. Beim Einschlafen begleitet uns Meeresrauschen – was für ein Gefühl, die Nacht am „letzten Ende Afrikas" zu verbringen!

Morgens machen wir in Struisbaai einen Abstecher zum Strand, der wunderschön ist: langgezogen, mit Gras bewachsene Sanddünen, das Meer ist ruhig und wechselt die Farbe von hell- bis zu tiefem dunkelblau. Es macht Spaß, am Strand entlangzulaufen, sich das Wasser um die Füße spülen zu lassen, Muscheln zu sammeln, die Sonnenstrahlen glitzern auf den Wellen. Im Osten reicht ein schmaler Landstreifen mit weißen Dünen weit ins Meer hinaus. Was gibt es hier für traumhafte, unberührte Orte!

Nach dem Dorf Napier fahren wir wieder durch Gebiete mit Getreidefeldern und Wiesen, soweit das Auge reicht. Und doch ist es nicht eintönig, kleine Flussläufe durchziehen das Land, deren Ufer mit Bäumen bestanden sind. Die Farmhäuser inmitten der Felder sehen wie weiße Farbkleckse in der grünen Ewigkeit aus. Das graue Gestein der Berge im Norden steht in Kontrast zum blauen Himmel, hin und wieder treiben mächtige Wattebausch-Wolken über ihn hin. Von jeder Anhöhe aus ein neuer faszinierender Anblick: Ortschaften, ein kleiner See, weidende Schafherden, im Gras liegende Kühe, die uns verwundert nachsehen. Vögel flattern vor dem Bus auf, bringen sich auf dem Rücken der geduldigen Kühe in Sicherheit.

Bald kommt wieder das Meer in Sicht, wir erreichen Hermanus, an der Walker Bay am Fuß grüner Berghänge gelegen. Auf dem Parkplatz scharen sich die Möwen um uns, ihr Geschrei klingt fordernd, so ungefähr: her mit was Fressbarem! Nach einer kurzen Rast geht's weiter, links das Meer, Strand und Buschland, rechts dunkelgrüne Bergrücken.

Als wir durch das Dorf Kleinmond fahren, bemerkt Hermi, dass wir einen Platten haben, wieder vorne links, wie vor einer Woche. Am Morgen hatte ich Hermi davor gewarnt, sein neues T-Shirt anzuziehen: „Da geht bestimmt was am Bus kaputt!". Der Reifenwechsel wird diesmal hoffentlich nicht wieder zwei Stunden dauern... Neben uns stoppt ein Auto, aus dem ein älteres Paar und ein junger Mann aussteigen und uns auf Deutsch begrüßen. Der Junge bietet Hilfe an, er fährt Hermi und den Reifen zur nächsten Tankstelle zum Aufpumpen. In der Zwischenzeit entwickelt sich ein lebhaftes Gespräch mit dem Paar, sie leben seit viereinhalb Jahren in Südafrika, zusammen mit den beiden Töchtern und dem Sohn. Bewundernswert, dass Leute in diesem Alter noch auswandern!

Die beiden haben ein bewegtes Leben hinter sich: er flüchtete 1956 aus Ungarn, sie stammt aus Ostdeutschland, 30 Jahre lang arbeiteten sie in der

Schweiz. Sie laden uns zum Kaffeetrinken ein, nachdem der Reifen montiert ist, fahren wir zur Familie Sommer[31], die in einem kleinen Seitenweg wohnt, der Garten eine einzige Blütenpracht. Es ist immer wieder rührend, wie gastfreundlich die Leute sind, nehmen uns „wildfremde" Traveller mit nachhause und verwöhnen uns.

Wir berichten von unseren Reiseerlebnissen, die insbesondere den Sohn, Tibor, faszinieren. Tochter Claudia erzählt von Namibia, wo sie eineinhalb Jahre in Windhuk gearbeitet hat Ich frage sie, ob ihr denn nicht manchmal langweilig sei, so ohne Cafés und Kneipen, sie meint dazu, sie unternehme viel mit Freunden, sie feiern privat oder gehen in Kapstadt aus. Claudia ist erst ein Jahr später als ihre Eltern hierhergekommen, sie wollte gar nicht in Südafrika leben, hatte in der Schweiz ihre Freunde und Arbeit. Sie kam mal auf ein paar Monate zu Besuch, es gefiel ihr so gut, dass sie in der Schweiz alles aufgab und hierher zog.

Zwar war es für sie anfangs schwer, Kontakte zu knüpfen, da die Alteingesessenen kaum jemanden in ihre Cliquen aufnehmen, sie weigern sich oft sogar, mit den „Fremden" englisch zu sprechen, nur Afrikaans wird akzeptiert. Aber mittlerweile gefällt es Claudia so gut, dass sie keinesfalls nach Europa zurückwill, und sie meint „Was wollt ihr daheim? Bleibt doch zumindest über den Winter hier!" Ja, wenn man so an die Kälte in Deutschland denkt, wäre das schon eine Überlegung wert...

Andererseits freut man sich auf zuhause, Familie und Freunde wiedersehen, erzählen, aber wehe, wenn der Alltag beginnt! Schlechtes Wetter, womöglich arbeiten – oh Graus! Zum Glück ist das alles weit weg… wir genießen den Aufenthalt bei den sehr netten Leuten, über dem Erzählen ist es Abend geworden, es hat also keinen Sinn mehr, weiterzufahren[32] und wir können den Bus zum Übernachten in den Garten stellen.

Abends gehen Christine und Hermi zum Fernsehen ins Haus, während ich die Erlebnisse des heutigen Tages aufschreibe. Bin gespannt, ob aus dem Geschreibsel irgendwann mal was Veröffentlichbares wird.

Tag X, 16. 09.85: Heute kommen wir ans Ziel der Reise: Kapstadt!

Frau Sommer hat am Abend extra einen Kuchen für uns gebacken, den sie uns mitgibt – wie lieb! Wir verabschieden uns einstweilen, wahrscheinlich

---

[31] Name geändert
[32] Eigentlich wollten wir ja heute in Kapstadt ankommen…

sehen wir uns bald wieder, denn wir wollen zusammen mit Tibor Somerset West und Umgebung anschauen und anschließend auf ein paar Tage nach Kleinmond kommen.

Um 9 Uhr brechen wir auf nach Kapstadt, es geht die Küstenstraße entlang, links das tiefblaue Meer, rechts grüne Berghänge, die manchmal fast bis an den Strand reichen. Die Straße windet sich um Bergeinschnitte, führt an Buchten entlang, azurblauer Himmel, es ist eine wahre Pracht! Und jeder Kilometer bringt uns Kapstadt näher... kaum zu fassen, dass wir dieses langersehnte, sagenhafte Ziel heute erreichen! Wie es uns wohl dort gefällt?

Während wir so durch die herrliche Landschaft düsen, erinnere ich mich daran, wie oft wir schon an unserer Ankunft hier zweifelten: im Niger, als wir nicht wussten, wie wir nach Kamerun kommen sollten, in Zaire, wo wir ständig um das Auto bangten, als die großen Pannen mit den Blattfedern passierten... aber trotz aller Schwierigkeiten sind wir soweit gekommen!

Bei der Fahrt an der False Bay entlang entdecken wir unten im Wasser einen Schwarm Seehunde, sie liegen auf dem Rücken, die Flossen nach oben gestreckt, schaukeln sie auf der Wasseroberfläche und lassen sich von der Sonne bescheinen. Angesichts der Rückenlage ruft Christine entzückt aus: „Die liegen im Wasser wie die Gaby!" - ja, auch ich bevorzuge diese bequeme Lage, der Unterschied ist nur, dass die Seehunde die Arme nicht hinter dem Kopf verschränken können. Über die Bucht hinweg sehen wir Berge, an deren Fuß ein Nebelschleier schwebt: die Kaphalbinsel.

Nach den kleinen Orten Gordons Bay und Strand erreichen wir die N2, die nach Kapstadt führt. Die Spannung steigt – noch 50 Kilometer! In der Ferne sehen wir Berge, zwei spitze Gipfel, dazwischen ein Plateau: ob das schon der Kapstadter Tafelberg ist? Auf der N2 verdichtet sich der Verkehr, wir nähern uns dem (endgültig identifizierten) Tafelberg, passieren Townships mit Wellblechhütten. Wir umfahren den Berg, sehen ein Häusermeer vor uns, klein wirken sie, nur in der Innenstadt ein paar Hochhäuser, der Hafen mit seinen langen Kais, Hafenbecken, Kränen, Containern. Ruckzuck sind wir in der City angelangt, strahlen um die Wette vor Freude, dass wir in Kapstadt angekommen sind!

Beim Stadtbummel passieren wir die beeindruckende City Hall: ockerfarben, mit Säulen und einem Uhrturm, besuchen in der Burgstraße die deutsche

Buchhandlung, machen Halt beim exklusiven Kaufhaus Stuttaford's, erstehen leckere Samosas.

Beim Herumkurven durch die engen Straßen betrachten wir die Mischung aus alter und neuer Architektur, kommen bis zu einem Tor mit hohen weißen Säulen, über dem in rosarot die Aufschrift „Mount Nelson Hotel" prangt. Hier sind wir richtig, wir sollen ja Jochen, der hier als Koch arbeitet, von einem früheren Arbeitskollegen grüßen.

Christine zweifelt, ob wir mit unseren nicht gerade salonfähigen Klamotten überhaupt eingelassen werden, schließlich ist das ein Superluxushotel, das erste Haus am Platze. Wir fahren geradewegs durch den von Säulen gerahmten Eingang auf ein rosafarbenes Gebäude zu, umgeben von Rasen und Palmen, es gibt verschiedene Eingänge zu Grill Room, Ball Room und Rezeption. Hui, geht's hier vornehm zu! Die Einrichtung im Stil der Jahrhundertwende, Kronleuchter aus Glas, Teppichboden in dezentem rotbraun und ruhigem Grün.

Eine Angestellte gibt dem Koch telefonisch Bescheid, es kommt ein Mann mit dunklen, kurzen Haaren und nicht gerade wenig Bauch. Freundlich begrüßt er uns, lädt uns in sein Häuschen ein, das inmitten eines kleinen Gartens hinter dem Hotel liegt. Jochen ist Küchenchef und wohnt seit 18 Jahren beim Hotel, insgesamt ist er 24 Jahre in Südafrika. Schön ist es hier, kaum zu glauben, dass man sich mitten in der Stadt befindet, nur Grün außen herum und keinerlei Verkehrslärm. Die Häuschen stammen, wie das Hotel, aus dem Jahr 1885, haben hohe Räume, altmodische Türen und Fenster zum Hochschieben, wie in England. Wir lassen uns im Wohnzimmer neben dem Kamin nieder, bekommen Bier serviert, lernen die beiden Töchter Ingrid und Bettina kennen.

Jochen erzählt von seinem Job als Chefkoch, da er im Moment keinen Stellvertreter hat, muss er täglich von 7.30-14 Uhr und von 17-22 Uhr arbeiten, hatte die letzten Wochen kaum mal einen freien Tag. Vierzehn Köche sind im Hotel beschäftigt, dazu Lehrlinge und Helfer, die Belegschaft umfasst etwa 800 Leute, die größtenteils auch hier essen. Es gibt verschiedene Küchen, für das Restaurant, den Grill Room, für besondere Gäste wie Juden, die koscher essen. Für sie werden eigene Töpfe und Geschirr verwendet, als vor kurzem im Hotel eine jüdische Hochzeit stattfand, musste extra ein Rabbi aus Israel kommen, der mit einer Lötlampe sämtliches Küchengerät säuberte. Für uns ist das alles neu und interessant, Jochen bietet an, uns bei Gelegenheit das Hotel zu zeigen.

Um einen Eindruck von der Stadt bekommen, chauffiert er uns in seinem Auto auf den Signal Hill, der 350 m hoch ist und einen herrlichen Rundblick bietet: landeinwärts das Massiv des Tafelberges, begrenzt von Lions Head auf der einen und Devils Peak auf der anderen Seite. Unterhalb von Signal Hill und Tafelberg breitet sich die Stadt aus, zwischen den kleinen Baukästchen der Häuser glitzern die Scheiben der Autos im Sonnenlicht. Wir haben einen exzellenten Blick über die Kapstadter Bucht, das Hafenbecken, den Bergzug der Kaphalbinsel – welch traumhafte Kulisse! Anschließend geht es hinunter nach Camps Bay, an den Berghängen stehen exklusive Villen, was Jochen mit der Bemerkung „da wohnen die ganz Armen!" kommentiert.

Erfreulicherweise hat Jochen an diesem Abend keinen Dienst, Arbeit hält er sich trotzdem auf: er bekocht uns. Es gibt Schweinebraten mit Klößen und Sauerkraut, mei schmeckt das gut! Wir sitzen auf der Terrasse, haben Ausblick auf den Tafelberg, es ist warm, der blühende Hibiskus verbreitet einen intensiven Duft – was geht's uns guut!

Da Jochens Garten zu klein für den Bus ist, parken wir vor seinem Haus an der Straße, Jochen überlässt uns seinen Schlüssel, damit wir das Badezimmer benutzen können. Es ist eine warme Nacht, Sternenhimmel, der Mond liegt als schmale Sichel auf dem Rücken. Schade, dass ich heute nicht auf dem Dach schlafen kann.

Am Morgen fahren wir auf den Signal Hill, finden unterhalb des offiziellen Aussichtspunkts einen sichtgeschützten Platz, frühstücken bei grandioser Aussicht auf Tafelberg, Stadt und Meer. Am Hang stehen Bäume, die alle zu einer Seite geneigt sind, in den dichten Büschen brummen Insekten.

Wir lassen uns den guten Kuchen von Frau Sommer schmecken, sitzen im Schatten, lesen, schreiben, schauen. Hermi beobachtet durch das Fernglas ein Schiff, das auf den Hafen zufährt und von einem kleinen Kutter ins Hafenbecken geschleppt wird, das Schiff ist von derselben Bauart wie die Banniere. Bis Mittag sitzen wir hier oben, genießen den Ausblick – hier werden wir in Zukunft auch übernachten!

Schließlich fahren wir in die Stadt, stellen den Bus vor der City Hall ab, holen beim Tourist Office am Bahnhof Prospekte und Karten. Wir bummeln zum Blumenmarkt an der Adderley Street, es duftet herrlich. Nachmittags besuchen wir in Kirstenbosch den Botanischen Garten, bewundern die Wildblumenausstellung und die Nationalblume Südafrikas, später strecken wir uns faul auf dem Rasen aus, bis die Sonne hinter dem Berg verschwunden ist. Dann geht's zurück zur Stadt, dabei lernen wir typisches Kapstadter Wetter kennen: über uns scheint noch die Sonne, an den Hängen des Tafelberges schweben kleine Wolken empor, Signal Hill und Meer sind schon grau in grau. Schade, da werden wir heute Abend wohl keine Lichter von Kapstadt sehen.

Auf unserem Übernachtungsplatz sind wir komplett von Nebel eingehüllt, der Wind pfeift um den Bus, Wassertröpfchen setzen sich auf die Scheiben. Die scharenweise joggenden Südafrikaner lassen sich davon nicht beirren, kommen den Berg herauf gehetzt, begucken neugierig den Bus und düsen weiter. Mit der Zeit verziehen sich die Wolken wieder, Kapstadt strahlt als riesiges Lichtermeer unter uns: lange Reihen weißer und gelber Straßenlampen. Die Lichter flimmern, erhellen den Nachthimmel, leider sieht man keine Sterne. Aber auch so ist es toll, ich kann's immer noch nicht recht begreifen, dass ich in Kapstadt bin.

Morgens ist es kühl, über dem Tafelberg hängen dicke Wolken. Beim deutschen Konsulat erkundigen wir uns, ob es deutsche Firmen gebe, die Mitarbeiter suchen, man sagt uns, dass es momentan ganz schlecht mit Stellen sei. Bei einem Stadtbummel besuchen wir ein Einkaufszentrum, schauen bei den Juwelierschaufenstern interessiert die Diamantenpreise an. Dann geht es die Adderley Street entlang bis zur Heerengracht, wir besichtigen das Denkmal Jan van Riebeecks, der 1652 hier die erste Niederlassung der Niederländisch-Ostindischen Gesellschaft gegründet hat. Als nächstes steht die Besichtigung des „Castle of Good Hope" auf dem Programm. Die Burg ist Südafrikas ältestes Gebäude, stammt von 1666. Es ist sternförmig angelegt, an den Zugängen stehen überall Soldaten. Bei der Führung kommen wir in einen Raum, wo die Gefangenen bei völliger Dunkelheit in engen Gefängniszellen eingesperrt waren, deren massive Holztüren mit allerlei Kritzeleien bedeckt sind.

Vor Kapstadt

Am Ziel: City of Cape Town!

Zu Besuch beim Koch

Company Gardens und Tafelberg

Aussicht tagsüber von unserem Übernachtungsplatz auf dem Signal Hill

Aussicht abends auf Kapstadt

An der Burgmauer erklärt der Führer, dass es früher oft Überschwemmungen gab, da das Meer weiter ins Landesinnere reichte als heute. Wir fahren nach Blouberg Strand, einem Ort im Norden, hier ziehen sich Dünen mit feinem, fast weißem Sand entlang, donnernde Wellen kommen auf den Strand zu, das Wasser ist tiefblau. Der Blick von hier auf die Stadt ist atemberaubend, der majestätische Tafelberg, über dem dicke Wolken hängen. Links der Devils Peak, rechts Lion Head und „unser" Signal Hill, darunter die so klein wirkenden Gebäude der City.

Anders als in europäischen Medien dargestellt, kann man sich in Kapstadt und Umgebung frei bewegen, von Unruhen ist nichts zu spüren. Südafrikaner berichten, dass diese hauptsächlich in den Townships vorkommen und es dabei häufig um Streit zwischen verschiedenen Volksgruppen geht. Auch der Devisenhandel hat sich beruhigt, Geldtausch ist wieder problemlos möglich, zu immer noch günstigem Kurs für uns.

Wir tauschen die letzten Travellerschecks, die restlichen 50 DM Bargeld behalten wir als „eiserne Reserve". Es ist wunderschön in Kapstadt, aber angesichts des Geldmangels müssen wir uns Gedanken machen, wie es weitergehen soll. Drei Möglichkeiten stehen zur Wahl: sich ernsthaft um Jobs bemühen und hier zu bleiben, als zweites, den Bus verkaufen und damit den Heimflug zu finanzieren, oder versuchen, ein Schiff zu finden, das uns und den Bus mit nach Europa nimmt. Wir diskutieren hin und her, können uns aber zu nichts so richtig entschließen.

Immerhin wird ein „For Sale"-Schild gemalt und am Bus angebracht, der nächste Ausflug führt uns nach Sea Point, wir gehen auf der Uferpromenade am Meer entlang in Richtung Leuchtturm. Jogger hecheln vorbei, am Minigolfplatz ist nichts los, in einem Vergnügungspark für Kinder rattert eine Eisenbahn übers Gelände.

Nächstes Ziel ist Companys Garden, am Eingang sehen wir ein zahmes Eichhörnchen, gehen spazieren zwischen vielen exotischen Bäumen, Palmen und im Rosengarten. Wir bewundern das architektonisch schöne Parlamentsgebäude nebenan mit seinen weißen Säulen. Es gäbe auch das eine oder andere lohnenswerte Museum, aber das kostet Eintritt, also verzichten wir auf einen Besuch. Beim Stadtbummel fragen wir im Tourist Office, ob es eine Stelle gibt, wo wir erfahren können, welche Schiffe nach Europa fahren. Man gibt uns die Telefonnummer des Port Captain, dort könnten wir uns erkundigen.

Doch zunächst steht ein Besuch bei Sommers in Kleinmond an. Frau Sommer will uns Wale zeigen, die momentan hier in der Nähe sind. An der Küstenstraße starren wir angestrengt aufs Meer hinaus, durch den starken Wind herrscht hoher Seegang, so dass überall kleine weiße Schaumkronen entstehen. Endlich erspäht Frau Sommer einen Wal: der mächtige Rücken und die breite Schwanzflosse tauchen aus dem Wasser auf, was für ein riesiges Tier. Manchmal verschwindet er unter den Wellen, er stößt Wasserfontänen aus und kurz darauf erscheint wieder die mächtige Schwanzflosse.

Frau Sommer lotst uns zu einem Naturschutzgebiet, wo sich zwischen den Felsen am Meer eine Pinguin-Kolonie befindet. Hinter Felsen am Strand liegen und brüten Pinguine. Als sie uns erblicken, drehen sie den Kopf hin und her, als wollten sie sagen: Nein, das passt mir nicht, dass ihr hier seid! Die Tiere tragen tatsächlich einen „Frack", allerdings hatte ich sie mir größer vorgestellt Die Augen der Pinguine sind von einem rosafarbenen Streifen umgeben.

Auf dem Rückweg kommen wir durch ein dicht mit Sträuchern bewachsenes Gebiet, Feldblumen und Proteen blühen. In die grünen Berghänge hat man Schneisen geschlagen, um bei einem Feuer ein Übergreifen zu verhindern. Frau Sommer erzählt, dass vor einiger Zeit hier ein großes Feuer gewütet hat, man sieht noch Flächen mit verbrannten Sträuchern, erst langsam kommt das Grün nach. Zurück in Kleinmond treffen wir Claudia, sie hätte einen Job für Christine als Telefonistin, Monatsverdienst 500 Rand.

Es ist eine Zwickmühle: die Vernunft sagt, man solle hierbleiben, allein vom Wetter her, der Lebensstandard ist mindestens genauso wie zuhause. Andererseits hat man das Gefühl, mal wieder nach Deutschland schauen zu müssen... wahrscheinlich ärgert es uns dort nach zwei Wochen gewaltig, dass wir nicht hier geblieben sind.

Am nächsten Morgen kommt die zweite Tochter, Julia, mit ihrem Mann Walter und wir überlegen, was wir unternehmen könnten. Zusammen mit Tibor fahren wir nach Paarl, einem Weinort. Mit Weinprobe wird es heute leider nichts werden, da auch hier ab Samstag, 13 Uhr, kein Alkohol mehr ausgeschenkt wird... diese Südafrikaner mit ihren seltsamen Sitten.

Bei herrlichem Wetter, fast wolkenlos, brechen wir von Kleinmond auf, über den Van Der Stel Pass windet sich die Piste in vielen Kurven dahin. Die Landschaft mit kahlen, felsigen Bergen, weicht mit der Zeit dunklen Wäldern, die sich deutlich von den hellgrünen Wiesen abheben. Kleine Flüsse durchschneiden die Täler, immer wieder bewundern wir die blühenden weißen Kalla-Blumen.

Nachdem wir eine Weile an einem See entlanggefahren sind, geht es wieder bergauf, diesmal den Franschhoek Pass, oben angelangt, hat man einen tollen Blick auf den Ort Franschhoek und die umliegenden Weinfelder. In Franschhoek besuchen wir das Hugenottendenkmal. Die Hugenotten wurden Ende des 17. Jahrhunderts aus Frankreich vertrieben, ließen sich in aller Welt nieder und brachten den Weinbau nach Südafrika.

Dann geht es weiter nach Paarl, dem bekannten Weinort mit seinen weißen alten Häusern im kapholländischen Stil. Von Paarl aus fahren wir zu einem schon weithin sichtbaren Beton-Turm, der als Denkmal der Afrikaans-Sprache errichtet wurde. Der Bau erscheint mir ebenso unverständlich wie die Sprache, doch angeblich soll er durch seine Form die Zusammengehörigkeit zwischen den westeuropäischen Staaten und Südafrika darstellen. Wir steigen die Stufen zum Monument hinauf, gelangen ins Innere des 57 m hohen Turmes, wo ein Springbrunnen sein Wasser über eine Kugel rieseln lässt. Die Aussicht von hier ist wunderschön: auf die langgezogene Kette der Drakensteinberge, in der Ebene Paarl, auf Weinfelder und Wiesen.

Die Hügel der Umgebung bestehen aus kahlen, rund geformten Felsen, einen davon wollen wir „erklettern. In kleinen Vertiefungen hat sich Wasser gesammelt, aus allerkleinsten Ritzen im Gestein sprießt manchmal Gras, erstaunlich, wie die Pflanzen auf dem Gestein überleben können. Zunächst klappt das Laufen auf dem Fels noch gut, aber es geht es immer steiler hoch, auf einem Stück leisten Ketten, die zwischen Pfosten gespannt sind „Steighilfe". Besonders Hermi mit seinen Badeschlappen, die sich im Grenzfluss zwischen Zentralafrika und Zaire um etwa drei Nummern geweitet haben, hat Schwierigkeiten, er muss rückwärts den Berg hochgehen, um nicht aus den überdimensionalen Schuhen rauszurutschen. Schließlich sind wir am Gipfelkreuz, genießen den Blick in alle Richtungen.

Auf dem Rückweg geht es über Stellenbosch nach Gordon's Bay, wir kommen an mehreren „Farm Stall" vorbei, die Erdbeeren anbieten. Nett anzusehen sind „Vogelscheuchen" im Erdbeerfeld: schön gekleidete Puppen mit ausdrucksvollen Gesichtern... manche stehen im Feld, die nächsten sind auf Rollern drapiert, eine ganze „Familie" posiert auf einem alten Traktor.

Wir erstehen Erdbeeren als Mitbringsel für Frau Sommer, dann geht's über die Küstenstraße gen Kleinmond. Das Meer glänzt tiefblau und ist heute so ruhig, wie wir es bisher kaum gesehen haben. Ein zauberhaftes Licht herrscht, der strahlendblaue Himmel ist von dünnen weißen Streifen überzogen. Die steinige Böschung entlang der Straße erscheint im Abendlicht in gelbroter Färbung. Im Meer spiegelt sich gleißend die Sonne, um den Ball bildet sich eine schwache Regenbogenfärbung, die langsam in immer intensiveres Rot übergeht. Wie viele Sonnenuntergänge haben wir schon in Afrika beobachtet, jeder ist für sich faszinierend.

Frau Sommer freut sich sehr über die mitgebrachten Erdbeeren, die es gleich zum Nachtisch gibt. Jetzt, wo zuhause die Orangensaison beginnt, essen wir Erdbeeren... man muss sich ständig daran erinnern, wie gut es uns hier geht – die Aussicht, in vier Wochen vielleicht schon wieder in Deutschland zu sein, ist nicht verlockend. Von allen Seiten wird uns zugeredet, dass wir doch hierbleiben sollen, Walter will uns Zimmer vermieten, ein Job wäre sicher auch zu finden – aber keiner von uns weiß, was er/sie nun eigentlich will: hierbleiben oder heimfahren...

Wir verbringen einen faulen Sonntag mit den Sommers, erzählen von der Reise, schwelgen in Erinnerungen an viele freudige und aufregende Momente, was haben wir schöne Sachen erlebt!

Am nächsten Tag ist es regnerisch und kühl, mittags laden wir die ganze Familie in den Bus zum Ausflug nach Stellenbosch. Frau Sommer genießt die Annehmlichkeiten unseres Gefährts und hält im vorderen Bett ein Mittagsschläfchen. Zum Weinmuseum in Stellenbosch kommen wir gerade rechtzeitig zur Mittagspause, besuchen dafür das Dorfmuseum, es zeigt Häuser aus unterschiedlichen Epochen, Einrichtungsgegenstände wie einen Herd, der eine ganze Hauswand einnimmt oder Schlafzimmer, die mit Himmelbett, Holzwiege und Standuhr mit schmucken Ornamenten ausgestattet sind.

Am Nachmittag fahren wir nach Blaauwklippen, einem Weingut. Nach kurzer Führung durch die Weinkeller beginnt die Weinprobe, leider im Stehen und daher etwas ungemütlich. Immerhin sind die Weißweine gut, wir erstehen 6 Flaschen und kehren zurück nach Kleinmond.

Anderntags verabschieden wir uns von der Familie Sommer und fahren auf der Küstenstraße nach Kapstadt. Das Wetter ist wechselhaft, einmal düster wolkig, dann blauer Himmel, das Meer schimmert von grün bis türkis und dunkelblau, ein sich immer wieder veränderndes Farbenspiel.

Während man sich bei Speedy Wash im Gardens Centre um unsere Wäsche kümmert, sehen wir uns im Einkaufszentrum um. Bei der Bäckerei nebenan riecht es phantastisch nach frischgebackenem Brot, es gibt eine Riesenauswahl an Kuchen und Torten, eine appetitlicher als die andere... Schwarzwälder Kirsch, Rum-Trüffel... ein Traum für Süßigkeiten-entwöhnte Afrika-Traveller! An der Tür zum dazugehörigen Café stehen die Leute Schlange und warten auf einen freien Tisch. Entzückt betrachten wir die verschiedenen Brot- und Brötchensorten... da läuft einem das Wasser im Mund zusammen! Wir erstehen ein Roggenbrot, knusprig und frisch, und den Torten können wir natürlich auch nicht widerstehen. Da einzelne Stücke teuer sind, kaufen wir eine ganze Irish-Cream-Torte, für nur 7,70 Rand. In Vorfreude strahlend verlassen wir die Bäckerei, als wir nachmittags am Mount Nelson ankommen, ist Jochen nicht zuhause. Wir können es jedoch kaum erwarten, die Torte zu probieren und halten im Bus Kaffeestunde. Ist das lecker, so eine Sahnetorte! Hermi verdrückt zwei Stücke, Christine und mir wird beim zweiten Stück schon etwas komisch im Magen, so dass wir direkt ein Wurstbrot zu uns nehmen müssen.

Kurz darauf kommt Jochen heran spaziert – mit einem Teller voller Tortenstücke in der Hand! Er hat unseren Bus gesehen und ist deshalb noch mal zurück in die Küche, um Kuchen zu holen, er kocht eifrig Kaffee... oh je, schon wieder Torte! Anstandshalber essen wir noch ein Stück... so oft in den letzten Monaten hatten wir uns nach Kuchen gesehnt, heute müssen wir alles auf einmal essen.

Jochens Mittagspause verbringen wir im Wohnzimmer mit Erzählen, trinken ein Fläschchen Wein aus Blaauwklippen. Anschließend nimmt er uns zu einem Rundgang durchs Hotel mit. Er zeigt uns den Grill Room, der ganz in rot-blau gehalten ist. Der große Raum hat verschiedene Bereiche: weiß eingedeckte Tische, eine Sitzecke, daneben eine Tanzfläche und ein kleines Podium, auf dem Instrumente stehen. Nebenan liegt der große Ballsaal, in milden Grüntönen gehalten, mit schweren Vorhängen, grün-weiß gemusterten Tapeten. Neben dem kleinen Ballsaal gibt es einen „blauen Salon": blaue Wände und Stühle, weiße Lampen, an den Wänden Bilder aus früheren Epochen. Durch das Treppenhaus mit dickem rotem Teppich und Messinggeländer gelangen wir zum Dining Room, einem Saal großen Ausmaßes, auch hier ist fürstlich gedeckt, holzgetäfelte Wände, prunkvolle Möbel, die Decke mit Ornamenten verziert, die die Namen der verschiedenen Provinzen tragen. Durch die großen Glasfenster sieht man in den Garten hinaus auf Rasen, Bäume und Swimming Pool.

Der Küchentrakt besteht aus mehreren Räumen mit großen Herden, auf denen in überdimensionalen Töpfen die Speisen brodeln. Für jeden Speisesaal gibt es eine eigene Küche, dazu gehören Kühlräume, die ca. 80 qm einnehmen. Jochen erzählt uns die Geschichte von dem alten Engländer, dem das Hotel gehört und der so viele Millionen auf der Bank hat, dass er die, die ihm für das Mount Nelson geboten wurden, nicht mehr nötig hat...

Als wir morgens am Signal Hill aufstehen, genießen wir unter blauem Himmel die Aussicht. Nach dem Frühstück geht es zum Hafen, um mal nach Möglichkeiten einer Schiffspassage zu schauen. In den Gassen um den Hafeneingang hängen einige Gestalten herum, die Bier trinken und recht schräg aussehen. Da ist es nicht ratsam, den Bus stehen zu lassen, also bleibt Hermi als Wache da, während wir Mädels zum Hafeneingang gehen. Dort fragen wir einen Mann in Seemannskluft nach dem Port Captain. Er zeigt uns ein hohes Gebäude, es ist weit zu laufen, über Straßen und Schienen, man muss aufpassen, nicht von einem der herumkurvenden Autos, Lkws oder rangierendem Zug überrollt zu werden. Bahnhöfe und Häfen haben ähnliche Atmosphäre, nur dass letztere meist noch schmutziger sind.

Endlich erreichen wir das Hochhaus direkt am Kai, innen eine freundliche Atmosphäre mit Blumen und Palmen. In der Eingangshalle, die stilgerecht mit Steuerrad und sonstigem Schiffszubehör in Messing geschmückt ist, müssen wir uns in ein Besucherbuch eintragen, erhalten Ausweise und werden in den 11. Stock geschickt.

Drei freundliche Südafrikaner begrüßen uns, auf die Frage, ob und wann Schiffe nach Europa abfahren, meinen sie augenzwinkernd, wir seien so hübsche Mädchen, wir sollten doch in Südafrika bleiben... aber auf die Frage, ob sie uns einen Job verschaffen könnten, winken sie ab und bemerken, auch ihre Jobs wackelten schon.

Dann bekommen wir die gewünschten Informationen über Schiffe: jede Woche fährt ein italienischer Dampfer nach Europa, der Angestellte meint, wir hätten gute Chancen, mitgenommen zu werden. Die größeren Schiffe seien weniger geeignet, da sie meist nicht genügend Unterkünfte hätten. Wir erfahren, dass es vier Schiffe nach Art der Banniere gibt, die Kapstadt anlaufen, zwei französische und zwei schwedische. Mit dem italienischen Frachter dauert die Fahrt ca. 18 Tage. Ganz schön lang, so ein Ro-Ro-Schiff ist sicher schneller und bequemer.

Eine Liste über die ankommenden Schiffe der nächsten 2-3 Wochen gibt es leider nicht, aber wir können jederzeit anrufen, außerdem sei es kein Problem, mit dem Bus in den Hafen zu fahren. Das hört sich vielversprechend an, wer hätte gedacht, dass wir so positive Infos bekommen?

Am nächsten Tag ist ideales Wetter für den geplanten Besuch der Kaphalbinsel. Doch vorher begeben wir uns zum Groote Schuur Krankenhaus, berühmt von der 1967 erstmals erfolgreich durchgeführten Herztransplantation. Hermi will sich nach einem Job erkundigen, in diesem Sektor ist er ja erfahren. Wir Mädels beobachten das Kommen und Gehen von Besuchern, Krankenschwestern und Putzfrauen, nach einer halben Stunde kommt Hermi wieder, sie wollen ihn tatsächlich einstellen! Beim „Office for Internal Affairs" soll er ein „Work Permit" beantragen. Der Verdienst ist zwar beim momentanen Randkurs nicht besonders, aber leben könnte man davon. So schnell kann es gehen – nun muss sich Hermi entscheiden, ob er für längere Zeit hierbleiben will...

Diese Überlegungen werden aber erst mal beiseitegeschoben, denn nun brechen wir auf zur Kaphalbinsel. Nach kurzer Fahrt über die Autobahn erreichen wir Mitchells Plain, die Küstenstraße führt an kilometerlangem Strand entlang, landeinwärts gibt es hohe, mit Sträuchern bewachsene Sanddünen. Muizenberg ist ein belebter Ferienort mit vielen Läden, schönen alten Villen mit Erkern, Veranden, Säulen in strahlendem Weiß. Die Berge reichen fast bis ans Meer, die Häuser sind an den Hang gebaut, dessen Grün zum Gipfel hin in glatte graue Felsen übergeht. Die Orte entlang der Küste gehen fast nahtlos ineinander über, viele Ferienhäuser – da würd' ich auch Urlaub machen (wenn ich ihn nicht schon gerade hätte!).

Es beginnt Steinküste, riesige Brocken weißer Felsen liegen am Ufer und im seichten Wasser, an denen sich die Wellen brechen. Von Fish Hoek ist es nur ein kurzer Weg nach Simonstown, bekannt für die Verarbeitung von Halbedelsteinen, wie Amethyst, Rosenquarz oder Tigerauge. Von Frau Sommer haben wir erfahren, dass man hier günstig „Ausschussware" bekommen kann. Das Ganze nennt sich Scratch Patch: man kauft im Curio Shop eine Tüte mit einem bestimmten Wert zwischen 1 und 5 Rand und darf sich in dem kleinen Terrain, wo Millionen verschiedener Steine herumliegen, eine Tüte voll aussuchen. Es sind hauptsächlich Mütter mit kleinen Kindern da, denen es einen Heidenspaß macht, in Staub und Steinen herumzuwühlen, außerdem gibt es einen natürlichen Wasserfall mit einem Becken darunter, aus dem die Kinder ebenfalls Steine holen.

Weiter geht's gen Cape Point, am Eingang des Good Hope National Park, werden wir kräftig zur Kasse gebeten: 8 Rand Eintritt. Unsere arme Reisekasse… Die Straße führt durch hügeliges Gebiet mit üppigem Pflanzenbewuchs in leuchtendem Grün, des Öfteren sieht man Antilopen oder Springböcke. Die Halbinsel wird schmaler, bald gibt es rechts und links nur noch die Weite des Atlantiks.

Die Küste ist steil, zwischendurch sind immer wieder wunderschöne Sandstrände zu sehen, in den Buchten schimmert das Wasser hellgrün. Wir erreichen einen großen Parkplatz, neben dem Curio Shop führt eine Straße steil bergauf zu verschiedenen View Points. Von hier aus blickt man auf den berühmten Cape Point, ein hoher, vorspringender Felsen, um den Möwen in halsbrecherischem Flug segeln. Beeindruckend ist es: hier hört die Welt auf, nichts als Wasser, soweit das Auge reicht. Über Stufen geht es weiter nach oben, es weht heftiger Wind.

Zurück am Parkplatz sehen wir, dass bei einem in der Nähe geparkten Mercedes ein Fenster offen ist – und Affen sind im Anmarsch! Sie entern sofort das Auto, machen es sich auf den Sitzen bequem und kauen auf allem herum, was drinnen zu finden ist, der Besitzer wird sich freuen! Plötzlich kommt ein Riese von Affe an, saust ins Auto, verprügelt die Genossen und verscheucht sie. Hermi will das Spektakel fotografieren, doch als er sich dem Auto nähert, kommt der alte Affe drohend zum Fenster geklettert: es ist wohl nicht ratsam, dem zu nahe zu kommen.

Am Nationalparkeingang biegen wir in Richtung Westen ab, um uns bei der Rückfahrt die andere Seite der Küste anzuschauen.

Am Afrikaans Denkmal bei Paarl

„Vogelscheuchen"

Am Cape of Good Hope

Freche Affen

Am Cape Point

Chapmans Peak Drive

Oh je, unser Bus…!

Abschied von Afrika

Zunächst geht's durch begrünte Hügel mit wildwachsenden Blumen, bald kommen Farmen, wir fahren durch herrliche Alleen, zwischendurch immer wieder Braai-Plätze. Ab Noordhoek beginnt der Chapmans Peak Drive, die in den Fels geschnittene Küstenstraße mit herrlichem Ausblick aufs Meer. Unten prallen die Wellen auf die Felsen, wir halten ständig an, um Fotos zu machen und können uns kaum sattsehen.

Über Hout Bay geht's weiter am Meer entlang, an den „12 Aposteln", einer mächtigen Bergkette vorbei und durch Camps Bay und die ganze Stadt, um zu unserem Platz auf dem Signal Hill zu gelangen. Schon während der Fahrt haben wir die untergehende Sonne bewundert, jetzt wird das Bild immer faszinierender: breite Wolkenstreifen ziehen vom Meer herein und werden von der Sonne beleuchtet, gelb, rosa, orange und blau schimmert der Horizont – unglaublich schön!

Am nächsten Tag steht das Office auf dem Programm, bei dem Hermi sein Work Permit beantragen muss, wir fahren zur Heerengracht. Christine und Hermi stellen fest, dass ein Work Permit viel Papierkram erfordert, es kann sechs Wochen dauern, bis die Arbeitserlaubnis erteilt wird. Christine zieht bei einem weiteren Amt Erkundigungen wegen des Jobs ein und stellt fest, dass es doch zu schlecht bezahlt ist. Von 200 R (200 DM) pro Woche kann man wohl hier leben, aber finanzielle Verpflichtungen zuhause sind damit nicht bezahlbar, so dass Hermi im Baubüro am Krankenhaus absagt.

Jochen schüttelt angesichts unserer gestrigen und heutigen Aktivitäten den Kopf und fragt „Was wollt Ihr eigentlich? Hierbleiben oder heimfahren?". Wir wissen es nicht... Zum Sonnenuntergang sind wir auf dem Signal Hill und genießen abends den Blick auf das Lichtermeer Kapstadts – wer weiß, wie lange wir diesen Anblick noch haben?

Am nächsten Tag heißt es früh aufstehen, heute wollen wir den Tafelberg erklimmen! Beim Mount Nelson Hotel treffen wir uns mit Tibor und Walter, fahren die Tafelberg Road entlang, an der Seilbahnstation vorbei und stellen den Bus am Pfad zum Platteklip Gorge ab. Christine bemerkt optimistisch: „Wir müssen ja nicht mal 1000 Höhenmeter steigen, wir sind ja schon ein ganzes Stück oben!". Die Tasche mit Wertsachen, Teeflasche, gekochten Eiern, Brot, Äpfeln und Fotoapparaten wird gefüllt, Sonnenbrille anziehen, und wir marschieren los. Als Belohnung winkt: ein Kuchen von Frau Sommer. Die Sonne brennt, bringt uns ins Schwitzen und die aus Steinen geformte „Treppe" aufwärts tut das ihre. Schon nach den ersten Metern fragt Christine Tibor, der im Eiltempo loslegt, ob es die ganze Zeit so steil und treppenmäßig bergauf gehe - das kann ja heiter werden!

Während Tibor flotten Schrittes voraus eilt, keuchen Christine und ich hinterher, manchmal sehnsüchtig zum Gipfel blickend. Hermi und Walter sind in ein lebhaftes Gespräch vertieft, das Tratschen kostet Luft, so dass die beiden immer weiter zurückbleiben. Der Weg führt steil bergauf, um uns grünt und blüht es, dazwischen liegen Felsbrocken und Geröll im Gebüsch. Immer wieder machen wir Pause, die bei der starken Sonne aber nicht sehr erholsam ist - typisch, wir sind wieder in der größten Mittagshitze unterwegs.

Wir steigen etwa in der Mitte des Tafelberges hoch, an einem kleinen Wasserfall vorbei und in eine Schlucht, die nach oben immer enger wird. Der Blick auf Kapstadt ist überwältigend, unter uns am Hang Bäume und Grün, Häusergruppen, aus den Gärten sieht man deutlich das blaue Rechteck der Swimming Pools herauf leuchten. In den funkelnden Glasfassaden der Hochhäuser spiegelt sich das Sonnenlicht, dahinter der Hafen mit seinen Docks und verschiedenen Becken. Ein Stück Treppen, ein Stück geradeaus, schnauf! Tibor macht uns Mut: "Das erste Drittel ist geschafft!", „Jetzt haben wir schon die Hälfte!". Als sich die Schlucht verengt, kommen wir öfter an kleinen Bächen vorbei, es gibt ab und zu Schatten, der herrliche Kühle spendet.

Vogelgezwitscher und Wasserplätschern ist zu hören, kein Verkehrslärm dringt herauf, die Pflanzen strömen einen herben Duft aus, um uns die steil aufragenden Felsen, blauer Himmel - dafür lohnt es sich schon, die Tortur des Wanderns auf sich zu nehmen. Das letzte Stück nach oben ist steil, aber dann ist es geschafft: wir sind auf der Tafelberg-Plattform! Von hier aus sieht man den geschwungenen Sattel zum Devils Peak, auf der anderen Seite die „12 Apostel", über denen bauschige Wolkengebilde schweben.

Über Felsplatten geht es zum Westende des Plateaus, wo die Seilbahnstation und ein Restaurant sind - wir haben uns schon auf ein kühles Bier gefreut, bis uns einfiel, dass wir ja nicht in Deutschland sind – Alkohol wird nur zu einem Essen ausgeschenkt... es sind schon dämliche Gepflogenheiten, man stelle sich den Klosterberg zu Andechs ohne eine Maß Bier vor!

Auf den Aussichtsplattformen tummeln sich viele Leute, junge Mädels führen die Frühjahrsmode aus. Die Aussicht ist herrlich, auf Lions Head, der sanft zu „unserem" langgezogenen Signal Hill abfällt, die Stadt unter und die Bucht vor uns.

Wie schon häufig in den vergangenen Tagen, schleicht sich trotz (oder wegen?) der Schönheit des Augenblicks der Gedanke an „morgen" ein: kaum vorstellbar, dass wir vielleicht in einer Woche nicht mehr in Kapstadt sein werden...

Wir genießen die Sonne, die Aussicht, und machen uns schließlich an den Rückweg - oh weh! Die hohen Felsstufen hinunter steigen, ist fast schlimmer als der Aufstieg, es zittern einem bald die Knie. Nach einer guten Stunde ist es jedoch geschafft, am schattigen Rastplatz wird Kaffee gekocht, dazu gibt es den guten Kuchen von Frau Sommer. Müde, aber stolz auf die sportliche Leistung, verlabern wir den Nachmittag. Plötzlich kommt eine afrikanische Kinderschar auf uns zu – wollen sie betteln? Aber nein, sie überreichen unser Fernglas! Wir sind sprachlos, ich hatte das Fernglas an einem Wasserbecken liegengelassen, kaum zu glauben, dass es gefunden und uns wiedergegeben wird. Wir freuen uns mehr über die Ehrlichkeit der Kinder, die das herrschende Vorurteil, sie würden nur klauen, Lügen straft, als über die Rückgabe des Fernglases.

Wir verabschieden uns von Tibor und Walter, falls wir in Kapstadt bleiben, wollen wir uns wieder treffen. Dann geht's zum Signal Hill, mittlerweile hat sich der Himmel bewölkt, wahrscheinlich wird es morgen regnen. Mist, wir wollten doch zum Strand! Obwohl der Vollmond fast ganz von den Wolken verdeckt ist, wirft er ein unwirkliches Licht auf den Tafelberg, das diesen wie von Scheinwerfern beleuchtet erstrahlen lässt, darunter die immer wieder faszinierenden gelben und weißen Lichterreihen Kapstadts.

Beim Aufwachen sehe ich nur grau, wir stehen in den Wolken, man kann kaum 50 m weit gucken. Wind pfeift um den Bus, Regen klatscht an die Fenster, wie gemütlich ist es doch im Schlafsack! Christine macht Frühstück anschließend sitzen oder liegen wir herum, Radio 5 lauschend, schlagen die Zeit tot, ein fauler, langweiliger Sonntag. Am Nachmittag lichtet sich der Nebel, Hermi entdeckt durch das Fernglas ein Containerschiff mit französischer Flagge im Hafen. Wir fragen uns, ob es wohl nach Europa fährt... seltsamer Gedanke, dass wir vielleicht schon heute oder morgen Kapstadt verlassen... aber das Geld geht langsam aus, wir müssen uns um die Heimreise kümmern.

Nach dem Abendessen besuchen wir Jochen, Christine ruft im Hafen an und bekommt den Kapitän an die Strippe, sie überfällt ihn mit der Frage: „Do you take working passengers?" „What?" fragt der Kapitän perplex. Er bedauert, uns nicht mitnehmen zu können, abgesehen von den Offizieren seien „nur Farbige" an Bord, das will er uns nicht zumuten. Christine versucht ihn zu überreden, indem sie von der Banniere erzählt, doch er meint, bei den Norwegern ginge sowas, die hätten ja auch Stewardessen an Bord, außerdem habe er keine adäquaten Unterkünfte für uns.

Na ja, einerseits schade, andererseits sind wir ganz froh, dass es nicht sofort geklappt hat, da hätten wir ja nicht mal Zeit gehabt, uns angemessen von Kapstadt zu verabschieden! Trotz der Absage sind wir guter Dinge, irgendwann werden wir schon eine Passage finden.

Am Morgen sehen wir, dass wieder ein großes Schiff in den Hafen gekommen ist, rufen beim Tower an. Die „SA Helderberg" fährt nach Europa... da geh' mer doch gleich mal hin! Am Hafen kommen wir problemlos durch das Tor und fahren etliche Kilometer über das Gelände bis zum Containerhafen. Wir klettern eine wackelige Gangway rauf, landen bei einem Security Officer, der uns zum Kapitän führt. Auf die Frage, ob er working passengers mitnehme, antwortet er erstaunt lächelnd „No!". Es ist dasselbe wie gestern: eine coulored crew, keine Passagiere.

Im Büro erfahren wir, dass in den nächsten Tagen zwei schwedische Ro-Ro-Schiff ankommen, die wahrscheinlich nach Europa fahren. Das sind ja gute Nachrichten, ein Ro-Ro-Dampfer wäre optimal, da wir mit dem Bus einfach hinauf fahren könnten, bei den normalen Schiffen bräuchte man Kräne, um den Bus aufs Schiff zu hieven.

Als wir anderntags auf dem Signal Hill stehen, klopft es an die Tür: Bob, ein Australier, hat das Schild gesehen und will unseren Bus kaufen. Wir halten das zunächst für einen Scherz - aber tatsächlich, er möchte „durch Afrika" reisen. Wir unterhalten uns eine Weile, Bob scheint nicht viel Ahnung von Formalitäten oder Straßenverhältnissen zu haben (er denkt, es gebe eine Teerstraße von Kapstadt nach Kairo...). 10 000 Rand sind ihm allerdings zu teuer, er überlegt, das Auto zu leihen und uns nächsten Sommer zurückzubringen.

Dass sich tatsächlich noch ein Käufer für unseren Bus findet... doch bei längerem Nachdenken wird klar, dass wir unser Wüstenschiff ja lieber mit nach Hause nehmen würden. Wir haben so viele schöne und so manche schreckliche Stunde mit dem Bus verbracht, da fällt es schwer, sich von ihm zu trennen.

Am nächsten Tag ist das Wetter wieder nichts zum Baden, über dem Meer ist zwar blauer Himmel und Sonne, aber der Tafelberg wird von dicken grauen Wolken eingehüllt. Zum Zeitvertreib machen wir einen Stadtbummel, informieren uns in der deutschen Buchhandlung aus einschlägigen Zeitschriften über die Vorkommnisse im Hause Windsor und Konsorten. Weiter geht's zum Mount Nelson, um bei Jochen Wasser aufzufüllen. Anschließend sitzen wir mit ihm auf der Hotelterrasse, er ist skeptisch, ob wir ein Schiff finden, das uns mitnimmt. Nachmittags kehren wir auf den Signal Hill zurück – was tun nun? So schön der Ausblick ist, Stunden kann man dabei auch nicht verbringen... Pudding kochen, Musik hören, schlafen, Kniffel spielen... so langsam ändert sich die Stimmung zugunsten des Weiterreisens: „Hoffentlich nimmt uns bald ein Schiff mit!". Wenn wenigstens schönes Wetter wäre, könnte man die Zeit am Strand verbringen, etwas Bräune tanken, aber bei Temperaturen um 20 Grad und Wind ist es zu kalt. Besichtigungstouren erlaubt die Kasse nicht mehr, wer weiß, wie lange wir noch von den restlichen 80 DM leben müssen.

Anderntags haben wir wieder Programm: Südafrika-Museum, in dem heute der Eintritt frei ist. Ausgestopfte Tiere, darunter ein Okapi, Steinsammlungen, Muscheln, Skelette von Urtieren, Schmetterlingen und vieles andere sind zu sehen. Danach spazieren wir in die City, verbringen Zeit in der Bibliothek der City Hall, deutsche Zeitungen lesend. Das große Thema in Deutschland ist – neben Südafrika – Aids, da scheint ja eine regelrechte Panik zu herrschen.

Am nächsten Tag wird das schwedische Schiff erwartet - ob der Kapitän uns wohl mitnimmt? Wenn er unsere Zeugnisse sieht? Immer wieder summen wir die Melodie des Liedes: „Ein Schiff wird kommen...".

Früh morgens erspähen wir ein Ro-Ro-Schiff, das auf die Anlegestelle im Containerhafen zusteuert, nichts wie aufstehen und zum Hafen fahren. Während wir auf den Kapitän warten, erfahren wir, dass das Schiff auf dem Weg nach Maputo ist, in ca. 3 Wochen wieder nach Kapstadt kommt und erst dann nach Europa fährt. Das gäbe ja eine ewige Putzerei...

Ein Mitglied der Crew schickt uns auf das oberste Deck zum Kapitän. Unterwegs im Treppenhaus stellen wir fachkundig fest, dass es diesem Kahn nicht schaden würde, mal ordentlich die Wände gewaschen zu bekommen. Der Kapitän, um die 50, in dunkelblau gekleidet, schüttelt uns freundlich die Hände und fragt nach unseren Wünschen, doch die Frage, ob er working passengers mitnehme, beantwortet er mit entschiedenem Nein, das sei verboten. Tja, die dritte Absage... Wir begeben uns wieder zum Hafeneingang und erkundigen uns nach den nächsten Schiffen: morgen sollen mehrere eintreffen. Also: nur Mut! Wir kehren auf den Signal Hill zurück, beschäftigen uns den restlichen Tag mit Karten spielen, die Patience Leidenschaft hat uns voll erwischt!

Am nächsten Morgen ist das Hafenbecken leer, beim Frühstück stellen wir Betrachtungen darüber an, ob uns wohl heute ein Schiff mitnimmt. Als wir gerade beim Aufräumen sind, spricht uns ein Deutscher an, der in Kapstadt lebt. Er hört interessiert zu, dass wir eine Passage für die Heimreise suchen, und meint, er könne uns den Kontakt zum Chef der deutsch-südafrikanischen Schifffahrtsagentur vermitteln, der uns behilflich sein könnte. Leider ist der gute Mann erst am Montag wieder zu erreichen. In der Zwischenzeit haben wir entdeckt, dass das schwedische Ro-Ro-Schiff und auch ein kleinerer Kahn im Hafen liegen. Nichts wie hin!

Die „Elgaren", das schwedische Schiff, ist ein schöner großer Dampfer, wie die Banniere. Hoffentlich ist der Kapitän gut drauf und nimmt uns mit! Wir passieren Eisenbahnwaggons, von denen das Schiff aufgetankt wird, kommen zur Laderampe, wenden uns an einen der herumstehenden Europäer und fragen nach dem Kapitän, leider ist er „off shore" – so ein Pech!

Wir verlassen die „Elgaren", keiner weiß wann der Kapitän zurückkommt, sicher ist nur, dass das Schiff zwischen 14 und 15 Uhr in den Containerhafen fährt. Ob dann aber nochmals die Rampe heruntergelassen wird, wir wollen ja den Bus mitnehmen? Ohne ihn fahren wir auch nicht mit!

Doch es heißt, auf die Rückkehr des Kapitäns zu warten. Wir nutzen die Zeit, um zum Containerhafen zu fahren und bei dem zweiten erspähten Schiff nach einer Passage zu fragen. Ein Typ am Kai winkt ab und meint, das sollten wir uns aus dem Kopf schlagen, heutzutage mache das kein Kapitän mehr, das Risiko sei viel zu groß.

Wir sind verwirrt von seinem Wortschwall und wollen schon wieder umkehren, aber dann besteigen wir doch die Gangway, fragen kostet schließlich nichts. An Deck stehen lauter Asiaten, wir erkundigen uns nach dem Kapitän, aber anscheinend verstehen die Leute kein Englisch, grinsen nur und mustern uns mit aufdringlichen Blicken. Endlich kommt ein Offizier, dem wir unseren Wunsch vortragen. „Passenger? Passenger?? Passenger!". Er ist so perplex, dass er uns tatsächlich ins Innere des Schiffes mitnimmt und zum Mess Room führt, wo wir Platz nehmen. Nebenan sei der Kapitän gerade beim Essen, erklärt er, wir sollten warten. Wir konnten einen Blick nach nebenan werfen: die Typen, die da sitzen, sehen alle nicht nach Kapitän aus. Während wir, ziemlich hoffnungslos, da sitzen, begutachten wir die Einrichtung und stellen fest, dass dieses Schiff in Deutschland gebaut worden sein muss, deutsche Schilder überall. Vom Komfort her hält der Kahn dem Vergleich mit der Banniere keinesfalls stand, alles etwas altmodisch, zerschlissen und klein, die aufdringlichen Blicke der Asiaten tragen nicht gerade dazu bei, sich hier wohl zu fühlen. Fast bin ich geneigt, zu hoffen, dass wir eine Absage bekommen... Allein die Vorstellung, mit dieser „Nussschale" (im Vergleich zur „Elgaren") durch die Biskaya zu dampfen, da würden wir schön die Fische füttern!

Nach ein paar Minuten Wartezeit kommt ein junger Mann, der sich als Kapitän vorstellt. Wir fragen nach Mitfahrgelegenheit – und zu unserem Erstaunen sagt er „Yes"! Vorausgesetzt, die Agentur ist ebenfalls einverstanden. Das dämpft unsere erste Freude, aber immerhin! Wir fragen, ob es möglich ist, auch unser Auto mitzunehmen, das löst Erstaunen aus: was, ein Auto! Der Lademeister nickt: kein Problem, man hat ja Kräne an Bord. So, nun hätten wir eine Mitfahrgelegenheit... und als wir das Schiff verlassen, hoffen wir von ganzem Herzen, dass uns die Schweden mitnehmen! Inzwischen haben wir erfahren, dass dieses Schiff aus Panama mit einer Crew aus Südkorea fährt.

Nun gut, ab in die Stadt, zur Agentur des koreanisch-italienisch-panamaischen Dampfers. Der Agent ist gerade beim Lunch, d. h. später wiederkommen. Wir hoffen immer noch auf die Schweden...

Nach 14 Uhr sind wir wieder im Hafen, machen uns noch mal auf zur „Elgaren"... hier sieht es aus, als sei man mit dem Laden fertig und würde demnächst die Rampe hochziehen. Ein Schwede begleitet uns zum Kapitän, hoffentlich, hoffentlich ist der gut drauf! Der Kapitän schaut uns erstaunt an, als Christine unser Anliegen vorbringt, schüttelt er jedoch den Kopf. Er meint, er habe sowieso keine Unterkunft für uns und es sei ihm nicht erlaubt, Passagiere oder weitere Crew Members mitzunehmen. Enttäuscht marschieren wir zurück, es wäre zu schön gewesen... Nun müssen wir wohl mit dem Koreaner, der Bahiana fahren.

Der nächste Weg führt wieder zur Agentur der Koreaner, der Agent meint, ihm sei es egal, ob uns der Kapitän mitnimmt, das sei sein eigenes Risiko. Als er jedoch hört, dass auch der Bus auf das Schiff soll, ist er entsetzt und meint, das sei keinesfalls möglich, damit kämen wir gar nicht in den Containerhafen, außerdem könne man den nicht verladen. Das soll er mal unsere Sorge sein lassen... Nun sieht es tatsächlich so aus, als hätten wir eine Passage - und freuen uns gar nicht darüber!

Beim Zoll am Hafeneingang gibt es Schwierigkeiten, der Beamte hat wohl noch nie ein Carnet gesehen und telefoniert zweimal, um zu erfahren, was er damit machen soll. Dann meint er, er könne das Carnet nicht abstempeln, bevor der Bus nicht verladen sei, denn er wisse ja nicht, ob er tatsächlich auf das Schiff kommt. Wir haben aber keine Zeit und Möglichkeit, den Bus zu verladen, dann wieder hierher zu laufen wegen dem Stempel... der Beamte überlegt, meint, er brauche jemanden, der das Verladen überprüfe.

Zum Glück kommt ein weiterer Beamter hinzu und erklärt sich bereit, mit uns zu kommen und das Verladen zu überwachen. Christine ist ganz kribbelig, alles dauert so ewig. Sie muss das Carnet übersetzen, dann denkt der Beamte ewig nach ob er nun den Ausreiseabschnitt rausreißen oder drin lassen soll, kritzelt fein säuberlich darin herum – zum Haareraufen!

Schließlich gibt er den Abschnitt unserem Begleiter, trägt ihm auf, doch ja Motor- und Chassisnummer zu überprüfen und den Zettel wieder mitzubringen. Christine schnappt sich das Carnet, nichts wie raus hier!

Auf dem Kai ist schon alles für das Verladen vorbereitet, da liegen Bänder, mit denen der Bus hochgehoben werden soll – oh je, die halten doch keine 4,5 t aus! Die Koreaner bemühen sich eifrig, die Bänder werden unter dem Bus durchgezogen, jeweils vorne und hinten an den Radkästen hochgeführt und in den Kranhaken eingehängt. Das soll gehen? Mir läuft ein kalter Schauer über den Rücken...

Wir schauen gespannt zu, wie sich die Bänder straffen und den Bus ein klein wenig hochheben - es gibt ein grässliches Kratzgeräusch, die Bleche verbiegen sich – nein, so geht es nicht, unser Bus ist zu rostig! Womöglich scheitert diese Passage am Nicht-Verladen-Können des Busses... aber ohne ihn wollen wir ja sowieso nicht nachhause!

Die Koreaner probieren, die Bänder anders anzubringen, ich glaube schon gar nicht mehr, dass es klappen wird, was ist, wenn nun der Bus runter stürzt?! Schließlich werden die Bänder vorne an der Blattfederbefestigung angebracht, zwischen Blech und Band kommt ein dickes Bündel Seile: auf ein Neues!

Mit einem Ruck und ächzendem Geräusch des Busses hebt der Kran unser Gefährt hoch, wir schauen aufgeregt zu, wie unser Auto in der Luft schwebt und können es fast nicht ertragen. Hermi schlägt die Hände vors Gesicht, ich drehe mich um, nur Christine besitzt genug Nervenstärke zum Fotografieren. Kippend und schaukelnd wird der Bus hochgehievt, pendelt frei in der Luft, der Kran schwenkt zum Schiff. Langsam sinkt der Bus herunter – und steht sicher zwischen den Containern!

Der Agent, der sich während der Aktion zu uns gesellt hat, schüttelt den Kopf, und will immer noch nicht glauben, dass wir es geschafft haben, er meint, das sei noch nie vorgekommen. Er versucht zu erklären, warum die Schiffe normalerweise niemanden mitnehmen: würde einer von uns krank, müsste das Schiff außertourlich einen Hafen anlaufen, dadurch ginge Zeit verloren, so ein Tag koste etwa 5.500 $, wer zahle das? Könnten wir es nicht, schiebe es die Reederei natürlich auf den Kapitän – unser Kapitän steht dabei und wird blass, aber „Nein" sagen kann er jetzt auch nicht mehr.

Inzwischen ist es 17.30 Uhr, in einer halben Stunde werden wir ablegen. Unser Begleiter nimmt uns mit zum Eingang, wo wir Jochen anrufen und uns verabschieden. Dann schnell zurück zum Schiff und an Bord. Der Bus wurde inzwischen sicher vertäut, damit er nicht bei hohem Seegang umkippt. Nun verlassen wir nach sieben Wochen also Südafrika, der Urlaub ist zu Ende... man begreift es noch gar nicht.

Als wir so an Bord stehen, sehen wir plötzlich eine Menge Mädels, Schwarze und Farbige, herauskommen, meist kichernd, einige ganz schön angetrunken. Aha, wohl Gespielinnen der Crew... Sie klettern von Bord, dann wird die Gangway hochgezogen.

Wir stehen an der Reling, um uns ein letztes Mal Kapstadt anzusehen. Keine Nacht mehr auf dem Signal Hill... Vor uns die vielen Masten der Boote im Yachthafen, an Land die Häuser und Hochhäuser der Stadt, hinter denen mächtig die Hänge und Felsen von Devils Peak, Tafelberg und Lions Head aufragen, hinter dem Signal Hill verschwindet langsam die Sonne.

Unglaublich, dass wir Kapstadt verlassen, dass unsere Afrika-Reise tatsächlich vorbei ist... und die Aussicht auf 20 Tage Schaukeln auf diesem Kahn, mit den komischen Koreanern, ist nicht gerade erbaulich! Wehmut und Trauer sind die Gefühle, als wir uns langsam von Kapstadt entfernen, letzte Fotos werden von der großartigen Kulisse geschossen... ein kleines Schiff zieht uns, die Bahiana wendet und tuckert aus dem Hafenbecken – wir haben Afrika verlassen.

Bahiana

Kaum sind wir aus dem Hafen draußen, beginnt das Schiff ganz schön zu schaukeln. Zum Abschiedsschmerz gesellen sich düstere Gedanken an die vor uns liegenden drei Wochen mit den Koreanern auf diesem Kahn. Während wir an der Reling stehen, sind die Seeleute damit beschäftigt, Taue aufzurollen und zu verstauen, wie schon heute Morgen werden wir neugierig betrachtet, und als sie unseren Fotoapparat sehen, stellt sich einer in Pose und fordert, wir sollten ihn fotografieren.

Es wird schnell dunkel, so begeben wir uns in den Officers Mess Room. Während des Essens starren die Koreaner uns auf Teller, Hände und Mund – da schmeckt einem ja das Essen nicht mehr! Ihre Tischmanieren unterscheiden sich ziemlich von den unsrigen: sie hängen geradezu über dem Tisch, schlürfen und schmatzen ungeniert, Rülpsen gehört anscheinend zum guten Ton.

Ich versuche, mir die Gesichter einzuprägen, auf den ersten Blick sehen die Leute alle gleich aus mit ihren pechschwarzen glatten Haaren. Nur die beiden Damen, die Frauen von Kapitän und Chief Engineer, haben eine dauergewellte Lockenpracht.

Zum Essen gibt's Bier, das mir allerdings nicht gut bekommt, das Schiff schwankt so stark hin und her... ich verspüre das dringende Bedürfnis, mich hinzulegen. Doch in der Kabine ist mir keine Ruhe gegönnt: zuerst rückt der Chief Mate (gut wiederzuerkennen, da er am Auge einen schwarzen Fleck hat) an und fragt nach Hermi und Christine. Kaum habe ich mich wieder hingelegt, erscheint der Radio Officer mit derselben Frage. Erneut klopft es: der schüchtern lächelnde Salonboy bringt eine Wolldecke, schaut sich in der Kabine um, grinst, bewegt sich langsam rückwärtsgehend wieder nach draußen. Und nochmal Besuch: zwei Koreaner gucken herein, murmeln „sorry" und verschwinden wieder... hat man denn hier nie seine Ruhe?!

Christine und Hermi erscheinen nach einer Weile und bringen Neuigkeiten: wir müssen nicht arbeiten, die Koreaner amüsierten sich köstlich über unser Angebot, lehnten es entschieden ab. Nur Kostgeld ist zu zahlen, 200 DM für eine 6000-Seemeilen–Passage - was haben wir mal wieder Glück! Zwar wird's uns ohne Arbeit wahrscheinlich langweilig werden, aber zum Zeitvertreib haben wir ja unsere Karten. Hermi geht's jetzt wie mir: die Wellen machen

ihm zu schaffen, so dass er sich seines Mageninhaltes entledigen muss...
kleiner Vorgeschmack auf raue See in der Biskaya.

Morgens gibt es zum Frühstück Suppe und Reis, nicht ganz nach unserem
Geschmack, da holen wir lieber die Kaffee- und Teevorräte aus dem Bus und
frühstücken in Zukunft in der Kabine. Die ersten Tage vertreiben wir uns die
Zeit mit Kartenspielen, bekommen oft Besuch von Offizieren wie Radio
Officer, Chief Mate und 1st Engineer, die sehr gut Englisch sprechen. Wir
müssen unseren ersten negativen Eindruck von den Leuten korrigieren: sie
stellen sich als sehr nett heraus. Man versucht, uns das koreanische Alphabet
beizubringen. Dabei wird uns klar, warum Asiaten oft statt „r" ein „l" sprechen: die beiden Buchstaben bedeuten in ihrer Sprache dasselbe.

Mit dem Chief Mate unterhalten wir uns lange, es ist erstaunlich, wie viel
Ahnung er von deutscher Literatur und Autoren hat. Abends kommen häufig
ein paar Leute vorbei, bringen Bier und Zigaretten mit, deren Bezahlung
entrüstet abgelehnt wird. Oft wird später ein Imbiss serviert: Roher Fisch mit
scharfer Soße und viel Knoblauch.

Wir können uns auch nützlich machen: da das Schiff in Rostock gebaut wurde, sind alle Schilder und Bedienungsanleitungen auf Deutsch. Christine
wandert mit Wörterbuch vom Maschinenraum bis hinauf zur Brücke, um die
deutschen Beschriftungen ins Englische zu übersetzen, was die Koreaner
wiederum mittels ihrer Wörterbücher ins Koreanische verwandeln.

Hermi hält sich unterdessen meist auf der Brücke auf und verfolgt, an welchem Land wir gerade vorbeifahren. In Höhe von Walvis Bay sind wir ca.
500 km vom Land entfernt, ringsum nichts als Meer und Himmel... wie
schon auf der Banniere bin ich von diesem Anblick fasziniert. Bei einer Geschwindigkeit von ca. 25 km/h legen wir pro Tag ca. 600 km zurück.

Zwischendurch steht mal ein Waschtag an. So komfortabel wie auf der Banniere ist die Laundry nicht ausgestattet, hier gibt es nur ein einziges vorsint-
flutliches Modell einer Waschmaschine, in die man nach Belieben warmes
und kaltes Wasser einfüllt, dazu Waschmittel, der Waschgang dauert 10 Minuten... Trockner gibt's natürlich auch keinen, so spannen wir unsere Wäscheleine in der Kabine und sitzen abends unter T-Shirts, Pullovern und
löchrigen Socken.

Abends leisten wir häufig den Offizieren bei ihrer Wache Gesellschaft. Die
Brücke mit den zu beiden Seiten liegenden Decks wird ganz von einem lan-

gen Schaltpult mit vielen Knöpfen, Hebeln, Lichtern und Anzeigetafeln beherrscht. Von der durchgehenden Fensterfront nach vorn sieht man auf die auf dem Vorderschiff gestapelten bunten Container und die vier rosa gestrichenen Kräne. In einem Nebenraum befindet sich der Bordcomputer, der Geschwindigkeit, Position und weitere Daten anzeigt, hier liegen Logbuch und Seekarten, auf denen Strömungen, Wassertiefen, Routen eingetragen sind, sie sehen im Vergleich zu gewöhnlichen Karten verwirrend aus.

Auf dem Deck über der Brücke hat die Bahiana sogar einen Swimming-Pool, eine etwas größere Badewanne. Kapitän, Chief Steward und Salonboy testen das kühle Nass, sich immer in der Nähe der Stange haltend, für die Koreanerinnen wird das Wasser soweit abgelassen, dass man stehen kann, die beiden Damen können nämlich nicht schwimmen, auch die Männer sind nicht schwimmfest und hangeln immer wieder nach dem im Wasser liegenden Rettungsreifen.

Mit der Zeit wird das Klima tropisch, wir nähern uns dem Äquator, herrliches Wetter, so richtig „traumschiff-mäßig" mit Sonnenschein, blauem Himmel, ruhiger See. Sie erinnert an die Darstellung des Meeres in den Geschichten der Augsburger Puppenkiste, auf dem Wasser beobachte ich fliegende Fische.

Die Tage verbringen wir Mädels lesend und Karten spielend, Hermi wandert den ganzen Tag auf dem Schiff umher. Aufgrund seines großen Interesses für die christliche Seefahrt wurde er schon zum „Vierten Offizier" ernannt. Am Abend kommen uns meist Radio Officer, Chief Mate, 1st Engineer und der Steward besuchen, und wir erzählen uns bei einem (oder mehreren) kühlen Bier gegenseitig Geschichten. Welch angenehme Tage, es gefällt uns immer besser auf der Bahiana, mit Bedauern denken wir an die Ankunft in Rotterdam.

Der neben uns wohnende 2nd Officer, den wir „Mr. Neighbour" getauft haben, ist wie wir der Patience-Leidenschaft erlegen, und mit Spannung verfolgen wir seine Spiele. Vor allem seine Kommentare wie „all led" reizen zum Lachen, und obwohl er manchmal wenig Glück mit den Karten hat, gibt er nicht auf.

Das Passieren des Äquators wird mit einer feierlichen Zeremonie auf der Brücke begangen. Da um den Äquator nur wenig oder kein Wind weht, beteten die Seeleute auf den Segelschiffen immer um Wind und dies tun auch die

Koreaner jetzt, anschließend gibt es ein Festessen, wobei alle auf dem Boden sitzen. Platten mit Fleisch und Fisch, Schalen mit Soßen, Sojasoße und etwas undefinierbar Grünes, das sich als Meerrettich herausstellt, hat der Koch vorbereitet, dazu wieder mengenweise Bier.

Abends ist Party beim Chief Mate angesagt, alle Koreaner sind begeisterte Tänzer (was man von uns nicht gerade behaupten kann) und geben keine Ruhe, bis auch wir zu den Weisen von Dschingis Khan und Michael Jackson tanzen. Der Chief Steward tanzt in Ermangelung eines willigen Partners mit dem Papierkorb im Arm, und als Hermi einen Schuhplattler hinlegt, kennt die Begeisterung keine Grenzen mehr.

Unsere Kabine entwickelt sich zum Hospital: da es an Bord kaum Medikamente gibt, wir dagegen noch über eine fast komplette Reiseapotheke mit Mittelchen gegen alles und jedes verfügen, kommt dauernd jemand und fragt nach Tabletten gegen Hals- oder Zahnschmerzen, Salbe für Brandwunden und ähnliches. Christine und ich machen uns schließlich daran, gängige Medikamente zusammenzustellen, die der 3rd Officer, der für die medizinische Versorgung der Crew verantwortlich ist, dankbar entgegennimmt.

Die letzten warmen Abende genießen wir, über uns wölbt sich Sternenhimmel, nur das leise Brummen der Motoren ist zu hören, aus dem Schornstein über der Brücke fliegen manchmal Funken. Auf der Höhe von Westafrika nimmt der Schiffsverkehr zu, wie man auf dem Radar erkennen kann. Wir passieren Gran Canaria und sehen durch das Fernglas die Berge, Strände und Hotels der Insel.

Nur noch knapp eine Woche bis zur Ankunft... so langsam wird es kälter. Die bevorstehende Ankunft in Rotterdam macht sich bemerkbar: die ersten Offiziere sind dabei, Schreibkram zu erledigen, wobei ihnen unsere Hilfe beim Tippen von Listen sehr willkommen ist.

Entgegen aller Erwartungen verläuft die Fahrt durch die Biskaya, von der alle vorausgesagt hatten, wir würden seekrank werden, ganz prima: hier ist das Merer fast so ruhig wie am Äquator. Ja, wenn Engel reisen... Vor allem der Kapitän ist erleichtert, dass wir nicht krank geworden sind, er hatte uns extra eine Erklärung unterschreiben lassen, dass wir bei Krankheit oder Beschädigung des Busses keinerlei Ansprüche an die Reederei stellen würden. Er wird richtig euphorisch, meint, seit wir auf dem Schiff seien, habe es keine Probleme gegeben und die Biskaya habe er noch nie so ruhig wie jetzt erlebt.

Gruppenbild mit Damen

Die Koreaner lernen schunkeln…

Der Kapitän lädt uns zu einer Abschiedsfeier ein, alle haben sich in Schale geworfen, es gibt wieder toll zusammengestellte und phantasievoll garnierte Platten mit rohem Fisch, Äpfeln, Birnen, Käse. Die Unterhaltung verläuft fröhlich in Deutsch, Englisch und Koreanisch, die Stimmung wird immer besser, zu später Stunde kommt jemand auf die Idee, Lieder zu singen. Wir beginnen mit „Hoch auf dem gelben Wagen". Die Koreaner sind begeistert, auch von ihnen trägt einer nach dem anderen ein Lied vor, was allerdings recht traurig klingt, denn sie singen von unglücklicher Liebe oder fernen Seeleuten. Uns dagegen fällt kein ordentliches deutsches Volkslied ein, wir geben Weinfestschlager zum Besten: den „toten Fisch im Wasser", „Auf und nieder", bringen den Koreanern das Schunkeln bei. Den Abschluss bildet der „Schneewalzer", den Christine und ich vortanzen – alle sind restlos begeistert. Sie finden nur noch die Worte: „You are so beautypulli![33]"

Ein wunderschöner Abend, wer hätte gedacht, dass wir uns auf diesem Schiff so wohl fühlen würden! Leider vergeht die Zeit viel zu schnell, bald ist alles nur noch Erinnerung und auch die ist lückenhaft.

Gegen 2.30 Uhr ist die Feier beendet, wir besuchen noch Mr. Neighbour auf der Brücke. Man merkt, dass wir in Europa sind, viele Schiffe sind auf dem Radar zu erkennen. Unaufhaltsam nähern wir uns cold old Germany... leider! Das Wetter ist schon typisch: kalter Wind und Regen, Nebel. Wir packen unsere Sachen zusammen, bringen sie in den Bus. Der Ausblick aufs Meer ist nun nicht mehr so erfreulich: alles Mögliche schwimmt im Wasser, einmal sogar ein ganzer Kühlschrank. Ein fast voller Mond leuchtet über dem Wasser und erhellt auch die Brücke.

Am nächsten Morgen sind wir bereits durch den Ärmelkanal, kurz vor der Hafeneinfahrt nach Rotterdam. Unzählige Schiffe befinden sich um uns herum, die See ist bewegter als in der Biskaya. Auf der Brücke herrscht nervöse Stimmung, erschreckt lauschen wir auf den Funkverkehr, der teilweise auf Deutsch ist, mei, wie ungewohnt. Nun kommt Land in Sicht – Europa, nach so langer Zeit!

Der Hafen ist riesig, kilometerweit nichts als Schiffe, Kanäle und Kräne, vom großen Öltanker bis hin zum Segelboot ist alles vertreten. Die Stimmung auf der Brücke wird immer nervöser und hektischer, laufend ändern sich die Anweisungen des Lotsen, manchmal sieht es so aus, als gebe es einen Zu-

---

[33] Die Koreaner können auch kein „f" sprechen...

sammenstoß mit entgegenkommenden Schiffen. Gespannt verfolgen wir die Aktivitäten, gegen 15 Uhr schließlich sind wir am uns zugewiesenen Anlegeplatz angelangt.

Die Bahiana muss wenden, in Präzisionsarbeit wird sie von kleinen Schleppkähnen seitlich an den Kai gezogen. Lotse und Kapitän hängen über der Reling, brüllen ins Funkgerät zum Maschinenraum ihre Anweisungen, es dauert fast eine Stunde, bis wir angelegt haben.

Innerhalb kürzester Zeit haben die Hafenarbeiter den Bus schon sicher an Land befördert. Da steht nun unser Wüstenschiff auf dem Kai, wieder auf europäischem Boden - ein Schicksal, das ihm eigentlich nicht zugedacht war!

Da es schon spät ist, sind Papiere heute nicht mehr zu erhalten, d. h. wir werden doch noch eine Nacht auf der Bahiana verbringen. Es findet eine letzte Party beim 1st Engineer statt und wird eine lange Nacht, in der wir die Koreaner auch mit deutschen Gebräuchen wie Brüderschaft trinken bekannt machen.

Am Vormittag sind Christine und Hermi mit dem Agenten der Reederei in der Stadt unterwegs, tauschen Geld, bekommen den Stempel ins Carnet, schließen eine Autoversicherung ab. Gegen 14 Uhr sind sie zurück, Mr. Neighbour kommt auf einen letzten Tee und ein letztes Kartenspiel. Und dann heißt es tatsächlich Abschied nehmen, wir schütteln allen die Hände, zahlen beim Kapitän unser Kostgeld, (wofür er sich sogar entschuldigt). Dann geht es die wackelige Gangway runter, Mr. Neighbour ist zu Tränen gerührt.

Ein letzter Blick auf die Bahiana, wunderschön waren die Tage auf See mit den Koreanern, der Abschied fällt schwer – wer hätte das vor drei Wochen vermutet als wir mit mulmigem Gefühl diesen „Kahn" betraten und dachten, wir wären froh, in Rotterdam anzukommen. Mit „an yang" verabschieden wir uns, steigen in den Bus und fahren winkend davon.

Das war's...

Durch den mit Containern vollgepackten Hafen geht es auf die Autobahn. Windmühlen, schmucke Häuser, Kanäle, grüne Wiesen mit weidenden Kühen. Ein Kulturschock, immerhin ein wenig „gepuffert" durch die Zeit auf der Bahiana. Mit dem Flugzeug innerhalb von 12 Stunden nach Europa zurückzukehren, wäre sicher schlimmer gewesen. Ein letztes Mal werden Dosen geöffnet, wir speisen Gulasch mit Nudeln.

Am Morgen überall Raureif – Europa eben. Während der Fahrt haben wir immerhin blauen Himmel, Sonnenschein und fahren durch eine reizvolle Umgebung mit bunt gefärbtem Laub. An der deutschen Grenze bemerken die Polizisten sofort, dass die Plaketten auf den Nummernschildern fehlen, als wir ihnen erklären, wie dies zustande kam und ihnen die holländische Autoversicherung zeigen, dürfen wir weiterfahren. Frankfurt 145 km – kaum vorstellbar, dass wir in ein paar Stunden daheim sein werden.

Das war's also: einmal Afrika und zurück, fast 10 Monate waren wir unterwegs... es war eine einmalig schöne Zeit, vollgepackt mit neuen Erfahrungen, schönen Erlebnissen, so vielen Momenten voller Freude und Zufriedenheit mit sich und der Welt. Obwohl ich mich darauf freue, Eltern und Freunde wiederzusehen – ich weiß schon jetzt, dass ich spätestens nach einer Woche wieder weg will und Sehnsucht haben werde, Sehnsucht nach dem wunderbaren Lebensgefühl des Reisens und Sehnsucht nach Afrika.

Nachwort

Der eine oder andere Leser fragt sich vielleicht, wie ging es nach der großen Reise weiter? Der Alltag kehrte ein, mit Arbeit bzw. Studium, Familiengründung. In den folgenden Jahren unternahm ich, wie auch Hermi und Christine, mehrere Reisen auf allen Kontinenten, teilweise reisten wir zusammen.

Nach Afrika kehrte ich 2010 zurück, ein Jahr später bereiste unser Trio Namibia und wir unternahmen eine Nostalgietour nach Kapstadt und Umgebung.

Mit mehreren Leuten, die wir unterwegs kennengelernt haben, hatten wir nach der Reise noch Briefkontakt bzw. trafen uns mit ihnen bei einem Deutschlandaufenthalt. Mit einigen Menschen sind wir bis heute befreundet.

Unser Bus fährt immer noch: Christine und Hermi sind mit ihm oft in Südeuropa unterwegs. Wenn es zeitlich möglich ist, bin auch ich dabei. Uns geht der Gesprächsstoff nie aus…

Und last not least:

DANKE
an Hermi für die geniale Idee dieser Reise und das unermüdliche Fahren
an Christine für wunderbare heitere Zeiten und jahrzehntelange Freundschaft
an Josef fürs Navigieren und viele lustige skurrile Geschichten